E. Bachstein

Praxiswissen Arbeitsrecht für die PDL

Elke Bachstein

Praxiswissen Arbeitsrecht für die PDL

Rechtssicherer Umgang mit Mitarbeitern in der Pflege

ELSEVIER
URBAN & FISCHER

URBAN & FISCHER
München • Jena

Zuschriften und Kritik an:
Elsevier GmbH, Urban & Fischer Verlag, Lektorat Pflege, Karlstraße 45, 80333 München
E-Mail: pflege@elsevier.de

Wichtiger Hinweis für den Benutzer
Die Gesetzeslage unterliegt einem laufenden Wandel. Die Autorin dieses Werkes hat große Sorgfalt darauf verwandt, dass die in diesem Werk gemachten Angaben dem derzeitigen Wissensstand entsprechen. Das entbindet den Nutzer dieses Werkes aber nicht von der Verpflichtung, anhand aktueller rechtlicher Regelungen zu überprüfen, ob die dort gemachten Angaben von denen in diesem Buch abweichen und Entscheidungen in eigener Verantwortung zu treffen.

Wie allgemein üblich wurden Warenzeichen bzw. Namen (z. B. bei Pharmapräparaten) nicht besonders gekennzeichnet.

Bibliografische Information der Deutschen Nationalbibliothek
Die Deutsche Nationalbibliothek verzeichnet diese Publikation in der Deutschen Nationalbibliografie; detaillierte bibliografische Daten sind im Internet über http://dnb.d-nb.de abrufbar.

1. Auflage 2007

Der Urban & Fischer Verlag ist ein Imprint der Elsevier GmbH.

07 08 09 10 11 5 4 3 2 1

Um den Textfluss nicht zu stören, wurde bei Personen die grammatikalisch maskuline Form gewählt. Selbstverständlich sind in diesen Fällen immer Frauen und Männer gemeint.

Planung: Christine Schwerdt, München
Lektorat: Ulrike Frühwald, Hamburg
Herstellung: Nicole Ballweg, München
Satz: abavo, Buchloe
Druck und Bindung: Krips b.v. Meppel / Niederlande
Zeichnungen: Heike Hübner, Berlin
Umschlaggestaltung: SpieszDesign, Büro für Gestaltung, Neu-Ulm
Titelfotografie: © Corbis

ISBN 978-3-437-25093-4

Aktuelle Informationen finden Sie im Internet unter **www.elsevier.de** und **www.elsevier.com.**

Inhaltsverzeichnis

Abkürzungen

AAG	Aufwendungsausgleichsgesetz
AbgG	Abgeordnetengesetz
Abs.	Absatz
a. F.	alte Fassung
AGG	Allgemeines Gleichbehandlungsgesetz
AltersteilzeitG	Altersteilzeitgesetz
AltPflG	Altenpflegegesetz
ANSpZ	Arbeitnehmersparzulage
ArbG	Arbeitsgericht
ArbGG	Arbeitsgerichtsgesetz
ArbPlSchG	Arbeitsplatzschutzgesetz
ArbSchG	Arbeitsschutzgesetz
ArbZG	Arbeitszeitgesetz
ASAV	Anwerbestoppausnahmeverordnung
AsiG	Arbeitssicherheitsgesetz
AÜG	Arbeitnehmerüberlassungsgesetz
AufenthG	Aufenthaltsgesetz
AVR	Arbeitsvertragsrichtlinien
AZ	Aktenzeichen
BAG	Bundesarbeitsgericht
BAT	Bundesangestelltentarifvertrag
BB	Betriebsberater
BBiG	Berufsbildungsgesetz
BDSG	Bundesdatenschutzgesetz
BEEG	Bundeselterngeld- und Elternzeitgesetz
BErzGG	Bundeserziehungsgeldgesetz
BeschV	Beschäftigungsverordnung
BeschVerfV	Beschäftigungsverfahrensverordnung
BetrAVG	Gesetz zur Verbesserung der betrieblichen Altersversorgung
BetrVG	Betriebsverfassungsgesetz
BGB	Bürgerliches Gesetzbuch
BImSchG	Bundesimmissionsschutzgesetz
BR	Betriebsrat
BtMG	Betäubungsmittelgesetz

BUrlG	Bundesurlaubsgesetz
DEÜV	Datenerfassungs- und Übertragungsverordnung
DRG	Diagnosis Related Groups (diagnosebezogene Fallgruppen)
EFZG	Entgeltfortzahlungsgesetz
EStG	Einkommensteuergesetz
EuGH	Europäischer Gerichtshof
EWG	Europäische Wirtschaftsgemeinschaft
ff.	fortfolgend
GdB	Grad der Behinderung
GewO	Gewerbeordnung
GG	Grundgesetz
GKG	Gerichtskostengesetz
HAG	Heimarbeitsgesetz
HGB	Handelsgesetzbuch
HRG	Hochschulrahmengesetz
HwO	Handwerksordnung
IfSG	Infektionsschutzgesetz
InsO	Insolvenzordnung
JArbSchG	Jugendarbeitsschutzgesetz
KAPOVAZ	Kapazitätsorientierte variable Arbeitszeit
KostRMoG	Kostenrechtsmodernisierungsgesetz
KrPflG	Krankenpflegegesetz
KSchG	Kündigungsschutzgesetz
LAG	Landesarbeitsgericht
LStR	Lohnsteuer-Richtlinien
MAV	Mitarbeitervertretung
MitbestG	Gesetz über die Mitbestimmung der Arbeitnehmer
MPBetrV	Medizinproduktebetreiberverordnung
MPG	Medizinproduktegesetz
MuSchG	Mutterschutzgesetz
MuSchV	Mutterschutzverordnung
NachwG	Nachweisgesetz
PersVG	Personalvertretungsgesetz
PR	Personalrat
Rn	Randnummer
RVG	Rechtsanwaltsvergütungsgesetz
RVO	Reichsversicherungsordnung
Rz	Randziffer

SchwbG	Schwerbehindertengesetz
SGB	Sozialgesetzbuch
SGB II	Zweites Sozialgesetzbuch Grundsicherung für Arbeitsuchende
SGB III	Drittes Sozialgesetzbuch Arbeitsförderung
SGB IV	Viertes Sozialgesetzbuch Gemeinsame Vorschriften für die Sozialversicherung
SGB V	Fünftes Sozialgesetzbuch Krankenversicherung
SGB VI	Sechstes Sozialgesetzbuch Gesetzliche Rentenversicherung
SGB VII	Siebtes Sozialgesetzbuch Gesetzliche Unfallversicherung
SGB IX	Neuntes Sozialgesetzbuch Rehabilitation und Teilhabe behinderter Menschen
StGB	Strafgesetzbuch
TVG	Tarifvertragsgesetz
TVöD	Tarifvertrag öffentlicher Dienst
TVöD BT-K	Tarifvertrag öffentlicher Dienst Besonderer Teil Krankenhäuser
TzBfG	Teilzeit- und Befristungsgesetz
UWG	Gesetz gegen den unlauteren Wettbewerb
VKA	Vereinigung kommunaler Arbeitgeberverbände
ZPO	Zivilprozessordnung

1 Grundlagen des Arbeitsrechts

Die historischen Wurzeln des Arbeitsrechts reichen bis in die Zeit der Industrialisierung im 19. Jahrhundert zurück (📖 22, S. 27). Mit Einführung arbeitsgesetzlicher Regelungen im Bürgerlichen Gesetzbuch (BGB) sollte die soziale Lage der Arbeitnehmer verbessert und diese vor der Willkür der Arbeitgeber geschützt werden (📖 20, S. 14; 16, S. 82). Auch heute ist das Arbeitsrecht in erster Linie Arbeitnehmerschutzrecht. Es wird beeinflusst von unterschiedlichen nationalen, aber auch internationalen Entwicklungen wie der Globalisierung, die eine massive Veränderung der Arbeitsmarktbedingungen nach sich ziehen. Gesetze, die in den Jahren der Vollbeschäftigung zugunsten der Arbeitnehmer verabschiedet wurden, werden nun zum Teil wieder rückgängig gemacht. Von diesen Veränderungen sind auch die Arbeitgeber in Krankenhäusern, Heimen, ambulanten Diensten und anderen Einrichtungen im Gesundheitswesen betroffen. Durch umfangreiche Reformen im Sozialrecht, Einführung der DRGs sowie aufgrund der allgemeinen Kostenentwicklung sind Arbeitgeber zu Veränderungen und Umstrukturierungen bei der Arbeitsplatzgestaltung gezwungen.

Das Arbeitsrecht ist nicht einheitlich in einem Arbeitsgesetz geregelt, sondern es kommen etliche Gesetze aus dem Bereich des Privatrechts und des öffentlichen Rechts sowie vielfältige arbeitsrechtliche Vorschriften zur Anwendung. Arbeitsrecht ist nicht nur Gesetzesrecht, sondern es wird auch durch die Rechtsprechung und die Anwendung in der Praxis weiterentwickelt.

1.1 Internationales Recht

Aufgrund der Globalisierung sowie der EU-Erweiterung gewinnt internationales Recht zunehmend mehr Einfluss auf das deutsche Arbeitsrecht, zum Beispiel:

- supranationales Recht
- Europarecht
- völkerrechtliche Verträge
  - europäische Sozialcharta
  - europäische Menschenrechtskonvention
- Übereinkommen der ILO (International Labor Organisation).

1.2 Europarecht

Das Recht der Europäischen Union ist verankert im EWG-Vertrag von 1957, ergänzt und modifiziert durch die Verträge von Maastricht, Amsterdam und Nizza sowie von Verordnungen und Richtlinien, zum Beispiel der europäischen Arbeitszeitrichtlinie. Diese Vorschriften gehen nationalen Gesetzen vor. Das Europarecht wirkt sich jedoch nicht direkt aus, sondern muss national umgesetzt werden.

1.3 Nationales Recht

Das Arbeitsrecht in der Bundesrepublik umfasst ca. 150 Gesetze und Verordnungen und etwa 30 000 Tarifverträge, die die Arbeitsverhältnisse bestimmen und beeinflussen. Eine nicht unerhebliche Rolle spielt zudem das Richterrecht. So wurden durch Entscheidungen des Bundesarbeitsgerichts (BAG) maßgebliche Grundsätze entwickelt, die das Arbeitsrecht in der Praxis durchdringen. Nachfolgend einige Gesetze, die für das Arbeitsrecht in Deutschland zur Anwendung kommen, wobei die Aufzählung nicht abschließend ist.

1.3.1 Gesetze

Oberste Rechtsquelle in der Bundesrepublik Deutschland ist das Grundgesetz (GG) vom 23.5.1949. Die dort verankerten Grundrechte sind unmittelbar geltendes Recht und binden Legislative, Exekutive und Judikative (Art. 1 Abs. 3 GG).
Die für das Arbeitsrecht bedeutenden Grundrechte sind:

- Artikel 1 und 2 GG Menschenwürde, freie Entfaltung der Persönlichkeit, körperliche Unversehrtheit
- Artikel 3 GG Gleichberechtigung
- Artikel 6 GG Schutz von Ehe und Familie
- Artikel 9 GG Koalitionsfreiheit (Gründung von Gewerkschaften, Arbeitgeberverbänden)
- Artikel 11 GG Freizügigkeit (Recht deutscher Staatsbürger der freien Wahl des Wohn- und Aufenthaltsorts in der gesamten Bundesrepublik)
- Artikel 12 GG Rechtsgarantie für deutsche Staatsbürger, Beruf, Arbeitsplatz und Ausbildungsstätte frei zu wählen
- Artikel 14 GG Eigentumsrecht (📖 36, S. 23ff., Rz 22ff.).

In einigen Länderverfassungen finden sich aufs Arbeitsrecht bezogen verschiedene Anspruchsgrundlagen, zum Beispiel in der Berliner Verfassung das Recht auf Arbeit.
Des Weiteren existiert eine Vielzahl von Gesetzen, die im Arbeitsrecht Anwendung finden. Die wichtigsten sind u. a.:

- Grundgesetz (GG)
- Bürgerliches Gesetzbuch (BGB)
- Arbeitszeitgesetz (ArbZG)
- Gewerbeordnung (GewO)
- Handelsgesetzbuch (HGB)
- Entgeltfortzahlungsgesetz (EFZG)
- Bundesurlaubsgesetz (BUrlG)
- Mutterschutzgesetz (MuSchG)
- Jugendarbeitsschutzgesetz (JArbSchG)
- Sozialgesetzbuch (SGB) IX Teil II Gesetz zur Rehabilitation und Teilhabe behinderter Menschen
- Kündigungsschutzgesetz (KSchG)
- Betriebsverfassungsgesetz (BetrVG)
- … (📖 16, S. 54).

1.3.2 Tarifverträge

Mit Tarifverträgen werden durch die Tarifvertragsparteien Arbeitgeberverbände und Gewerkschaften Arbeitsbedingungen ausgehandelt, die kollektiv für alle gewerkschaftlich organisierten Mitarbeiter gelten, jedoch im Rahmen der Gleichbehandlungspflicht für den Arbeitgeber auch auf nicht gewerkschaftlich gebundene Beschäftigte Anwendung finden.
Das Tarifvertragsgesetz (TVG) regelt, wer Tarifverträge schließen kann und für wen sie gelten. Zu unterscheiden ist zwischen dem schuldrechtlichen und dem normativen Teil. Der schuldrechtliche Teil wirkt nur zwischen den Tarifvertragsparteien und beinhaltet Rechte und Pflichten, wie zum Beispiel die Friedenspflicht, die besagt, dass während der Laufzeit des Tarifvertrags kein Arbeitskampf geführt werden darf. Der normative Teil wirkt wie ein Gesetz (📖 24, S. 63, Rz 200ff.) auf das einzelne tarifgebundene Arbeitsverhältnis. Tarifnormen können Inhalt, Abschluss und Beendigung von Arbeitsverhältnissen sowie betriebliche und betriebsverfassungsrechtliche Fragen regeln. Sie gelten nur zwischen den beiderseits Tarifgebundenen (§ 4 Abs. 1, § 3 TVG). Ausnahme: Der Bundesminister für Wirtschaft und Arbeit oder der Minister für Arbeit auf Län-

derebene kann auf Antrag der entsprechenden Tarifvertragsparteien in Form einer Allgemeinverbindlicherklärung (§ 5 TVG) erklären, dass sich die normativen Bestimmungen des Tarifvertrags auch auf nicht tarifgebundene Arbeitnehmer erstrecken, wenn bereits über 50 % der Arbeitnehmer im Geltungsbereich tarifgebunden sind. Abweichungen können nur zugunsten des Arbeitnehmers (§ 4 Abs. 3 TVG Günstigkeitsprinzip) erfolgen (📖 36, S. 28f., Rz 51 ff.; 32, S. 15).
Der individuell abgeschlossene Arbeitsvertrag ist eingebettet in die ranghöheren Rechtsquellen. Dies ist besonders bei nicht tarifgebundenen Arbeitsverhältnissen wichtig.
Der für das Pflegepersonal im öffentlichen Dienst geltende Tarifvertrag ist der Tarifvertrag öffentlicher Dienst (TVöD), teilweise noch der Bundesangestelltentarifvertrag (BAT), der die Arbeitsbedingungen der Angestellten in Bund, Ländern und Gemeinden regelt. Hier wird unterschieden zwischen dem Manteltarifvertrag, der allgemeine Arbeitsbedingungen betrifft, dem Vergütungstarifvertrag und weiteren.

„Dem BAT angeglichen“ – Besonderheiten kirchlicher Arbeitgeber

Obwohl kirchliche Arbeitgeber zu den Körperschaften des öffentlichen Rechts zählen, gelten besondere Bedingungen bei der kirchlichen Selbstverwaltung. Daher ist es den Kirchen selbst überlassen, welche Vorschriften sie in ihren Einrichtungen anwenden. In den beiden großen Kirchen beschließen paritätisch besetzte Arbeitsrechtskommissionen die so genannten Arbeitsvertragsrichtlinien (AVR). Vorbild für die Arbeitsrechtskommissionen war der BAT, wobei kirchliche Besonderheiten Berücksichtigung finden. Dies gilt sowohl für die AVR Diakonie für evangelische als auch für die AVR Caritas für katholische Arbeitgeber.
Von der Rechtsnatur sind die AVR weder Tarifverträge noch Tarifverträgen gleichgestellt, sondern gesetztes kirchliches Recht, das wie einseitig festgelegte Arbeitsbedingungen behandelt wird. Dennoch haben die AVR letztlich dieselbe normative Wirkung wie Tarifverträge (📖 38, S. 157).

1.4 Rangfolgen

Um eine gewisse Systematik in der Wertigkeit der unterschiedlichen Rechtsquellen zu erreichen, ergibt sich nach dem **Rangprinzip** die in Abb. 1.1 dargestellte Reihenfolge.

Abb. 1.1: Rangprinzip der Rechtsquellen.

Die ranghöhere Norm geht der rangniedrigeren Norm vor (Rangprinzip). Ein Abweichen von einer ranghöheren Rechtsquelle ist nur bei einer günstigeren Regelung (Günstigkeitsprinzip) oder einer Öffnungsklausel möglich. Bei ranggleichen Rechtsquellen geht die speziellere Regelung der generellen Regelung vor (Spezialitätsgrundsatz) und die jüngere Regelung löst die ältere ab (Ordnungsprinzip). Im Arbeitsrecht kommen nicht nur Gesetze und Verordnungen zur Anwendung, sondern es ist auch in großem Maße vom Richterrecht beeinflusst, der höchstrichterlichen Rechtsprechung des Bundesarbeitsgerichts (BAG).

2 Grundbegriffe im Arbeitsrecht

2.1 Arbeitnehmer

Arbeitnehmer ist, wer aufgrund eines privatrechtlichen Vertrags (§ 611 BGB) zur Arbeit im Dienste eines anderen verpflichtet ist. Er leistet abhängige, unselbstständige Arbeit und ist weisungsgebunden (📖 20, S. 22).

2.1.1 Arbeitnehmergruppen

Bei den Arbeitnehmergruppen wird traditionell zwischen Arbeitern und Angestellten unterschieden. Dies hatte früher eine größere Bedeutung als heute: Arbeiter verrichteten vorwiegend körperliche Arbeit und Angestellte Kopfarbeit. Diese Unterscheidung lässt sich aufgrund der veränderten Arbeitsbedingungen nicht mehr aufrechterhalten. Auch die zuvor sehr unterschiedlichen Kündigungsfristen sind nach einer Entscheidung des Bundesverfassungsgerichts angeglichen worden. Die Ausübung eines Pflegeberufs ist zwar üblicherweise mit vorwiegend körperlicher Arbeit verbunden, dennoch werden Pflegekräfte zu den Angestellten gezählt, Küchenpersonal und Reinigungskräfte dagegen zu den Arbeitern.

2.1.2 Leitende Angestellte

Eine besondere Position der Arbeitnehmer nehmen leitende Angestellte wie Pflegedienstleiter und / oder Pflegedirektoren ein. Sie sind aufgrund ihres Arbeitsvertrags einerseits Arbeitnehmer, andererseits müssen sie jedoch hauptsächlich Arbeitgeberaufgaben wahrnehmen. Je nach Aufgabengebiet können sie andere Arbeitnehmer einstellen, Abmahnungen oder sogar Kündigungen aussprechen. Damit unterscheiden sie sich erheblich von anderen Arbeitnehmern und werden nicht vom Geltungsbereich des Betriebsverfassungsgesetzes (BetrVG) erfasst (§ 5 Abs. 3 BetrVG).

Ebenso unterliegen leitende Angestellte nicht dem Arbeitszeitgesetz (§ 18 Abs. 1 ArbZG), da ihre Funktion mit den üblichen Arbeitszeitregelungen nicht vereinbar ist. Von ihnen werden Überstunden erwartet, die sie nicht in vollem Umfang erstattet bekommen. Zum Ausgleich erhalten sie eine überdurchschnittliche Bezahlung.
Leitende Angestellte genießen nur eingeschränkten Kündigungsschutz (§ 14 KSchG): Bei einer Störung des Vertrauensverhältnisses oder dem Wegfall der Geschäftsgrundlage muss sich der Arbeitgeber schneller von einem leitenden Angestellten trennen können (📖 36, S. 38, Rz 101ff.).

2.1.3 Keine Arbeitnehmer

Keine Arbeitnehmer im Sinne eines privatrechtlichen Arbeitsvertrags sind Beamte, Richter und Soldaten. Diese werden aufgrund eines öffentlich-rechtlichen Vertrags tätig. Ebenso sind Mitarbeiter, die Mitglied einer Schwesternschaft wie dem Deutschen Roten Kreuz (DRK) sind, keine Arbeitnehmer, sondern werden im Rahmen eines so genannten Gestellungsvertrags beschäftigt (📖 36, S. 35, Rz 88f.).

2.2 Arbeitgeber

Die Definition des Arbeitgebers ist relativ einfach: Arbeitgeber ist, wer mindestens einen Arbeitnehmer beschäftigt (📖 32, S. 26).
Arbeitgeber kann eine natürliche oder juristische Person sein. Juristische Personen sind Personenzusammenschlüsse wie Vereine oder Gesellschaften. Man unterscheidet zwischen juristischen Personen des öffentlichen Rechts und juristischen Personen des Privatrechts (📖 36, S. 35, Rz 84ff.).
Tab. 2.1 gibt einen Überblick über mögliche Rechtsformen von Arbeitgebern (📖 30, S. 15ff.).

	Juristische Personen des öffentlichen Rechts	**Juristische Personen des Privatrechts**
Arbeitgeber	▪ Körperschaften des öffentlichen Rechts, z. B. Universitätskliniken (1/2), kirchliche Einrichtungen (3) ▪ Anstalten des öffentlichen Rechts, z. B. städtische Krankenhäuser ▪ Stiftungen des öffentlichen Rechts	▪ Gesellschaft bürgerlichen Rechts (GbR) ▪ Gesellschaft mit beschränkter Haftung (GmbH) ▪ Aktiengesellschaft (AG) ▪ Vereine ▪ Stiftungen des bürgerlichen Rechts ▪ …
Anwendung von	▪ Tarifvertrag öffentlicher Dienst **(TVöD)** für Bund und Kommunen, Länder (1) ▪ Bundesangestelltentarifvertrag **(BAT)** noch übergangsweise (2)	▪ Bürgerliches Gesetzbuch (BGB) ▪ Arbeitszeitgesetz (ArbZG) ▪ Bundesurlaubsgesetz (BUrlG) ▪ Entgeltfortzahlungsgesetz ▪ …
	▪ Arbeitsvertragsrichtlinien **(AVR)** (3) ▪ AVR Caritas für katholische Einrichtungen ▪ AVR Diakonie für evangelische Einrichtungen	▪ Haustarifverträge ▪ …
Mitarbeitervertretung	Im öffentlichen Dienst: ▪ Personalrat (PR) ▪ Personalvertretungsrecht (PersVG) In kirchlichen Einrichtungen: ▪ Mitarbeitervertretung (MAV) ▪ Mitbestimmungsrecht in der evangelischen und katholischen Kirche	▪ Betriebsrat (BR) ▪ Betriebsverfassungsgesetz (BetrVG)

Tab. 2.1: Rechtsformen juristischer Personen mit den jeweils arbeitsrechtlich relevanten Normen.

3 Von der Stellenausschreibung zum Arbeitsvertrag

Im Vorfeld einer Stellenbesetzung muss von den Verantwortlichen für die Personalplanung sorgfältig durchdacht werden, zu welchem Termin und vor allem mit wem eine vakante Stelle besetzt werden soll. An erster Stelle steht die Frage, welche Qualifikationen und Fähigkeiten der zukünftige Mitarbeiter aufweisen muss. Das Ergebnis dieser Beratung wird sich in der Formulierung der Stellenausschreibung niederschlagen.

Im Einstellungsverfahren muss der Arbeitgeber darauf achten, dass er Bewerber nicht aufgrund ihres Geschlechts, ihrer ethnischen Herkunft, Religion, Weltanschauung, einer Behinderung oder wegen anderer Gründe benachteiligt. Dies betrifft sowohl die Stellenausschreibung (§ 11 AGG) als auch die Auswahl des zukünftigen Mitarbeiters und den Vertragsabschluss (§ 7 AGG).

Verstößt der Arbeitgeber gegen das Benachteiligungsverbot bei der Begründung eines Arbeitsverhältnisses, so kann der hierdurch benachteiligte Bewerber eine angemessene finanzielle Entschädigung verlangen (§ 15 Abs. 1 AGG), wenn der Arbeitgeber die Pflichtverletzung vorsätzlich oder grob fahrlässig zu vertreten hat. Die Entschädigung darf bei einer Nichteinstellung drei Monatsgehälter nicht übersteigen, wenn der Beschäftigte auch bei benachteiligungsfreier Auswahl nicht eingestellt worden wäre (§ 15 Abs. 2 AGG). Es besteht jedoch kein Anspruch auf Abschluss eines Arbeitsverhältnisses (§ 15 Abs. 6 AGG). Der Anspruch auf Entschädigung muss innerhalb einer Frist von zwei Monaten (Ausschlussfrist), die mit dem Zugang der Bewerbungsablehnung beginnt, schriftlich geltend gemacht werden (§ 15 Abs. 4 AGG), es sei denn, dass die Tarifvertragsparteien etwas anderes vereinbart haben.

Als Monatsverdienst gilt, was dem Bewerber bei regelmäßiger Arbeitszeit in dem Monat, in dem das Arbeitsverhältnis begründet werden sollte, an Geld- und Sachbezügen zugestanden hätte.

3.1 Stellenausschreibung

Die Ausschreibung von Arbeitsplätzen kann unterschiedlich erfolgen, sowohl betriebsintern als auch öffentlich oder in beiden Formen. Auf Verlangen des Betriebs- oder Personalrats müssen Arbeitsplätze gemäß § 93 BetrVG betriebsintern ausgeschrieben werden, damit auch Mitarbeiter im eigenen Hause die Möglichkeit haben, sich auf diese Stelle zu bewerben. Bei Stellenausschreibungen ist besonders darauf zu achten, dass sie nicht irreführend sind und keine falschen Erwartungen bei den Bewerbern wecken.
Der Arbeitgeber darf eine Stelle weder nur für Männer noch allein für Frauen ausschreiben (📖 35, S. 62, Rn 233). Die zu besetzende Stelle muss geschlechtsneutral gemäß §§ 2, 3 AGG ausgeschrieben werden, es sei denn, dass ein bestimmtes Geschlecht unverzichtbare Voraussetzung für den zu besetzenden Arbeitsplatz ist, zum Beispiel für den einer Primaballerina oder eines Baritons (📖 35, S. 62, Rn 234). Soll eine Stelle im Pflegebereich besetzt werden, so muss für beide Geschlechter ausgeschrieben werden, da hier das Geschlecht unerheblich für die auszuübende Tätigkeit ist.

Achtung!

Nach dem Teilzeit- und Befristungsgesetz hat der Arbeitgeber einen Arbeitsplatz innerhalb des Betriebs oder auch öffentlich als Teilzeitarbeitsplatz auszuschreiben, wenn sich dieser Arbeitsplatz dafür eignet (§ 7 Abs. 1 TzBfG) (📖 37, S. 292).

Ist der Arbeitsplatz auch für einen schwerbehinderten Menschen gemäß § 81 Abs. 1 SGB IX geeignet, so ist er dementsprechend auszuschreiben. Zusätzlich muss die Agentur für Arbeit informiert werden.
In der Regel erfolgt eine Inserierung der vakanten Arbeitsplätze für Pflegeberufe in regionalen oder überregionalen Zeitungen sowie in einschlägigen Fachzeitschriften. Auch die Nachfrage bei der zuständigen Arbeitsagentur nach arbeitslos gemeldeten Pflegekräften ist oft erfolgreich.

3.2 Einstellungsverfahren

Liegen die Bewerbungen vor, ist es Aufgabe der Personalverantwortlichen, die Unterlagen zu sichten. Bei der Fülle der vorhandenen Unterlagen wird es unter Umständen nicht einfach sein, sich auf Anhieb für einen Bewerber zu entschei-

den. Gerade in kleineren Betrieben kommt es oftmals nicht so sehr auf gute Zeugnisse an, sondern darauf, dass der neue Mitarbeiter ins Team passt.
Um sich einen konkreteren Eindruck von den Bewerbern, die in die engere Wahl gekommen sind, zu verschaffen, wird ein Vorstellungsgespräch vereinbart. In Großbetrieben läuft die Bewerberauswahl oft mittels so genannter Assessment-Center (AC).

3.2.1 Pflichten des Arbeitgebers bei der Einstellungsverhandlung

Der Arbeitgeber muss den Bewerber bereits im Vorstellungsgespräch darüber aufklären, ob die Ausübung der Tätigkeit überdurchschnittliche Anforderungen an ihn stellt oder ob besondere gesundheitliche Belastungen damit verbunden sind. Ebenso muss er den Bewerber informieren, wenn organisatorische Änderungen geplant sind, die zur Gefährdung des Arbeitsplatzes führen können, oder wenn zukünftige Entgeltzahlungen gefährdet sind.
Des Weiteren ist der Arbeitgeber verpflichtet, die Bewerbungsunterlagen sorgfältig zu behandeln und sicher aufzubewahren. Das bedeutet, er darf keine Kommentare auf die Unterlagen schreiben, die irgendwelche Rückschlüsse auf eine Zusage oder Ablehnung zulassen, oder die Unterlagen verschmutzen. Sobald feststeht, dass ein Arbeitsverhältnis nicht zustande kommen wird, müssen dem Bewerber die Unterlagen sofort wieder ausgehändigt werden.
Der Arbeitgeber hat unbefugten Dritten gegenüber Stillschweigen über den Inhalt der Bewerbungsunterlagen zu bewahren. Hat der Bewerber einen Personalfragebogen ausgefüllt, muss der Arbeitgeber diesen auf Verlangen des Bewerbers vernichten, sofern er kein berechtigtes Interesse an der Aufbewahrung hat (📖 37, S. 133ff.).

Erstattung der Fahrtkosten zum Vorstellungsgespräch

Im Vorfeld des Bewerbungsgesprächs erörtern die Beteiligten die Konditionen für die Vorstellung. Dazu gehört eine erste Kontaktaufnahme per Telefon, um Zeit, Ort und Dauer des Gesprächs zu vereinbaren, aber auch um die Frage nach der Übernahme der entstehenden Kosten für Anreise, Verpflegung und eine eventuelle Übernachtung zu klären. Die Erstattung von Vorstellungskosten ergibt sich aus einem Anspruch aus § 670 BGB. Voraussetzung dafür ist eine Aufforderung zur Vorstellung seitens des Arbeitgebers. Zu ersetzen sind alle Aufwendungen, die der Stellenbewerber den Umständen nach für erforderlich halten durfte:

- Fahrtkosten (öffentlicher Nahverkehr oder Pkw nach steuerrechtlichen Vorschriften)
- Übernachtungskosten in einer angemessenen Unterkunft
- Verpflegungskosten.

Nicht erstattungsfähig sind der Verdienstausfall und ein eventuell genommener Urlaubstag.

Da vielen Arbeitgebern keine Gelder dafür zur Verfügung stehen, weisen sie bereits im Einladungsschreiben darauf hin, dass keine Kostenerstattung erfolgt. Die entstandenen Kosten muss der Bewerber trotz eines Anspruchs dann selbst tragen. Arbeitsuchende, die bei der Arbeitsagentur arbeitslos gemeldet sind, können diese Kosten nach vorheriger Beantragung bei dem zuständigen Sachbearbeiter geltend machen.

3.2.2 Das Vorstellungsgespräch

Ablauf

Ein Vorstellungsgespräch muss gut vorbereitet werden. Im Vorfeld wird von den Einstellungsberechtigten festgelegt, wer daran teilnehmen wird. Dies können, je nach Position des Bewerbers, unterschiedlich viele Personen sein, zum Beispiel Geschäftsführer, Verwaltungsleiter, Pflegedienstleiter, Heimleiter, Abteilungs- oder Wohnbereichsleiter, Mitarbeiter, Mitglieder des Betriebsrats, der Schwerbehindertenvertretung, Frauenbeauftragte u. a.

Es empfiehlt sich, während des Vorstellungsgesprächs oder unmittelbar danach einen Beurteilungsbogen auszufüllen, um den ersten Eindruck festzuhalten. Falls von Arbeitgeberseite mehrere Personen an dem Vorstellungsgespräch teilnehmen, füllt jede einen eigenen Bogen aus. Eventuell unterschiedliche Ergebnisse können dann diskutiert und ein Gesamtergebnis festgehalten werden.

Einholung von Auskünften

Zu den Bewerbungsunterlagen gehören in der Regel

- das Anschreiben
- die Bewerbung
- ein aktuelles Foto
- der Lebenslauf

- Schul- und Ausbildungszeugnisse
- Zeugnisse ehemaliger Arbeitgeber
- weitere Qualifikationsnachweise.

Ist der Lebenslauf lückenhaft oder fehlen Arbeitsbescheinigungen, so dass es dem Arbeitgeber nicht möglich ist, sich ein vollständiges Bild vom Bewerber zu machen, kann er einen ehemaligen Arbeitgeber um Auskunft bitten. Eine Verpflichtung des ehemaligen Arbeitgebers, Auskünfte zu erteilen, besteht allerdings nicht. Die Weitergabe von persönlichen Daten des ehemaligen Arbeitnehmers kann grundsätzlich nur mit dessen Zustimmung erfolgen. Zu diesem Zweck sollte vorher eine schriftliche Zustimmung des Bewerbers angefordert werden. Diese kann dem ehemaligen Arbeitgeber dann auf Nachfrage vorgelegt werden.
In manchen Fällen ist es zweckmäßig, dem ehemaligen Arbeitgeber einen Auskunftsfragebogen zuzusenden mit der Bitte, diesen ausgefüllt zurückzuschicken. Das Ausfüllen des Fragebogens bedeutet für den ehemaligen Arbeitgeber in der Regel weniger Aufwand, was seine Auskunftsbereitschaft eventuell steigert. Kommt ein solcher Fragebogen zum Einsatz, sollte sich die oben dargelegte Zustimmung ausdrücklich auf die Beantwortung des Fragebogens beziehen.

3.2.3 Fragerecht des Arbeitgebers

Damit sich der Arbeitgeber ein möglichst umfassendes Bild vom Bewerber machen kann, darf er ihn zu seinen persönlichen Verhältnissen befragen. Dies geschieht häufig in Form eines Personalfragebogens und eines persönlichen Gesprächs. Um sicherzustellen, dass die Intimsphäre des Bewerbers gewahrt bleibt, muss dieser nicht jede Frage wahrheitsgemäß beantworten. Der zukünftige Arbeitgeber darf nur bestimmte, zulässige Fragen stellen.

Zulässige Fragen

Zulässig sind nur solche Fragen, an deren Beantwortung der Arbeitgeber ein berechtigtes, billigenswertes Interesse hat. Diese Fragen sind wahrheitsgemäß und vollständig zu beantworten. Unzulässige Fragen brauchen nicht beantwortet zu werden und berechtigen gegebenenfalls sogar zur sanktionslosen Lüge (📖 33, S. 5).

Uneingeschränkt zulässige Fragen

Dabei handelt es sich um Fragen nach

- Vornamen, Namen
- Alter
- Adresse
- Familienstand
- Kinder
- Schulausbildung
- Zeugnis- und Prüfungsnoten
- Berufsausbildung
- beruflichem Werdegang
- Sprachkenntnissen
- Wehrdienstzeiten
- bevorstehender Einberufung zur Bundeswehr oder zum Zivildienst
- aktuellen Gehaltspfändungen
- Wettbewerbsverboten
- weiteren Arbeitsverhältnissen
- Schwerbehinderung (strittig, → unten)
- Gesundheitszustand bei bestimmten Berufen, z. B. in der Kranken- und Altenpflege (→ unten)
- Vermögensverhältnissen, die das Heim- und Pflegequalitätssicherungsgesetz betreffen (→ unten).

Name, Adresse, Familienstand und Kinder

Uneingeschränkt zulässig sind Fragen zu den persönlichen Daten wie Namen, Vornamen, Alter und Anschrift. Ebenso sind Fragen zum Familienstand sowie vorhandenen Kindern zulässig, da diese Tatsachen bei der Lohn-/Gehaltsabrechnung Berücksichtigung finden müssen.

Berufsausbildung, beruflicher Werdegang, besondere Kenntnisse

Detaillierte Fragen zum beruflichen Abschluss, Studium, zu Weiterbildungen und dem beruflichen Werdegang sind uneingeschränkt zulässig, da diese Qualifikationen für die spätere Beschäftigung entscheidend sind. Fragen zu schulischen Abschlüssen und zur Ausbildung spielen im Gespräch mit Berufsanfängern eine größere Rolle als bei Bewerbern, die bereits auf eine lange Berufserfahrung zurückblicken. Bei Berufsanfängern ist auch die Frage nach Fehlzeiten in der Ausbildung von Bedeutung.

Wehrdienstzeiten, bevorstehende Einberufung zur Bundeswehr oder zum Zivildienst

Bei männlichen Bewerbern ist die Frage zulässig, ob der Grundwehrdienst oder Zivildienst bereits abgeleistet wurde. Der Bewerber ist aber nicht verpflichtet, von sich aus darauf hinzuweisen.

Gehaltspfändungen

Die Frage nach laufenden – nicht nach erledigten! – Lohnpfändungen und Lohnabtretungen ist zulässig, da das aktuelle Arbeitsverhältnis dadurch beeinträchtigt wird. Eine Offenbarungspflicht von sich aus hat der Bewerber nicht.

Wettbewerbsverbote

Bewerber dürfen uneingeschränkt danach gefragt werden, ob ein nachvertragliches Wettbewerbsverbot mit einem früheren Arbeitgeber geschlossen worden ist. Auf ein solch bestehendes Wettbewerbsverbot, das dem Arbeitnehmer zum Beispiel untersagt, bei einem Konkurrenzbetrieb zu arbeiten, müssen Bewerber ungefragt hinweisen, wenn es die Arbeit im Unternehmen des neuen Arbeitgebers ausschließt (📖 37, S. 331ff.).

Weitere Arbeitsverhältnisse

Die Frage nach weiteren Arbeitsverhältnissen ist zulässig, da der Arbeitgeber die Höchstarbeitszeit von 48 Stunden wöchentlich aus Gründen der Sozialversicherungspflicht und aufgrund von Wettbewerbsverboten beachten muss.

Eingeschränkt zulässige Fragen

Einige Fragen sind nicht in jedem Fall unzulässig. Im Einzelfall sind die Art des Betriebs und/oder die Art der Tätigkeit ausschlaggebend. Dazu zählen Fragen zur Religionszugehörigkeit, Partei- oder Gewerkschaftszugehörigkeit, aber auch Fragen zum Gesundheitszustand, zur Schwerbehinderteneigenschaft, in bestimmten Ausnahmefällen sogar zur Schwangerschaft.

Eingeschränkt zulässige Fragen

Dabei handelt es sich um Fragen nach
- Religions-, Partei- und Gewerkschaftszugehörigkeit
- Gesundheitszustand
- Schwerbehinderteneigenschaft
- Vermögensverhältnissen
- Vorstrafen.

Religions-, Partei- und Gewerkschaftszugehörigkeit

Die Frage nach der Religions-, Partei- oder Gewerkschaftszugehörigkeit des Bewerbers ist grundsätzlich unzulässig. Ausnahmen gelten nur für so genannte Tendenzbetriebe, die unmittelbar bestimmte geistig-ideelle Zielsetzungen verfolgen, zum Beispiel Gewerkschaften, Parteien oder Arbeitgeberverbände.

Religionszugehörigkeit

Die Frage nach der Religionszugehörigkeit in einem konfessionellen Krankenhaus, ambulanten Pflegedienst oder Heim ist zulässig, und die positive Beantwortung dieser Frage kann unter Umständen für die Einstellung ausschlaggebend sein. Ähnliches gilt für die Partei- und Gewerkschaftszugehörigkeit in entsprechenden Betrieben.

Gewerkschaftszugehörigkeit

Der Arbeitnehmer darf üblicherweise nicht dazu befragt werden, ob er einer Gewerkschaft oder Partei angehört. Aber auch hier können Ausnahmen gemacht werden, zum Beispiel bei
- Einstellungen in einem so genannten Tendenzbetrieb
- leitenden Angestellten, die den Arbeitgeber in dieser Eigenschaft vertreten sollen, zum Beispiel im Arbeitgeberverband
- der Feststellung der Tarifbindung. Hier darf nach der Mitgliedschaft in einer Gewerkschaft gefragt werden.

Gesundheitszustand

Fragen nach dem Gesundheitszustand sind nur bei konkretem Interesse für den Betrieb, zum Beispiel bei ansteckenden Erkrankungen nach dem Infektionsschutzgesetz (IfSG), Allergien u. Ä. erlaubt. Sie sind zulässig, wenn die Krankheit oder Behinderung die Eignung für die vorgesehene Tätigkeit beeinträchtigt.

Zu unterscheiden ist dabei zwischen einer früheren und einer bestehenden Krankheit.

Frühere Krankheit

Der Bewerber muss Fragen zu einer früheren Krankheit nur wahrheitsgemäß beantworten, wenn die Krankheit für den Betrieb, die Arbeit und die anderen Mitarbeiter noch von Bedeutung ist.

Bestehende Krankheit

Über eine bestehende Krankheit muss der Bewerber nur Auskunft geben, wenn sie im Zusammenhang mit dem einzugehenden Arbeitsverhältnis steht (BAG v. 7.6.1984, AZ 2 AZR 270/83), wenn sie ansteckend ist und somit eine Gefahr für Patienten, Bewohner oder andere Mitarbeiter darstellt, oder wenn er weiß, dass in absehbarer Zeit eine Arbeitsunfähigkeit, zum Beispiel wegen einer anstehenden Operation, eintreten wird. Dabei ist auch die vorgesehene Tätigkeit von Bedeutung: Ein Arbeitgeber darf zum Beispiel mehr über den Gesundheitszustand eines Bewerbers erfragen, der sich als Pflegekraft bewirbt, als bei Bewerbern auf einen Arbeitsplatz als Büro- oder Reinigungskraft. Es kommt also speziell auf die Anforderungen bei der zu besetzenden Arbeitsstelle an.

Zulässige Fragen nach dem Gesundheitszustand

- „Liegt bei Ihnen eine Erkrankung vor, durch die Ihre Eignung für den vorgesehenen Arbeitsplatz auf Dauer oder immer wiederkehrend eingeschränkt ist?“
- „Leiden Sie an einer ansteckenden Krankheit, die Patienten/Bewohner oder Kollegen gefährden könnte oder nach dem Infektionsschutzgesetz meldepflichtig ist?“
- „Haben Sie vor, in nächster Zeit eine Kur anzutreten?“
- „Sind Sie derzeit akut erkrankt und ist zu erwarten, dass Sie zum geplanten Einstellungstermin noch erkrankt sind?“
- „Ist abzusehen, dass Sie sich in nächster Zeit einer Operation unterziehen müssen?“
- „Waren Sie in den letzten Jahren wegen schwerer oder chronischer Erkrankungen, die Einfluss auf die von Ihnen auszuübende Tätigkeit haben könnten, arbeitsunfähig erkrankt, zum Beispiel wegen eines Rückenleidens?“
- „Liegt bei Ihnen eine Allergie gegen Desinfektionsmittel oder Ähnliches vor?“
- „Sind Sie körperlich so beeinträchtigt, dass Ihnen schweres Tragen, Heben oder Transportieren nicht möglich ist?“

Eine Offenbarungspflicht von sich aus hat der Bewerber nicht, es sei denn, er weiß, dass er zum Zeitpunkt des Dienstantritts voraussichtlich noch krank sein oder eine von einem Sozialversicherungsträger bewilligte Rehabilitationsmaßnahme oder Kur antreten wird.
Die Arbeiten im Pflegebereich sind teilweise mit erheblichen körperlichen Belastungen verbunden. Deshalb muss sichergestellt werden, dass wirklich nur gesunde und körperlich belastbare Mitarbeiter eingestellt werden. Bei der Besetzung dieser Positionen ist die Frage nach der Gesundheit und der körperlichen Belastbarkeit zulässig, da sie in unmittelbarem Zusammenhang mit der zu besetzenden Stelle steht.

Beispiel

Eine Altenpflegerin hat aufgrund ihrer jahrelangen Tätigkeit bereits mehrere Bandscheibenvorfälle erlitten. Bewirbt sie sich um einen neuen Arbeitsplatz, muss sie bei Fragen nach ihrem Gesundheitszustand diese Bandscheibenvorfälle angeben, da nach der Arbeitsaufnahme wegen der hohen Belastung mit einem weiteren Bandscheibenvorfall gerechnet werden muss.

Schwerbehinderteneigenschaft

Eine pauschale Frage nach einer Schwerbehinderung ist mit Inkrafttreten des Allgemeinen Gleichbehandlungsgesetzes (AGG) am 14.8.06 nicht mehr zulässig. Zulässig bleibt jedoch weiterhin die Frage, ob ein Bewerber zur Durchführung der geforderten Tätigkeiten die entsprechende Eignung hat oder ob dem konkrete Hindernisse oder Behinderungen entgegenstehen (📖 35, S. 70, Rn 267ff.). Diese muss der Bewerber wahrheitsgemäß beantworten.

Beispiel

Einem Gesundheits- und Krankenpfleger ist aufgrund seines Rückenleidens jegliches Tragen und Heben von Patienten vom behandelnden Arzt untersagt worden. Aus diesem Grund wurde ihm eine 65%ige Schwerbehinderung zuerkannt. Trotz dieses Wissens bewirbt er sich auf eine ausgeschriebene Stelle als Krankenpfleger. Die Frage nach einer Schwerbehinderung muss er in diesem Fall wahrheitsgemäß beantworten. Er ist sogar verpflichtet, die Schwerbehinderung von sich aus mitzuteilen. Seine körperlichen Einschränkungen sind so gravierend, dass er die Arbeit im Grunde gar nicht aufnehmen und auch zukünftig in diesem Beruf womöglich nicht mehr arbeiten kann. Verschweigt der Pfleger seine Behinderung, kann das Arbeitsverhältnis vom Arbeitgeber wegen arglistiger Täuschung angefochten werden. In diesem Fall würde es von Anfang an unwirksam sein, das heißt, es würde ohne Kündigung sofort enden.

Vermögensverhältnisse

Die Frage nach Vermögensverhältnissen ist an sich unzulässig, bei leitenden Angestellten und Arbeitnehmern in besonderer Vertrauensstellung, wie Prokuristen, Geschäftsführern, Buchhaltern, wiederum zulässig. Gemäß Heimgesetz sind Bewerber auf die Stelle als Heimleitung oder Pflegedienstleitung verpflichtet, über ihre Vermögensverhältnisse Auskunft zu geben (§ 3 HeimG in Verbindung mit § 3 HeimPersV).
Auch bei dieser Frage muss ein konkreter Bezug zu der zu besetzenden Stelle vorliegen, der es rechtfertigt, dass der Arbeitgeber sich über die geordneten Vermögensverhältnisse des Bewerbers informiert.

Beispiel

Ein ambulanter Pflegedienst sucht dringend einen neuen Geschäftsführer. Die zu besetzende Position ist eine absolute Vertrauensposition, da u.a. auch sämtliche Zahlungsvorgänge vom Stelleninhaber überprüft und gegengezeichnet werden. In diesem Ausnahmefall ist die Frage nach den Vermögensverhältnissen der Bewerber zulässig, da für diese Position nur Bewerber mit geordneten Vermögensverhältnissen in Betracht kommen können.

Vorstrafen und laufende Verfahren

Auch die Frage nach Vorstrafen und laufenden Verfahren darf nur im Zusammenhang mit der angestrebten Tätigkeit gestellt werden. Sie darf sich nur auf einschlägige und noch nicht im Bundeszentralregister getilgte Vorstrafen beziehen. Zusätzlich muss bei der Fragestellung zum Ausdruck kommen, dass Strafen, die der beschränkten Auskunft unterliegen, nicht genannt werden müssen.

Zulässige Fragen nach Vorstrafen bei Bewerbern im Pflegebereich

Gefragt werden darf zum Beispiel nach
- vorsätzlichen Körperverletzungsdelikten
- Misshandlung von Schutzbefohlenen
- Freiheitsberaubung
- sexuellem Missbrauch von Widerstandsunfähigen
- einschlägigen Vorstrafen wie Eigentums- und Vermögensdelikten
- Vorstrafen wegen Verkehrsdelikten bei Kraftfahrern.

Beispiel

Eine Altenpflegerin hat bei ihrem vorherigen Arbeitgeber, einer kleinen Altenpflegeeinrichtung, wiederholt aus eigenem Ermessen und ohne richterliche Genehmigung Bewohner im Seniorensessel fixiert, um zu verhindern, dass diese die Einrichtung verlassen. Ein Angehöriger hatte daraufhin Strafanzeige gestellt, die vor zwei Jahren zur Verurteilung der Altenpflegerin und zu einer Geldstrafe führte. In diesem Fall ist die Vorstrafe relevant für das Arbeitsverhältnis. Bei einer Frage eines potenziellen Arbeitgebers nach Vorstrafen muss die Altenpflegerin diese wahrheitsgemäß angeben.

Offenbarungspflicht

Der Arbeitnehmer muss grundsätzlich nur die vom Arbeitgeber gestellten Fragen beantworten, es besteht keine Offenbarungspflicht. Ausnahme: Wenn die verschwiegenen Umstände dem Arbeitnehmer die Erfüllung der arbeitsvertraglichen Pflichten unmöglich machen oder für den in Betracht kommenden Arbeitsplatz von ausschlaggebender Bedeutung sind, zum Beispiel das Vorliegen eines Wettbewerbsverbots, eine demnächst anzutretende Freiheitsstrafe, der Verlust der Fahrerlaubnis, sofern diese zur Ausübung des Berufes vonnöten ist, eine ansteckende Krankheit mit Gefährdung von Patienten und/oder anderen Arbeitnehmern.

Beispiel

Ein Gesundheits- und Krankenpfleger bewirbt sich bei einer Sozialstation als Pflegekraft. Um die Patienten versorgen zu können, muss er das einrichtungseigene Auto benutzen. Es ist nicht möglich, die Patientenversorgung per Fahrrad oder zu Fuß zu gewährleisten. Der Gesundheits- und Krankenpfleger verschweigt wahrheitswidrig, dass er vor kurzem seine Fahrerlaubnis wegen Fahrens mit erhöhter Geschwindigkeit verlor. Damit fehlt ihm jedoch eine wichtige Voraussetzung zur Ausübung dieser Tätigkeit. Diese Tatsache hätte er im Vorstellungsgespräch mitteilen müssen.

Unzulässige Fragen

Grundsätzlich unzulässige Fragen

Dazu zählen Fragen nach
- Religionszugehörigkeit
- beabsichtigter Heirat
- kirchlicher Trauung
- persönlichen Daten und Bekenntnissen von Familienangehörigen
- Schwangerschaft.

Ausnahmen gelten bisher bei kirchlichen Einrichtungen, hier können Fragen zulässig sein (§ 9 AGG) nach
- Konfession
- kirchlicher Trauung
- Scheidung
- nicht ehelicher Lebensgemeinschaft
- eingetragener Lebenspartnerschaft
- Konfession des Ehepartners.

Schwangerschaft

Auch wenn der Arbeitgeber bei der Einstellung einer Bewerberin gern wissen möchte, ob eine Schwangerschaft vorliegt, ist diese Frage grundsätzlich unzulässig. Auch so genannte Umgehungsstrategien, die das Ziel haben, eine bestehende Schwangerschaft zu erfragen, sind nicht erlaubt. Dazu gehören zum Beispiel Fragen nach
- der letzten Regel
- der Einnahme empfängnisverhütender Mittel
- dem Kinderwunsch des Ehemanns oder
- einem Nicht-Schwangerschaftsattest.

Die Frage nach der Schwangerschaft ist bei einem unbefristeten Arbeitsverhältnis wegen der darin zum Ausdruck kommenden **Diskriminierung** immer unzulässig (BAG v. 15.10.1992, AZ 2 AZR 227/92).

Allerdings gelten bei der Frage nach einer bestehenden Schwangerschaft der Bewerberin auch wichtige Ausnahmen. Nach der Rechtsprechung des Bundesarbeitsgerichts (BAG) kann die Frage nach der Schwangerschaft ausnahmsweise zulässig sein, wenn sie objektiv dem gesundheitlichen Schutz der Bewerberin und dem des ungeborenen Kindes dient (BAG v. 1.7.1993, AZ 2 AZR 25/93). Nach Auffassung des Europäischen Gerichtshofs (EuGH) ist die Schwangerschaft jedoch kein Grund für den Arbeitgeber, den Abschluss eines unbefristeten Arbeitsvertrags abzulehnen, weil die Bewerberin für die Dauer der Schwangerschaft einem mutterschutzähnlichen Beschäftigungsverbot unterliegt (EuGH v. 3.2.2000, AZ RS C-207/98). Bei befristeten Tätigkeiten kann die Frage nach einer Schwangerschaft unter bestimmten Umständen zulässig sein: Kann aufgrund der Schwangerschaft die befristete Tätigkeit, zum Beispiel als Tänzerin oder Gymnastiklehrerin, nicht durchgeführt werden oder darf die Bewerberin sie wegen eines Beschäftigungsverbots nach dem Mutterschutzgesetz nicht durchführen, wird die Frage als zulässig angesehen. Dem steht jedoch die Entscheidung des Europäischen Gerichtshofs entgegen: Die Entlassung einer befristet eingestellten Mitarbeiterin, die bei der Einstellung von ihrer Schwangerschaft wusste, aber dies nicht mitteilte, ist unzulässig, selbst wenn sie aufgrund der Schwangerschaft einen wesentlichen Teil der Vertragszeit nicht arbeiten kann (EuGH v. 4.10.2001, AZ Rs. C-109/00).

Weil die Rechtslage hier nicht ganz eindeutig ist, sollten Personalverantwortliche bei der Einstellung Folgendes beachten: Bei einem unbefristeten Arbeitsverhältnis darf die Frage überhaupt nicht gestellt werden. Handelt es sich um ein befristetes Arbeitsverhältnis, muss klar zum Ausdruck kommen, dass diese Frage nur gestellt wird, weil es sich um eine befristete Tätigkeit handelt, die bei einer Schwangerschaft überwiegend nicht ausgeführt werden kann oder darf, oder die Gesundheit der Bewerberin und ihres ungeborenen Kindes durch die befristete Tätigkeit gefährdet ist.

Heiratsabsicht oder Kinderwunsch

Wegen unerlaubter Diskriminierung sind Fragen nach Heiratsabsichten oder nach eventuellem Kinderwunsch nicht zulässig und sollten unterbleiben. Sollte eine Bewerberin aus diesen Gründen abgelehnt werden, könnte sie unter Umständen den Arbeitgeber auf Schadensersatz verklagen.

Personalfragebogen

Um sich ein möglichst umfassendes Bild von den Bewerbern machen zu können, sollte der Arbeitgeber einen standardisierten Personalfragebogen erstellen, der die für ihn wichtigen Fragen an den Bewerber enthält. Die Verwendung von Personalfragebögen ist mitbestimmungspflichtig, wenn ein Betriebsrat vorhanden ist. Auch im Personalfragebogen ist es nicht erlaubt, unzulässige Fragen zu stellen.

Der vom Bewerber ausgefüllte und unterschriebene Fragebogen stellt eine Urkunde dar, die im Rechtsstreit als Beweismittel herangezogen werden kann (📖 20, S. 38).

Einstellungsuntersuchungen, psychologische Untersuchung, graphologische Tests

Vor der geplanten Einstellung des Mitarbeiters verlangt der Arbeitgeber in der Regel ein ärztliches Attest eines Arztes für Arbeitsmedizin oder des Betriebsarztes, das bescheinigt, dass keine gesundheitlichen Bedenken im Hinblick auf diesen Arbeitsplatz bestehen.

Dabei darf der Arzt dem Arbeitgeber nur mitteilen, ob der Bewerber für den vorgesehenen Arbeitsplatz „tauglich", „bedingt tauglich" oder „untauglich" ist. Weitere Untersuchungsergebnisse dürfen dem Arbeitgeber aufgrund der ärztlichen Schweigepflicht (§ 203 StGB Verletzung von Privatgeheimnissen), die im Übrigen auch für Betriebsärzte gilt, auf keinen Fall mitgeteilt werden. Besondere Untersuchungen, zum Beispiel auf eine HIV-Infektion oder ein Schwangerschaftstest, bedürfen der Einwilligung des Bewerbers. Die Kosten der Untersuchung trägt, wenn nichts anderes vereinbart wird, der Arbeitgeber.

Bei der Einstellung von Jugendlichen ist eine Erstuntersuchung Pflicht (§ 32 JArbSchG).

Für psychologische Untersuchungen gelten diese Ausführungen entsprechend.

Graphologische Tests werden häufig bei höher dotierten Positionen verlangt, um mehr Informationen über den Bewerber zu erhalten. Bei den üblichen Bewerbungen im Pflegebereich stellen sie die Ausnahme dar und sind nur mit Einwilligung zulässig. Diese kann jedoch in der Zusendung handgeschriebener Unterlagen gesehen werden.

3.2.4 Beteiligung des Betriebsrats bei der Einstellung

Die Einstellung, aber auch die Ein- oder Umgruppierung oder Versetzung eines Arbeitnehmers ist in Betrieben mit mehr als 20 wahlberechtigten Arbeitnehmern mitbestimmungspflichtig. Gemäß § 99 BetrVG muss der Betriebsrat bei der Einstellung mitbestimmen. Um dieses Recht wahrnehmen zu können, muss er vom Arbeitgeber über die beabsichtigte Einstellung umfassend unterrichtet werden (📖 24, S. 183, Rz 615). Der Arbeitgeber ist verpflichtet, dem Betriebsrat die eingegangenen Bewerbungsunterlagen vorzulegen, Auskunft über die Beteiligten

sowie über die Auswirkungen der Maßnahme zu geben und dessen Zustimmung einzuholen (📖 36, S. 179, Rz 682ff.; 20, S. 40ff.).
Der Betriebsrat kann seine Zustimmung nur aus den Gründen des § 99 Abs. 2 BetrVG verweigern. Dies muss er schriftlich innerhalb einer Woche (§ 99 Abs. 4 BetrVG) dem Arbeitgeber mitteilen.

3.3 Arbeitserlaubnis / Arbeitsgenehmigung

Ausländer dürfen eine Beschäftigung in Deutschland nur mit Genehmigung der Agentur für Arbeit ausüben und von Arbeitgebern nur dann beschäftigt werden, wenn sie solch eine Genehmigung, auch Arbeitserlaubnis genannt, besitzen.
Für die Erteilung der Arbeitsgenehmigung ist seit dem 1.1.2005 anstelle der Arbeitsagentur die Ausländerbehörde zuständig (One-Stop-Government), um den bürokratischen Aufwand für den Antragsteller zu vereinfachen. Die Genehmigung zur Aufnahme beziehungsweise Ausübung einer nicht selbstständigen Erwerbstätigkeit ist seitdem Bestandteil des Aufenthaltstitels (§ 4 Abs. 2 AufenthG) (📖 26). Der Antrag auf die Genehmigung zur Ausübung einer nicht selbstständigen Erwerbstätigkeit ist bei der zuständigen Ausländerbehörde zu stellen.
In der Vergangenheit wurden die Genehmigungsverfahren für die Arbeits- und Aufenthaltsgenehmigung im Bereich der Arbeitsmigration von Ausländerbehörde und Arbeitsagentur parallel durchgeführt. Seit Januar 2005 erteilen die Ausländerbehörden mit der Aufenthaltserlaubnis parallel auch die Erlaubnis zur Aufnahme einer Beschäftigung, nachdem sie die aufenthaltsrechtlichen Voraussetzungen überprüft und die Zustimmung zum Arbeitsmarktzugang, sofern notwendig, von der zuständigen Agentur für Arbeit erhalten haben.
Von dieser Regelung sind jedoch nicht alle Ausländer betroffen. **Keine Arbeitsgenehmigung** brauchen

- Ausländer, denen nach den Rechtsvorschriften der Europäischen Gemeinschaften oder nach dem Abkommen über den Europäischen Wirtschaftsraum Freizügigkeit zu gewähren ist
- Ausländer, die eine unbefristete Aufenthaltserlaubnis oder eine Aufenthaltsberechtigung besitzen, und
- andere Ausländer, wenn dies in zwischenstaatlichen Vereinbarungen aufgrund eines Gesetzes oder durch Rechtsverordnung bestimmt ist.

Für Staatsangehörige aus den neuen EU-Mitgliedsstaaten wird im Rahmen der Übergangsregelungen weiterhin eine „EU-Arbeitsgenehmigung" in Form eines separaten Verwaltungsaktes erteilt (📖 15) (→ 3.3.2).

3.3.1 Erteilung der Arbeitsgenehmigung

Die Agentur für Arbeit erteilt die Arbeitsgenehmigung nur, wenn es trotz Ausschöpfung aller Möglichkeiten des inländischen Arbeitsmarkts nicht gelingt, den freien Arbeitsplatz mit einem so genannten bevorrechtigten Arbeitnehmer zu besetzen.
Bevorrechtigte Arbeitnehmer sind:

- Deutsche
- Staatsangehörige eines Mitgliedsstaats der EU
- Ausländer mit Aufenthaltsberechtigung oder unbefristeter Arbeitserlaubnis
- Ausländer, die bereits eine Arbeitsgenehmigung haben.

Die Genehmigung wird befristet als Arbeitserlaubnis-EU nach § 284 Abs. 2 SGB III erteilt, wenn nicht Anspruch auf eine unbefristete Erteilung als Arbeitsberechtigung-EU besteht.

3.3.2 EU-Angehörige

Angehörige der alten EU-Länder

Angehörige der alten EU-Länder (alle Mitgliedsländer bis zum 30.4.2004) einschließlich ihrer Familienangehörigen mit einer Drittstaatsangehörigkeit (Staatsangehörigkeit eines Nicht-EU-Landes) können ohne Erlaubnis einer nicht selbstständigen Beschäftigung sowie einer selbstständigen Erwerbstätigkeit nachgehen. Für Staatsangehörige der Europäischen Union und des Europäischen Wirtschaftsraumes (EWR) sowie für Schweizer Staatsangehörige gilt seit dem 1.1.2005, dass diese nach ihrer Einreise in das Bundesgebiet von der für sie zuständigen Behörde eine Bescheinigung erhalten, aus der sich die **Freizügigkeitsberechtigung** ergibt.

Angehörige der neuen EU-Länder

Staatsangehörige folgender Länder, die der Europäischen Union zum 1.5.2004 beigetreten sind, benötigen nach ihrer Einreise in das Bundesgebiet eine Arbeitsgenehmigung für die Aufnahme und Ausübung einer nicht selbstständigen Erwerbstätigkeit: Republik Estland, Republik Lettland, Republik Litauen, Republik Polen, Tschechische Republik, Slowakische Republik, Republik Slowenien, Republik Ungarn, Republik Malta (§ 284 SGB III Arbeitsgenehmigung-EU für Staatsangehörige der neuen EU-Mitgliedstaaten).

Zuständig für das Verfahren zur Erteilung einer Arbeitserlaubnis für die Staatsangehörigen dieser Länder ist weiterhin die Bundesagentur für Arbeit. Einem neu einreisenden Ausländer kann ein Aufenthaltstitel zur Ausübung einer Beschäftigung (§§ 18 – 19 AufenthG) erteilt werden, wenn die Bundesagentur für Arbeit nach § 39 zugestimmt hat oder nach § 42 durch Rechtsverordnung oder durch zwischenstaatliche Vereinbarung bestimmt ist, dass die Ausübung der Beschäftigung ohne Zustimmung der Bundesagentur für Arbeit zulässig ist. Weiteres ist in der Beschäftigungsverordnung (BeschV) geregelt.

3.3.3 Ausländer mit Aufenthaltserlaubnis

Ein Zugang zum Arbeitsmarkt für die nicht in § 25 Abs. 1 und 2 AufenthG genannten Ausländer mit Aufenthaltserlaubnis aus völkerrechtlichen, humanitären oder politischen Gründen ist im Regelfall nur **nachrangig möglich.** In diesen Fällen muss eine so genannte **Arbeitsmarktprüfung** (§ 39 AufenthG Zustimmung zur Ausländerbeschäftigung) erfolgen: Arbeitgeber, die einen Ausländer einstellen wollen und auch dementsprechend schon geeignete Bewerber haben, werden von der Arbeitsagentur aufgefordert, einen Vermittlungsauftrag zu erteilen. Ist dieser erteilt, schickt die Arbeitsagentur dem Arbeitgeber bis zu sechs Wochen lang bevorrechtigte Arbeitsuchende, zum Beispiel Deutsche oder Ausländer mit unbeschränkter Erlaubnis zur Erwerbstätigkeit, die sich auf den Arbeitsplatz bewerben und gegebenenfalls vorstellen müssen, um mögliche Sanktionen wie Sperrzeit, Kürzungen der Grundsicherung für Arbeitsuchende usw. zu vermeiden. Nur wenn der Arbeitgeber nachvollziehbar begründen kann, dass unter diesen Personen kein geeigneter Bewerber war und damit keine bevorrechtigten Arbeitnehmer zur Einstellung zur Verfügung stehen (§ 39 Abs. 2 Nr. 1 AufenthG), wird von der Arbeitsagentur die Zustimmung auf eine Arbeitserlaubnis erteilt. Diese Entscheidung teilt die Arbeitsagentur der Ausländerbehörde mit, damit diese eine Arbeitserlaubnis für diesen Arbeitsplatz erteilen kann. Erst jetzt kann der Ausländer eingestellt werden und darf mit der Arbeit beginnen.

Beispiel

Eine Pflegefachkraft aus Tansania bewirbt sich bei einem ambulanten Pflegedienst, dessen freie Stelle umgehend besetzt werden muss. Die Pflegefachkraft könnte sofort mit der Arbeit beginnen, muss aber erst bei der Ausländerbehörde einen Aufenthaltstitel mit einer Erlaubnis zur Aufnahme einer Beschäftigung beantragen. Diese wiederum prüft, ob durch die Einstellung der ausländischen

Pflegefachkraft keine nachteiligen Auswirkungen für den Arbeitsmarkt entstehen, kein bevorrechtigter anderer Arbeitnehmer zur Verfügung steht und die Arbeitnehmerin nicht zu ungünstigeren Arbeitsbedingungen als vergleichbare deutsche Mitarbeiter beschäftigt werden soll. So muss ihr mindestens die ortsübliche Vergütung gezahlt werden. Um dieses abschließend beurteilen zu können, benötigt die Arbeitsagentur entsprechende Angaben vom Arbeitgeber. Dazu muss der Arbeitgeber der Bundesagentur für Arbeit Auskunft über Entgelt, Arbeitszeiten und sonstige Arbeitsbedingungen erteilen (§ 39 Abs. 2 Satz 3 AufenthG). Nachdem alle Unterlagen der Ausländerbehörde zugegangen sind, entscheidet diese positiv und die Pflegefachkraft kann eingestellt werden. ■

Ausnahmen von der Arbeitsmarktprüfung

Unbeschränkten Zugang zur Beschäftigung ohne Arbeitsmarktprüfung sind laut Beschäftigungsverfahrensverordnung (BeschVerfV) vorgesehen

- für Ausländer, die drei Jahre rechtmäßig eine versicherungspflichtige Beschäftigung im Bundesgebiet ausgeübt haben (§ 9 Abs. 1 Nr. 1 BeschVerfV) oder die sich **mindestens seit vier Jahren ununterbrochen in Deutschland erlaubt oder geduldet aufgehalten** haben (§ 9 Abs. 1 Nr. 2 BeschVerfV)
- nach mindestens **einjähriger Tätigkeit bei demselben Arbeitgeber** zur Fortführung der Beschäftigung dort (§ 6 BeschVerfV)
- für **im Alter von unter 18 Jahren eingereiste Jugendliche** mit einer Aufenthaltserlaubnis und mit deutschem Schulabschluss, einer abgeschlossenen berufsvorbereitenden Maßnahme oder bei Aufnahme einer anerkannten Berufsausbildung (§ 8 BeschVerfV)
- in besonderen **Härtefällen,** zum Beispiel bei Ausländern mit Duldung oder Aufenthaltserlaubnis/-befugnis aus humanitären Gründen (§ 7 BeschVerfV)
- in Fällen des § 2 BeschV Zustimmungsfreie Beschäftigungen nach der Beschäftigungsverordnung. Die Ausübung von Beschäftigungen nach § 2 Nr. 1 und 2, §§ 3–4 Nr. 1–3, §§ 5, 7 Nr. 3–5, §§ 9 und 12 der Beschäftigungsverordnung kann Ausländern ohne Zustimmung der Bundesagentur für Arbeit erlaubt werden, zum Beispiel für ein Praktikum während des Aufenthalts zum Zweck der Ausbildung oder im Rahmen eines Studiums
- bei **Beschäftigungen, die eine qualifizierte Berufsausbildung voraussetzen.** Der 3. Abschnitt der Beschäftigungsverordnung (BeschV) enthält Vorschriften, wie bei Beschäftigungen zu verfahren ist, die eine qualifizierte Berufsausbildung voraussetzen. Zu diesem Personenkreis zählen insbesondere auch Pflegekräfte.

Pflegekräfte (§ 30 BeschV)

Die Zustimmung zu einem Aufenthaltstitel zur Ausübung einer Beschäftigung als Gesundheits- und Krankenpflegerin oder Gesundheits- und Krankenpfleger oder Gesundheits- und Kinderkrankenpflegerin oder Gesundheits- und Kinderkrankenpfleger sowie Altenpflegerin oder Altenpfleger mit einem bezogen auf einschlägige deutsche berufsrechtliche Anforderungen gleichwertigen Ausbildungsstand und ausreichenden deutschen Sprachkenntnissen kann erteilt werden, sofern die betreffenden Personen von der Bundesagentur für Arbeit aufgrund einer Absprache mit der Arbeitsverwaltung des Herkunftslands über das Verfahren, die Auswahl und die zuständige Vermittlungsstelle vermittelt worden sind.
Die bisherige Regelung des § 5 Nr. 7 Anwerbestoppausnahmeverordnung (ASAV) wird fortgeführt und die Vermittlungsabsprachen können nach Bedarf abgeschlossen werden. Der Kreis der Zulassungen wird sich jedoch durch § 39 Abs. 6 AufenthG eher auf Pflegekräfte aus den neuen EU-Mitgliedsstaaten konzentrieren, die danach auch ohne Vermittlungsabsprache, aber vorbehaltlich des Vorrangs bevorrechtigter Bewerber zugelassen werden können.

Beispiel

Ein städtisches Krankenhaus möchte einen Gesundheits- und Krankenpfleger aus der Republik Polen einstellen. Da der Pfleger aus einem der neuen EU-Länder stammt, ist eine Vermittlungsabsprache mit der Arbeitsagentur nicht notwendig. Er kann eingestellt werden, wenn es keinen bevorrechtigten Bewerber gibt.

Ausländern, die **ihren Wohnsitz oder gewöhnlichen Aufenthalt im Ausland** haben und eine Beschäftigung in Deutschland aufnehmen wollen, wird grundsätzlich **keine Arbeitserlaubnis** erteilt.
Für die erstmalige Beschäftigung kann die Erteilung einer Arbeitserlaubnis für einzelne Personengruppen davon abhängig gemacht werden, ob sich die betreffende Person unmittelbar vor der Antragstellung in den letzten fünf Jahren erlaubt oder geduldet in Deutschland aufgehalten hat oder vor einem bestimmten Zeitpunkt eingereist ist.

4 Abschluss des Arbeitsvertrags

Ein Arbeitsverhältnis wird durch Abschluss eines Arbeitsvertrags zwischen Arbeitgeber und Arbeitnehmer geschlossen. Bei dem Arbeitsvertrag handelt es sich um einen privatrechtlichen Vertrag, so dass die allgemeinen Regelungen des BGB über Verträge gelten (📖 24, S. 183, Rz 616ff.). Der Arbeitsvertrag ist ein Unterfall des Dienstvertrags § 611 BGB. Wie jeder andere Vertrag kommt auch der Arbeitsvertrag durch Angebote und Annahme zustande (📖 36, S. 46, Rz 139ff.).

4.1 Abschlussfreiheit

Grundsätzlich kann niemand gezwungen werden, einen Vertrag abzuschließen. So ist weder der Arbeitgeber verpflichtet, einen Arbeitnehmer einzustellen, noch kann ein Arbeitnehmer gezwungen werden, bei einem bestimmten Arbeitgeber zu arbeiten. In Artikel 12 GG ist das freie Wahlrecht in Bezug auf Beruf, Arbeitsplatz und Ausbildungsstätte garantiert.

Es ist also beiden Parteien überlassen, ein Arbeitsverhältnis einzugehen. Dabei muss der Arbeitgeber Folgendes beachten:

- Bei Abschluss des Arbeitsverhältnisses darf der Arbeitgeber einen Arbeitnehmer nicht wegen seines Geschlechts benachteiligen (§ 611 a BGB, ersetzt durch §§ 1, 2 AGG mit Inkrafttreten des Allgemeinen Gleichbehandlungsgesetzes am 14.8.06). Bei einem Verstoß seitens des Arbeitgebers kann die benachteiligte Person eine angemessene Entschädigung in Geld verlangen, die jedoch auf höchstens drei Monatsverdienste begrenzt ist, wenn sie auch ohne Geschlechtsdiskriminierung nicht eingestellt worden wäre.
- Persönliche Abschlussverbote liegen bei Personen vor, die nicht persönlich geeignet sind, oder wegen einschlägiger Straffälligkeit (§§ 28–29 BBiG, § 25 Abs. 1 JArbSchG; § 21 Abs. 2 HwO). Auszubildende dürfen von diesen Personen nicht eingestellt oder ausgebildet werden.
- Arbeitgeber, die über mehr als 20 Arbeitsplätze verfügen, sind zur Beschäftigung von schwerbehinderten Menschen gemäß § 71 SGB IX auf mindestens 5 % der Arbeitsplätze verpflichtet, wobei schwerbehinderte Frauen besonders zu berücksichtigen sind.

- Für jeden nicht besetzten Pflichtplatz eines Schwerbehinderten ist der Arbeitgeber zur Zahlung einer monatlichen Ausgleichsabgabe je nach Umfang der Fehlbelegung in Höhe von 105 bis 260 Euro verpflichtet (→ 7.3.1).
- Das Mutterschutzgesetz und das Jugendarbeitsschutzgesetz verbieten bestimmte Beschäftigungen. So darf z. B. eine Frau acht, bei Früh- und Mehrlingsgeburten zwölf Wochen nach der Entbindung nicht beschäftigt und auch nicht eingestellt werden. Jugendliche dürfen nicht mit gefährlichen Arbeiten gemäß § 22 JArbSchG beschäftigt werden (→ 7.3.1).
- Eine besondere Verpflichtung zur Wiedereinstellung besteht bei Arbeitnehmern bei so genannten Wiedereinstellungsklauseln in einem Tarifvertrag nach beendetem Arbeitskampf.

4.2 Formfreiheit

Grundsätzlich muss beim Abschluss von Arbeitsverträgen keine bestimmte Form (Formerfordernis) eingehalten werden. Arbeitgeber und Arbeitnehmer können dementsprechend den Arbeitsvertrag grundsätzlich mündlich, stillschweigend oder durch schlüssiges Verhalten abschließen. Da dies in der Vergangenheit oft zu Problemen führte, hat der Gesetzgeber die Arbeitgeber per **Nachweisgesetz** (NachweisG) verpflichtet, spätestens einen Monat nach dem vereinbarten Beginn des Arbeitsverhältnisses die wesentlichen Vertragsbedingungen schriftlich niederzulegen. Dabei handelt es sich nicht um ein Formerfordernis. Die Niederschrift ist vom Arbeitgeber zu unterschreiben und dem Arbeitnehmer auszuhändigen.

Die **Niederschrift** muss gemäß § 2 Abs. 1 S. 2 NachweisG mindestens enthalten:

- Namen und Anschrift der Vertragspartner
- Zeitpunkt des Beginns des Arbeitsverhältnisses
- bei befristeten Arbeitsverhältnissen die vorhersehbare Dauer des Arbeitsverhältnisses
- den Arbeitsort oder einen Hinweis darauf, falls der Arbeitnehmer an mehreren Orten beschäftigt werden wird
- die Bezeichnung der Tätigkeit oder die Beschreibung des Aufgabengebiets des Arbeitnehmers
- die Zusammensetzung und Höhe des Arbeitsentgelts, einschließlich der Zuschläge, Zulagen, Prämien und Sonderzahlungen sowie weitere Bestandteile des Arbeitsentgelts und den Tag der Fälligkeit

- die vereinbarte Arbeitszeit
- die Dauer des jährlichen Erholungsurlaubs
- die Kündigungsfrist
- den Hinweis auf eventuell bestehende Tarifverträge, Betriebs- oder Dienstvereinbarungen, die für das Arbeitsverhältnis anzuwenden sind.

Mitarbeiter, die eine geringfügige Beschäftigung nach § 8 Abs. 1 SGB IV ausüben, müssen darauf hingewiesen werden, dass sie als Arbeitnehmer in der gesetzlichen Rentenversicherung die Stellung eines versicherungspflichtigen Arbeitnehmers erwerben können, wenn sie nach § 5 Abs. 2 SGB VI auf die Versicherungsfreiheit durch eine Erklärung gegenüber dem Arbeitgeber verzichten.

Bei Arbeitnehmern, die zur vorübergehenden Aushilfe von höchstens einem Monat eingestellt werden, ist das Nachweisgesetz nicht anzuwenden.

Das Nachweisgesetz kommt auch bei einem Leih- oder Zeitarbeitsverhältnis gemäß § 11 Arbeitnehmerüberlassungsgesetz (AÜG) zur Anwendung (📖 37, S. 38f.) (→ 6.6.2).

4.2.1 Ausnahmen der Formfreiheit

Ausnahmen von der Formfreiheit gibt es aufgrund gesetzlicher, tariflicher oder vertraglicher Formvorschriften.

Beispiel

Eine Altenpflegerin soll für sechs Monate zur Vertretung eingestellt werden. Da hier die Dauer des Arbeitsverhältnisses befristet wird, muss der Arbeitsvertrag in Bezug auf die Befristung nach dem Teilzeit- und Befristungsgesetz schriftlich abgeschlossen werden (→ 6.2.3).

4.2.2 Gesetzliche Formvorschriften

Gesetzliche Formvorschriften sind in folgenden Fällen anzuwenden:

- gemäß § 14 Abs. 4 TzBfG für befristete Arbeitsverträge (→ 6.2.3)
- gemäß § 623 BGB für die Beendigung eines Arbeitsverhältnisses durch Kündigung oder durch Aufhebungsverträge (→ 9.3.1).

Gesetzliche Schriftform

§ 126 BGB gilt für die im Gesetz angeordnete Schriftform. Das bedeutet, dass die Urkunde vom Aussteller mit einer eigenhändigen oder notariellen Unterschrift unterzeichnet werden muss, wenn die Schriftform per Gesetz vorgeschrieben ist. Bei einem Vertrag muss die Unterzeichnung der beteiligten Parteien auf derselben Urkunde erfolgen.
Die Ausfertigung des Arbeitsvertrags in elektronischer Form ist ausgeschlossen. Dies gilt für § 2 Abs. 1 S. 3 NachweisG für den arbeitsvertraglichen Nachweis und damit für den Arbeitsvertrag; Gleiches gilt gemäß § 623 BGB für Aufhebungsverträge.

Tarifvertragliche Regelungen

Viele Tarifverträge enthalten Bestimmungen, die festlegen, dass der Arbeitsvertrag nur schriftlich abzuschließen ist. Diese Bestimmungen haben jedoch nur eine Klarstellungsfunktion. Der Arbeitsvertrag kann durchaus mündlich wirksam vereinbart werden, muss jedoch nachträglich schriftlich fixiert werden.

4.3 Gestaltungsfreiheit

Wie bei allen anderen Verträgen besteht Gestaltungsfreiheit. Das heißt, Vertragsgegenstand können Dienstleistungen aller Art sein, sie dürfen nur nicht gegen ein gesetzliches Verbot (§ 134 BGB), einen Tarifvertrag, gegen die guten Sitten (§ 138 BGB) sowie gegen allgemeine Grundsätze des Arbeitsrechts verstoßen. Sollten diese Vorschriften keine Beachtung finden, ist der Arbeitsvertrag nichtig.

4.4 Zustandekommen des Arbeitsvertrags

Ein Arbeitsvertrag kommt durch zwei übereinstimmende Willenserklärungen der Vertragsparteien von Arbeitgeber und Arbeitnehmer zustande. Er kann grundsätzlich schriftlich oder mündlich abgeschlossen werden oder auch durch schlüssiges Handeln, indem der Arbeitnehmer die Arbeit aufnimmt und der Arbeitgeber nicht widerspricht. Ist durch einen Tarifvertrag die Schriftform vorgeschrieben, so muss der Vertrag schriftlich abgeschlossen werden.
Befristete Arbeitsverträge müssen seit Dezember 2000 schriftlich geschlossen werden (§ 14 Abs. 4 TzBfG) (→ 6.2.3). Es empfiehlt sich aus Klarstellungsgrün-

den aber in jedem Fall, den Arbeitsvertrag schriftlich zu formulieren. Nach dem Nachweisgesetz ist der Arbeitgeber ohnehin verpflichtet, bestimmte arbeitsvertragliche Bedingungen schriftlich festzuhalten und das Schriftstück dem Arbeitnehmer auszuhändigen.

Einen Arbeitsvertrag können alle voll geschäftsfähigen Menschen abschließen. Die volle Geschäftsfähigkeit – und damit das Recht, eine rechtsverbindliche Willenserklärung abgeben zu können – tritt in der Regel mit Vollendung des 18. Lebensjahrs (Volljährigkeit) ein. Dies kann jedoch eingeschränkt sein, wenn die Person geschäftsunfähig sein sollte (§ 104, § 105 BGB) oder unter Betreuung in Verbindung mit einem Einwilligungsvorbehalt steht (§ 1896, § 1903 BGB). Minderjährige, die mit Genehmigung ihrer gesetzlichen Vertreter (Eltern) ein Arbeitsverhältnis aufnehmen (§ 113 BGB), sind in Bezug auf das Arbeitsverhältnis unbeschränkt geschäftsfähig.

Ein Arbeitsvertrag ist nicht zustande gekommen und damit nichtig, wenn

- eine abschließende Partei geschäftsunfähig ist (§ 104,1 § 105 BGB)
- die Zustimmung des gesetzlichen Vertreters bei Minderjährigen fehlt
- er gegen ein gesetzliches Verbot (§ 134 BGB) oder die guten Sitten (§ 138 BGB) verstößt
- er wegen Irrtum, Täuschung oder Drohung (§ 119, § 123, § 124 BGB) angefochten wurde (📖 41, S. 36ff.).

5 Einstellung

Das Arbeitsverhältnis des Mitarbeiters beginnt grundsätzlich mit dem vereinbarten Termin, auch wenn er im Krankheitsfalle verhindert sein sollte. Dies ist wichtig für die Berechnung von Beschäftigungszeiten. Die Entgeltfortzahlung im Krankheitsfall setzt hier jedoch noch nicht ein, sondern erst nach einem Bestehen des Arbeitsverhältnisses von mindestens vier Wochen.

In vielen Fällen wird die Arbeit bereits aufgenommen, bevor alle Voraussetzungen erfüllt sind. So fehlt oft die schriftliche Bestätigung des Arbeitgebers, oder die Arbeitsunterlagen des Arbeitnehmers sind nicht vollständig. Dies hat jedoch keinen Einfluss auf die Gültigkeit des Arbeitsverhältnisses, da der Abschluss des Arbeitsvertrags, sofern keine Schriftform vorgeschrieben ist, mündlich erfolgen kann. Innerhalb von vier Wochen muss der Arbeitgeber allerdings entsprechend dem Nachweisgesetz die wichtigsten Arbeitsbedingungen schriftlich mitteilen (→ 4.2). Nimmt der Arbeitnehmer die Arbeit auf und der Arbeitgeber die Arbeitsleistung an, kommt zum Ausdruck, dass dies im gegenseitigen Einvernehmen geschieht. Damit ist ein faktisches Arbeitsverhältnis mit allen Rechten und Pflichten zustande gekommen. Dies gilt auch für Arbeitsverhältnisse in Bereichen, in denen die Schriftform Bedingung ist.

Der Arbeitnehmer hat dem Arbeitgeber spätestens zu Beginn des Beschäftigungsverhältnisses alle notwendigen Arbeitspapiere auszuhändigen. Kommt der Arbeitnehmer dieser Verpflichtung nicht nach, ist der Arbeitgeber nach einer Abmahnung und der Setzung einer angemessenen Nachfrist zur Kündigung, eventuell sogar zur außerordentlichen Kündigung berechtigt.

Zu den Arbeitspapieren gehören

- Lohnsteuerkarte
- Nachweis der Sozialversicherung
- Sozialversicherungsausweis
- Vorlage des Originals der Urkunde zur Führung der Erlaubnis der Berufsbezeichnung (Altenpfleger/in, Krankenschwester, Krankenpfleger, Kinderkrankenschwester, Kinderkrankenpfleger, Gesundheits- und Krankenpfleger/in,

Gesundheits- und Kinderkrankenpfleger/in, Altenpflegehelfer/in, Krankenpflegehelfer/in) oder eine beglaubigte Fotokopie derselben, die nicht älter als drei Monate sein sollte
- Weiterbildungsnachweis oder Nachweis eines einschlägig abgeschlossenen Hochschulstudiums für den Bewerber zur verantwortlichen Pflegefachkraft (§ 80 SGB XI)
- aktuelles Führungszeugnis der Meldebehörde
- Vorlage der Fahrerlaubnis für Bewerber in der ambulanten Pflege
- Zeugnisse in Fotokopie
- Urlaubsbescheinigung des letzten Arbeitgebers
- aktuelles Gesundheitszeugnis, falls keine Untersuchung durch den Betriebsarzt des Arbeitgebers erfolgt, die Kosten übernimmt der Arbeitgeber (📖 36, S. 49, Rz 155; 28, S. 163ff.).

Wurde die gesundheitliche Eignung vor der Arbeitsaufnahme noch nicht festgestellt, kann die weitere Beschäftigung von der noch ausstehenden Untersuchung abhängig gemacht werden.
Rechtzeitig vor Arbeitsbeginn sollten neue Mitarbeiter erfahren, auf welcher Station, in welchem Wohnbereich oder auf welcher Tour und in welcher Schicht sie eingesetzt werden. Um den neuen Kollegen die Einarbeitungszeit zu erleichtern, empfiehlt es sich, ein Konzept zur Einarbeitung neuer Mitarbeiter zu erarbeiten und geeignete Personen zu benennen, die für diesen Bereich zuständig sind. Sofern Stellenbeschreibungen (→ 7.1.1) existieren, sind sie bei der Arbeitsaufnahme dem Mitarbeiter auszuhändigen.

6 Arten von Arbeitsverhältnissen

Im Arbeitsrecht sind verschiedene Arten von Arbeitsverhältnissen gebräuchlich, die im Folgenden erläutert werden.

6.1 Unbefristetes Arbeitsverhältnis

Werden Arbeitsverhältnisse auf unbestimmte Zeit eingegangen, spricht man von unbefristeten Arbeitsverhältnissen. Das Arbeitsverhältnis endet erst dann, wenn einer der Vertragspartner den Arbeitsvertrag kündigt oder einen Aufhebungsvertrag (→ 9.2) schließt. Bei lange bestehenden Arbeitsverhältnissen erwerben die Arbeitnehmer Arbeitsschutzrechte, zum Beispiel längere Kündigungsfristen.

6.2 Befristetes Arbeitsverhältnis

Wegen grundlegender Veränderung auf dem Arbeitsmarkt (Arbeitsmarktreformen) ist es heute kaum noch üblich beziehungsweise möglich, unbefristete Arbeitsverhältnisse einzugehen. Viele Arbeitgeber tendieren deswegen dazu, befristete Arbeitsverträge abzuschließen. Diese Veränderungen, verstärkt durch die Einführung der DRGs in Krankenhäusern, sind mittlerweile auch vermehrt in anderen Einrichtungen des Gesundheitswesens zu beobachten (📖 3, S. 85ff.).

6.2.1 Begriff der Befristung

Befristet beschäftigt ist ein Arbeitnehmer mit einem auf bestimmte Zeit geschlossenen Arbeitsvertrag. Ein befristeter Arbeitsvertrag liegt vor, wenn seine Dauer kalendermäßig bestimmt ist oder sich aus Art, Zweck und Beschaffenheit der Arbeitsleistung ergibt (§ 3 Abs. 1 TzBfG) (📖 32, S. 81ff.).

6.2.2 Arten der Befristung

Die meistgewählte Form der Befristung ist die **Zeitbefristung.** Im Arbeitsvertrag wird das voraussichtliche Ende des Arbeitsverhältnisses mit Datum angegeben.

Beispiel

Beispiel für die Formulierung einer Zeitbefristung gemäß § 15 Abs. 1 TzBfG

„Das Arbeitsverhältnis ist befristet bis zum 31.12.2007 und endet zu diesem Termin, ohne dass es einer Kündigung bedarf. Der Arbeitnehmer wird bereits jetzt darauf hingewiesen, dass er nach § 37 b SGB III verpflichtet ist, sich möglichst frühzeitig, frühestens jedoch drei Monate vor Beendigung des Arbeitsverhältnisses bei der zuständigen Agentur für Arbeit persönlich arbeitsuchend zu melden."

Oder:

„Das Arbeitsverhältnis wird eingegangen für die Dauer von drei Monaten. (...)"

Wenn die Dauer des Arbeitsverhältnisses nicht eindeutig bestimmt werden kann, bietet sich eine so genannte **Zweckbefristung** an. Sie kommt zum Beispiel bei der Vertretung von erkrankten Mitarbeitern, von Mitarbeitern, die im Mutterschutz oder Elternzeit sind, oder bei Forschungsprojekten, bei denen der Abschluss gelegentlich von vielen unkalkulierbaren Faktoren beeinflusst werden kann, zur Anwendung.

Beispiel

Beispiel für die Formulierung einer Zweckbefristung gemäß § 15 Abs. 2 TzBfG

„Herr X. wird eingestellt zur Vertretung des erkrankten Gesundheits- und Krankenpflegers Herrn Y. Das Arbeitsverhältnis ist befristet bis zur Rückkehr des erkrankten Mitarbeiters. Von der Arbeitsaufnahme Herrn Y.s werden wir Herrn X. unverzüglich in Kenntnis setzen. Das Arbeitsverhältnis endet, ohne dass es einer Kündigung bedarf, zwei Wochen nach Zugang der schriftlichen Unterrichtung."

Oder:

„Frau Z. wird eingestellt im Rahmen des von der Europäischen Union geförderten Forschungsprojekts ‚Besonderheiten von Herzerkrankungen bei Frauen'. Das Arbeitsverhältnis ist befristet bis zur Fertigstellung des Forschungsprojekts. Es endet, ohne dass es einer Kündigung bedarf, mit dem Abschlussbericht."

Ist zeitlich absehbar, wann der Zweck erreicht sein wird, so muss der Arbeitgeber den Arbeitnehmer spätestens zwei Wochen vor der bestehenden Beendigung des Arbeitsverhältnisses auf den Zeitpunkt der Zweckerreichung schriftlich hinweisen, im anderen Fall endet das Arbeitsverhältnis erst mit Ablauf der Zweiwochenfrist, beginnend mit dem Zugang der schriftlichen Mitteilung.
Der Zeit- oder Zweckbefristung gleichgestellt sind Arbeitsverträge, die unter einer auflösenden Bedingung (§ 21 TzBfG) geschlossen werden. Eine auflösende Bedingung ist zum Beispiel die Rückkehr der wegen Erkrankung, Elternzeit oder Sonderurlaub zu vertretenden Arbeitnehmer.

Beispiel

Beispiel für die Formulierung einer auflösenden Bedingung gemäß § 21 TzBfG
„Herr R. wird zur Vertretung für die Dauer der Elternzeit von Frau T. eingestellt. Das Arbeitsverhältnis ist befristet und endet, ohne dass es einer Kündigung bedarf, sobald Frau T. die Arbeit wieder aufnimmt. Von der Arbeitsaufnahme Frau T.s wird Herr R. unverzüglich unterrichtet. Das Arbeitsverhältnis endet spätestens zwei Wochen nach Zugang der schriftlichen Unterrichtung über die Arbeitsaufnahme.“

6.2.3 Zulässigkeit

Grundsätzlich erfordert die Befristung nach dem Teilzeit- und Befristungsgesetz einen Sachgrund (§ 14 Abs. 1 TzBfG), um damit einer Ausschaltung des Kündigungsschutzes vorzubeugen.
Die Befristung im Arbeitsvertrag **bedarf der Schriftform** (§ 14 Abs. 4 TzBfG). Eine nur mündlich vereinbarte Befristung ist unwirksam. Das heißt, die Befristung muss im Arbeitsvertrag eindeutig zum Ausdruck kommen (§ 14 Abs. 4 TzBfG).
Die Befristungsvereinbarung muss in einer Urkunde vom Arbeitgeber oder einer vertretungsberechtigten Person und vom Arbeitnehmer eigenhändig unterzeichnet sein. Kopien, Stempel, Faksimiles, E-Mails oder Telefaxschreiben reichen ebenso wenig aus wie originalschriftliche Schreiben, die nur von einer der Parteien unterschrieben wurden.

Achtung!

Sollte die Schriftform nicht eingehalten werden, ist ein Arbeitsverhältnis auf unbestimmte Zeit eingegangen worden.

Sachgründe

Sachliche Gründe können sein:

- Saisonarbeit
- Vertretung von anderen Arbeitnehmern
- vorübergehend erhöhter Arbeitskräftebedarf
- Erprobung
- Übergang zwischen Ausbildung und Anschlussbeschäftigung
- Eigenart der Arbeitsleistung
- Gründe in der Person des Arbeitnehmers
- Überhangslisten
- nach gerichtlichem Vergleich
- wissenschaftliche Mitarbeiter an Hochschulen (§ 57 HRG)
- Vertretung bei Ausfall durch Erkrankung
- Vertretung in den Mutterschutzfristen
- Vertretung in der Elternzeit (§ 21 BErzGG, § 21 BEEG) (→ 7.3.1)
- Ärzte in der Weiterbildung (Gesetz über befristete Arbeitsverträge mit Ärzten in der Weiterbildung).

Form

Nach § 14 Abs. 4 TzBfG bedarf ein befristeter Arbeitsvertrag der Schriftform, wobei nur die Befristungsabrede formbedürftig ist, nicht die sonstigen Vertragsbedingungen, das heißt

- bei der kalendermäßigen Befristung die Dauer, nicht der Befristungsgrund
- bei der Zweckbefristung der genaue Zweck
- bei der auflösenden Bedingung das Ereignis, das zur Beendigung führt.

Das Ende des befristeten Arbeitsverhältnisses muss für den Arbeitnehmer erkennbar sein. Der Arbeitsvertrag über ein befristetes Arbeitsverhältnis muss daher Folgendes enthalten:

- Zeitablauf oder
- Zweckerreichung oder
- Eintritt der auflösenden Bedingung sowie
- Möglichkeit einer ordentlichen Kündigung bei entsprechender Vereinbarung im Einzelvertrag oder Tarifvertrag (📖 36, S. 87f., Rz 317ff.).

6.2.4 Vereinbarung einer Probezeit

Die Vereinbarung einer Probezeit in einem befristeten Arbeitsverhältnis ist in der Regel nicht notwendig, da das Arbeitsverhältnis automatisch mit Fristablauf oder Zweckerreichung endet. Dennoch sehen einige Arbeitgeber die Vereinbarung einer Probezeit vor. Das heißt jedoch nicht, dass das Arbeitsverhältnis nach Ablauf der Probezeit endet, sondern bedeutet lediglich, dass innerhalb der Probezeit das Arbeitsverhältnis mit einer Frist von zwei Wochen gekündigt werden kann. Die Probezeit darf nicht länger als sechs Monate dauern (§ 622 Abs. 3 BGB).
Die Vertragspartner können aber auch ein befristetes Probearbeitsverhältnis (→ 6.5.2) vereinbaren, wenn dies eindeutig aus dem Arbeitsvertrag hervorgeht. Das Arbeitsverhältnis endet dann mit Ablauf der Probezeit, ohne dass es einer Kündigung bedarf.

6.2.5 Erleichterte Befristung

Ein Arbeitsverhältnis kann nur in zwei Ausnahmefällen ohne sachlichen Grund wirksam befristet werden: bei Neueinstellungen und bei der Einstellung von älteren Arbeitnehmern.

Neueinstellung

Eine erleichterte Befristung bis zu zwei Jahren ist gemäß § 14 Abs. 2 TzBfG bei der Neueinstellung eines Arbeitnehmers zulässig. Zwischen den Vertragsparteien darf zuvor jedoch keinerlei Arbeitsverhältnis bestanden haben. Während der maximalen Befristungszeit von zwei Jahren kann das Arbeitsverhältnis bis zu dreimal verlängert werden.
Für neu gegründete Unternehmen geltenden besondere Bestimmungen: Sie können in den ersten vier Jahren nach der Gründung bis zu einer Gesamtdauer von vier Jahren ohne Begrenzung der Verlängerung befristete Arbeitsverhältnisse abschließen (§ 14 Abs. 2 a TzBfG).

Einstellung von älteren Arbeitnehmern

Eine erleichterte Befristung ist gemäß § 14 Abs. 3 TzBfG auch bei Verträgen mit älteren Arbeitnehmern möglich. Die Befristung eines Arbeitsverhältnisses mit einem Arbeitnehmer, der das 58. Lebensjahr vollendet hat, ist ohne

sachlichen Grund möglich, um die Einstellungschancen älterer Arbeitnehmer zu fördern.
Dies gilt nicht, wenn zwischen einem vorangegangenen unbefristeten Arbeitsverhältnis zwischen den Vertragspartnern ein enger sachlicher Zusammenhang besteht. Ein solcher wird vermutet, wenn zwischen dem unbefristeten und dem befristeten Arbeitsverhältnis weniger als sechs Monate liegen. Er kann sich aber auch aus anderen Umständen ergeben (📖 36, S. 89, Rz 324ff.).

6.2.6 Ende

Ein befristetes Arbeitsverhältnis endet entweder nach Ablauf der Zeit, für das es geschlossen wurde, oder mit Zweckerreichung oder Eintritt der auflösenden Bedingung (→ 9.1). Eine ordentliche Kündigung (→ 9.3.2) ist im befristeten Arbeitsverhältnis normalerweise ausgeschlossen, es sei denn, sie wurde vereinbart (§ 15 Abs. 3 TzBfG) (→ 9.1).

Fristablauf

Das kalendermäßig befristete Arbeitsverhältnis endet mit Zeitablauf (§ 15 Abs. 1 TzBfG), es bedarf **keiner** Kündigung. Sonderkündigungsschutzrechte, zum Beispiel nach dem Mutterschutzgesetz (→ 7.3.1), müssen nicht beachtet werden. Der Betriebsrat muss nicht angehört werden.

Zweckerreichung

Das zweckbefristete oder auflösend bedingte Arbeitsverhältnis endet mit Zweckerreichung oder Eintritt der auflösenden Bedingung, frühestens jedoch zwei Wochen nach Zugang der schriftlichen Unterrichtung durch den Arbeitgeber (§ 15 Abs. 2 TzBfG). Die Unterrichtung muss den richtigen Beendigungszeitpunkt enthalten.

Achtung!

Wird das Arbeitsverhältnis ohne Widerspruch des Arbeitgebers nach dem Fristablauf oder der Zweckerreichung ohne unverzügliche Unterrichtung fortgesetzt, entsteht ein unbefristetes Arbeitsverhältnis (§ 15 Abs. 5 TzBfG).

6.2.7 Verlängerung

Ein befristetes Arbeitsverhältnis endet üblicherweise mit Fristablauf oder Zweckerreichung (→ 6.2.6). Soll das Arbeitsverhältnis mit dem Arbeitnehmer fortgesetzt werden, hat der Arbeitgeber drei Möglichkeiten:

1. Wird der Arbeitnehmer nach Ablauf der Befristung weiter im Betrieb beschäftigt, ist die ursprüngliche Befristung hinfällig und es schließt sich ein unbefristetes Arbeitsverhältnis an.
2. Eine erneute Befristung des Arbeitsverhältnisses über den ursprünglichen Befristungszeitraums hinaus ist möglich, wenn ein sachlicher Grund weiterhin gegeben ist.
3. Liegt kein sachlicher Grund vor, so darf die gesamte Dauer der befristeten Arbeitsverhältnisse nach § 14 Abs. 2 TzBfG nicht mehr als zwei Jahre (bei Existenzgründern: vier Jahre) betragen. Insgesamt sind maximal drei Verlängerungen (bei Existenzgründern: mehrere) zulässig.

Im Falle der einvernehmlichen Verlängerung des befristeten Arbeitsverhältnisses, ist diese Verlängerung wie eine Einstellung gemäß § 99 BetrVG zu behandeln, so dass der Arbeitgeber vor der Verlängerung den Betriebsrat rechtzeitig und umfassend darüber unterrichten und die Zustimmung zur Verlängerung einholen muss (📖 37, S. 74).

6.2.8 Geltendmachung der Unwirksamkeit der Befristung

Der befristete Vertrag gilt als auf unbestimmte Zeit geschlossen, wenn eine unwirksame Vereinbarung vorliegt, zum Beispiel wenn keine Angabe eines sachlichen Grunds oder eines Ausnahmefalls gemacht wurde oder die Befristung nicht in Schriftform vorliegt (§ 16 TzBfG). In diesem Fall kann der Vertrag unter Beachtung des Kündigungsschutzrechts unter Einhaltung der entsprechenden Kündigungsfrist ordentlich gekündigt werden.

Um die Rechtsfolgen einer unwirksamen Befristung geltend zu machen, muss der Arbeitnehmer innerhalb von drei Wochen nach dem vereinbarten Ende des befristeten Arbeitsvertrags Klage beim Arbeitsgericht auf Feststellung erheben, dass das Arbeitsverhältnis aufgrund der Befristung nicht beendet ist (§ 17 TzBfG).

Die Klagefrist beträgt drei Wochen ab

- vereinbartem Ende des Arbeitsverhältnisses
- Beendigungszeitpunkt bei kalendermäßiger Befristung

- Zweckerreichung bei rechtzeitiger schriftlicher Mitteilung
- angekündigtem Ende durch eine schriftliche Mitteilung in einem Zeitraum von weniger als zwei Wochen vor Zweckerreichung
- Eingang der schriftlichen Mitteilung, wenn diese unverzüglich nach Zweckerreichung erfolgt.

Falls das Arbeitsverhältnis zunächst über das vereinbarte Ende hinaus fortgesetzt worden ist, beginnt die Klagefrist mit Zugang der schriftlichen Erklärung des Arbeitgebers, dass das Arbeitsverhältnis aufgrund der Befristung beendet ist.

Versäumen der Klagefrist

Hat der Arbeitnehmer die Klagefrist versäumt, so kann er nur noch unter bestimmten Voraussetzungen eine nachträgliche Zulassung der verspäteten Klage erreichen (§§ 5ff. KSchG). Anderenfalls gilt das Arbeitsverhältnis als von Anfang an wirksam befristet und endet so mit dem vorgesehenen Zeitpunkt (§ 17 TzBfG, § 7 KSchG).

6.2.9 Pflichten des Arbeitgebers

Diskriminierungsverbot

Aufgrund des Teilzeit- und Befristungsgesetz ist es dem Arbeitgeber untersagt, befristet beschäftigte Arbeitnehmer wegen ihrer Befristung schlechter zu behandeln als vergleichbar unbefristet beschäftigte Arbeitnehmer, es sei denn, es liegen dafür sachliche Gründe vor (§ 4 Abs. 2 TzBfG) (📖 21, S. 30).

Benachteiligungsverbot

Befristet beschäftigte Arbeitnehmer dürfen aufgrund der Befristung nicht schlechter gestellt werden als unbefristet beschäftigte Arbeitnehmer. Sie erhalten ihr Arbeitsentgelt oder eine andere teilbare, geldwerte Leistung, die für einen bestimmten Bemessungszeitraum geleistet wird, in dem Umfang, der dem Anteil ihrer Beschäftigungsdauer und der Beschäftigungsart gemäß § 5 TzBfG entspricht.

Befristet beschäftigte Arbeitnehmer haben ebenso wie unbefristet beschäftigte Arbeitnehmer das Recht, über alle im Betrieb notwendigen Informationen, so sie nicht der ausdrücklichen Geheimhaltung unterliegen, in Kenntnis gesetzt zu werden.

Information der befristet beschäftigten Arbeitnehmer über unbefristete Arbeitsplätze

Der Arbeitgeber ist gemäß § 18 TzBfG verpflichtet, befristet beschäftigte Arbeitnehmer über entsprechende unbefristete Arbeitsplätze zu informieren, die besetzt werden sollen.

Informationspflicht gegenüber der Arbeitnehmervertretung

Der Arbeitgeber ist verpflichtet, den Betriebsrat über die Anzahl der befristet beschäftigten Arbeitnehmer und ihren Anteil an der Gesamtbelegschaft des Betriebs und des Unternehmens gemäß § 20 TzBfG zu informieren.

Aus- und Weiterbildung für befristet beschäftigte Arbeitnehmer

Gemäß § 19 TzBfG hat der Arbeitgeber dafür Sorge zu tragen, dass auch befristet beschäftigte Arbeitnehmer die Möglichkeit haben, an angemessenen Aus- und Weiterbildungsmaßnahmen zur Förderung ihrer beruflichen Entwicklung und Mobilität teilnehmen zu können, es sei denn, dringende betriebliche Gründe oder Aus- und Weiterbildungswünsche anderer Arbeitnehmer stehen dem entgegen (📖 27).

6.3 Teilzeitarbeitsverhältnis

6.3.1 Begriff der Teilzeitarbeit

Teilzeitarbeit liegt vor, wenn die Wochenarbeitszeit eines Arbeitnehmers kürzer ist als die regelmäßige Arbeitszeit eines vergleichbaren vollbeschäftigten Arbeitnehmers im selben Betrieb. Als Teilzeitarbeitnehmer gelten auch geringfügig beschäftigte Arbeitnehmer. Die Rechtsgrundlagen der Teilzeitarbeit sind im Teilzeit- und Befristungsgesetz § 2 TzBfG geregelt (📖 32, S. 93).
Auf Teilzeitarbeitsverhältnisse finden sämtliche Schutzvorschriften des Arbeitsrechts Anwendung; es gelten insbesondere das Kündigungsschutzgesetz, das Mutterschutzgesetz, das SGB IX für schwerbehinderte Arbeitnehmer, das Bundesurlaubsgesetz und das Entgeltfortzahlungsgesetz. Zur Förderung der beruflichen Entwicklung und Mobilität sind auch teilzeitbeschäftigte Arbeitnehmer nach Maßgabe des § 10 TzBfG vom Arbeitgeber bei Aus- und Weiterbildungs-

maßnahmen zu berücksichtigen. Die Zeiten der Teilzeitarbeit zählen uneingeschränkt zur Dauer der Betriebszugehörigkeit.

Mit dem Teilzeit- und Befristungsgesetz wird das Ziel verfolgt, Teilzeitarbeit, auch für Mitarbeiter in leitenden Positionen zu fördern (§ 1, § 6 TzBfG). Der Arbeitgeber hat inner- oder außerbetrieblich ausgeschriebene Arbeitsplätze generell auch als Teilzeitarbeitsplätze auszuschreiben, wenn sich der Arbeitsplatz dafür eignet (§ 7 Abs. 1 TzBfG).

Dem Arbeitgeber obliegen bestimmte Informationspflichten (§ 7 Abs. 2 und 3 TzBfG) gegenüber der Arbeitnehmervertretung und gegenüber einem Arbeitnehmer, der ihm den Wunsch auf Teilzeitarbeit mitgeteilt hat (📖 12, S. 17).

Teilzeitarbeit kann in verschiedenen Modellen erbracht werden:

Teilzeit classic: Die tägliche Arbeitszeit ist stundenweise reduziert.

Teilzeit classic vario: Die wöchentliche Arbeitszeit wird auf zwei bis fünf Tage verteilt.

Teilzeitjobsharing: Zwei Arbeitnehmer teilen sich eigenverantwortlich eine Stelle.

Teilzeit invest: Der Arbeitnehmer arbeitet in Vollzeit, wird aber nach Teilzeit bezahlt. Die Differenz wird als Zeit- oder Geldguthaben auf einem Langzeitkonto angespart. Dadurch können mehrmonatige Urlaubsphasen oder so genannte Sabbaticals (zum Beispiel sechs Jahre arbeiten, ein Jahr frei) herausgearbeitet werden, während denen das Gehalt weitergezahlt wird.

Teilzeit team (📖 25, S. 16): Vom Arbeitgeber wird vorgegeben, wie viele Mitarbeiter in bestimmten Zeitabschnitten anwesend sein müssen. Die jeweilige persönliche Arbeitszeit wird im Mitarbeiterteam geplant und vereinbart.

Teilzeit saison: In Saison- und Hochphasen werden Arbeitnehmer in Vollzeit beschäftigt. Bei geringerer Auslastung haben sie frei. Mit dieser Variante der Teilzeit können Arbeitgeber Entlassungen verhindern, die kostenintensive Suche und Einarbeitung neuer Mitarbeiter für die nächste Saison entfällt und Arbeitnehmer erhalten ganzjährig ein monatliches Grundgehalt, so dass der Sozialversicherungsschutz durchgehend gewährleistet wird.

Teilzeit home: Arbeitnehmer arbeiten in Teilzeit von zu Hause aus. Dies wird in der Patienten-/Bewohnerversorgung so nicht möglich sein, denkbar sind jedoch Arbeitsplätze im Bereich der Telemedizin (📖 43).

Kombinationen von Teilzeit mit anderen flexiblen Arbeitszeitmodellen: Teilzeit ist mit vielen Modellen und den Gestaltungsmöglichkeiten der Arbeitszeitflexibilisierung zu kombinieren. Zum Beispiel: Kombinationen von Teilzeit und Gleitzeit, Teilzeit auf Kontenbasis, teilzeitintegrierende Mehrschichtsysteme (📖 39, S. 20f.).

6.3.2 Überstunden

Im täglichen Arbeitsablauf kommt es immer wieder vor, dass gerade Teilzeitbeschäftigte bei Personalausfällen für Kollegen einspringen und deren Arbeit übernehmen sollen. Sehr oft werden teilzeitbeschäftigte Mitarbeiter wie Vollzeitbeschäftigte eingesetzt. Der Arbeitsumfang weicht dann meist erheblich von der vereinbarten Arbeitszeit ab; der teilzeitbeschäftigte Arbeitnehmer arbeitet über seine vereinbarte Stundenzahl hinaus. Dies entspricht jedoch nicht dem Sinn und Zweck einer Teilzeitbeschäftigung, da diese Form der Arbeitszeit vom Arbeitnehmer aus bestimmten Gründen gewählt wurde. Eine Überstundenverpflichtung für Teilzeitbeschäftigte ergibt sich nur bei vertraglicher oder tariflicher Regelung. Korrekterweise muss man in diesen Fällen von Mehrarbeit sprechen, das heißt, die Mitarbeiter erhalten für die geleistete Arbeit nur einen Freizeitausgleich, aber keine Überstundenzuschläge. Tarifliche Überstundenzuschläge werden nur bei Überschreiten der Arbeitszeit eines Vollzeitarbeitnehmers gezahlt.

6.3.3 Urlaubsanspruch

Für den Urlaubsanspruch gelten die allgemeinen Grundsätze nach dem Bundesurlaubsgesetz oder tarifliche Vorschriften (→ 7.2.2). Der Urlaubsanspruch eines Teilzeitbeschäftigten orientiert sich am Urlaubsanspruch des Vollzeitarbeitnehmers (mindestens 24 Werktage jährlich) und berechnet sich wie folgt:

$$\frac{\text{Urlaubsanspruch des Vollzeitarbeitnehmers in Arbeitstagen}}{\text{Arbeitstage im Betrieb}} \times \text{Wochenarbeitstage des Teilzeitarbeitnehmers} = \text{Urlaubstage des Teilzeitarbeitnehmers in Arbeitstagen}$$

Beispiel

Eine Krankenpflegehelferin arbeitet jeweils am Dienstag, Donnerstag und Freitag. Da keine besonderen arbeitsvertraglichen Regelungen bestehen und sie an drei Tagen pro Woche arbeitet, hat sie einen Anspruch von zwölf Urlaubstagen:

$$\frac{24}{6} \times 3 = 12$$

Grundsätzlich sind die tatsächlich geleisteten Arbeitstage von Bedeutung. Das heißt: Eine Umrechnung des Urlaubs in Stunden oder halbe Tage soll nach der Rechtsprechung des Bundesarbeitsgerichts vermieden werden. Es gilt ausdrücklich nicht das Stunden-, sondern das Tageprinzip. Das ist insbesondere dann wichtig, wenn die Stunden, die eine Teilzeitkraft arbeitet, nicht gleichmäßig auf deren Arbeitstage verteilt sind.

Urlaubsentgelt

Das Urlaubsentgelt wird gemäß § 11 BUrlG vom Durchschnittsverdienst der letzten 13 Wochen errechnet.

6.3.4 Entgeltfortzahlung

Bei Krankheit

Teilzeitbeschäftigte Arbeitnehmer erhalten ebenso wie Vollzeitbeschäftigte im Krankheitsfall Entgeltfortzahlung (→ 7.2.1). Nach § 5 EFZG bestehen Anzeige- und Nachweispflichten unabhängig von den vereinbarten Arbeitstagen.
Die Entgeltfortzahlung richtet sich nach dem Entgeltausfallprinzip.

An Feiertagen

Gemäß § 2 EFZG erhalten auch teilzeitbeschäftigte Arbeitnehmer Entgeltfortzahlung, wenn die Arbeit auf einen Feiertag fällt. Voraussetzung: Die Arbeitsleistung muss wegen des Feiertags ausfallen.

6.3.5 Pflichten des Arbeitgebers

Diskriminierungsverbot

§ 4 Abs. 1 TzBfG verbietet zum Schutz Teilzeitbeschäftigter diese wegen der Teilzeitarbeit schlechter zu behandeln als vergleichbar vollzeitbeschäftigte Arbeitnehmer, sofern dies nicht durch sachliche Gründe gerechtfertigt ist (📖 32, S. 93f.).
Es gilt ein spezielles Diskriminierungsverbot für Arbeitsentgelt und geldwerte, teilbare Leistungen in § 4 Abs. 1 S. 2 TzBfG. Diese Leistungen sind dem teilzeitbeschäftigten Arbeitnehmer mindestens in dem seiner Arbeitszeit entsprechenden Umfang zu gewähren. Ein teilzeitbeschäftigter Arbeitnehmer darf zum Beispiel

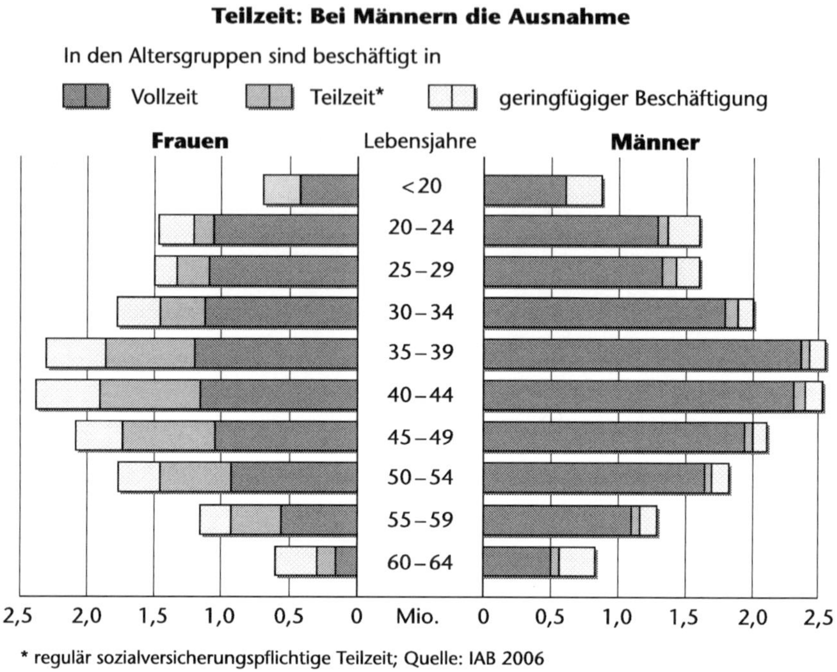

Abb. 6.1: Teilzeitbeschäftigung im Verhältnis zur Vollzeitbeschäftigung bei Männern und Frauen (📖 47).

nicht von der Gewährung einer betrieblichen Altersversorgung ausgenommen werden, wenn diese Möglichkeit für andere Mitarbeiter besteht.
Hinter der oftmals unterschiedlichen Behandlung von Teilzeitbeschäftigten kann sich häufig auch eine geschlechtsspezifische Diskriminierung verbergen, da die meisten der Teilzeitbeschäftigten Frauen sind (→ Abb. 6.1). Eine solche Diskriminierung ist gemäß Art. 141 EG-Vertrag, Art. 3 Abs. 2 GG, § 612 Abs. 3 BGB unzulässig.

Anspruch auf Teilzeitbeschäftigung

Einen Anspruch auf Teilzeitbeschäftigung haben Arbeitnehmer unter folgenden Voraussetzungen:

- Das Arbeitsverhältnis muss länger als sechs Monate bestanden haben.
- In der Regel muss der Arbeitgeber mehr als 15 Arbeitnehmer beschäftigen, ausgenommen Auszubildende, nicht jedoch Teilzeitbeschäftigte.

- Es dürfen keine betrieblichen Gründe der Arbeitszeitverringerung entgegenstehen. In diesen Fällen kann der Arbeitgeber die Zustimmung zur Teilzeitarbeit verweigern.
- Der Arbeitnehmer muss die Angabe des Kürzungsumfangs der Arbeitszeit spätestens drei Monate vor dem gewünschten Beginn dem Arbeitgeber mitteilen.
- Der Arbeitnehmer sollte die gewünschte Verteilung der Arbeitszeit dabei angeben.
- Das letzte Verringerungsverlangen muss mindestens zwei Jahre zurückliegen (§ 8 Abs. 6 TzBfG).

Betriebliche Gründe, Teilzeitarbeit nicht zu gewähren

- wesentliche Beeinträchtigung des Arbeitsablaufs
- wesentliche Beeinträchtigung der Organisation
- wesentliche Beeinträchtigung der Sicherheit im Betrieb
- unverhältnismäßig hohe Kosten.

Sollten sich Arbeitnehmer und Arbeitgeber im Bezug auf die Teilzeitarbeit nicht einigen, muss der Arbeitgeber die Ablehnung über die Verringerung der Arbeitszeit und ihre Verteilung spätestens einen Monat vor dem gewünschten Beginn der Verringerung dem Arbeitnehmer schriftlich mitteilen. Versäumt der Arbeitgeber diese Frist, verändert sich die Arbeitszeit in der vom Arbeitnehmer gewünschten Weise. Möchte im umgekehrten Fall ein teilzeitbeschäftigter Arbeitnehmer eine Verlängerung der Arbeitszeit erwirken, so hat er bei der Besetzung eines entsprechenden Arbeitsplatzes einen Anspruch auf bevorzugte Berücksichtigung (§ 9 TzBfG).

Benachteiligungsverbot

Arbeitnehmer, die ihre Rechte nach dem TzBfG wahrnehmen wollen, dürfen deswegen keine Benachteiligung erfahren (§ 5 TzBfG).

Kündigungsverbot

Nach § 11 TzBfG ist eine Kündigung des Arbeitsverhältnisses wegen der Weigerung eines Arbeitnehmers, von Vollzeit auf Teilzeit zu wechseln oder umgekehrt, unwirksam. Dies stellt einen Unwirksamkeitsgrund im Sinne von § 13 KSchG dar. Das bedeutet, es gilt auch, wenn das Kündigungsschutzgesetz nicht anwendbar ist. Das Recht zur Kündigung aus anderen Gründen bleibt jedoch unberührt. Dazu zählen insbesondere betriebsbedingte Gründe, die einen Wechsel erfordern.

6.3.6 Arbeitsplatzteilung (Job-Sharing)

Eine besondere Form der Teilzeitarbeit ist die so genannte Arbeitsplatzteilung (§ 13 TzBfG) zwischen zwei oder mehreren Arbeitnehmern.
Danach können Arbeitgeber und Arbeitnehmer vereinbaren, dass sich mehrere Arbeitnehmer einen Arbeitsplatz teilen. Dabei sind die betroffenen Arbeitnehmer bei Verhinderung eines dieser Arbeitnehmer zur Vertretung verpflichtet, wenn sie dieser im Einzelfall zugestimmt haben. Eine Verpflichtung zur Vertretung besteht auch für den Fall eines dringenden betrieblichen Grundes, der eine Vertretung vorsieht, und diese im Einzelfall auch zumutbar ist.
Sollte ein Mitarbeiter aus der Arbeitsplatzteilung ausscheiden, so ist die Kündigung des Arbeitsverhältnisses eines anderen an der Arbeitsplatzteilung beteiligten Mitarbeiters durch den Arbeitgeber aus diesem Grunde unwirksam. Das Recht zu einer Änderungskündigung (→ 9.3.4) aus diesem Anlass und zur Kündigung aus anderen Gründen bleibt bestehen (📖 51, S. 8).

6.3.7 Abrufarbeitsverhältnis

Eine weitere Form der Teilzeit ist der so genannte bedarfsabhängige Arbeitsvertrag, auch Arbeit auf Abruf oder kapazitätsorientierte variable Arbeitszeit (KAPOVAZ) genannt. Damit Arbeitnehmer nicht der Willkür des Arbeitgebers ausgesetzt sind und jederzeit abrufbar sein müssen, soll mit dieser gesetzlichen Regelung eine ausreichende wirtschaftliche und soziale Sicherung geschaffen werden.
Soll oder muss die Arbeitszeit geändert werden, um sie dem Arbeitsanfall anpassen zu können, so erfordert dies eine entsprechende Vereinbarung zwischen Arbeitgeber und Arbeitnehmer. Um Missverständnissen vorzubeugen, empfiehlt es sich, in der Vereinbarung Lage und Dauer der Arbeitszeit festzulegen.
Ist keine Vereinbarung über die tägliche Arbeitszeit getroffen worden, so gilt eine wöchentliche Arbeitszeit von mindestens zehn Stunden als vereinbart. Der Arbeitgeber hat zudem die Arbeitsleistung des Arbeitnehmers für mindestens drei aufeinanderfolgende Stunden entgegenzunehmen (§ 12 TzBfG). Bei geringerem Abruf gerät der Arbeitgeber in Annahmeverzug (§ 615 BGB), das heißt, der Vergütungsanspruch des Arbeitnehmers bleibt bestehen.
Innerhalb der Zeitvorgaben ist der Arbeitgeber berechtigt, die Arbeitsleistung des Arbeitnehmers anzufordern und deren Zeitpunkt zu bestimmen, wobei jedoch die Interessen des Arbeitnehmers (familiäre Verpflichtungen, Weg zur Arbeit) angemessen zu berücksichtigen sind. Der Arbeitnehmer ist nur zur

Arbeitsleistung verpflichtet, wenn ihm der Arbeitgeber die Lage der Arbeitszeit **mindestens vier Tage im Voraus** mitteilt.

6.3.8 Altersteilzeit

Das Altersteilzeitgesetz (AltersteilzeitG) wurde 1996 eingeführt und war ursprünglich dazu gedacht, älteren Mitarbeitern einen gleitenden und frühzeitigen Übergang in den Ruhestand zu ermöglichen und gleichzeitig Anreize zu schaffen, die frei werdenden Arbeitsplätze neu zu besetzen.

Die Bundesagentur für Arbeit fördert einen Wechsel in Teilzeitarbeit bei älteren Arbeitnehmern, die mindestens 55 Jahre alt sind und bis zum Bezug der Altersrente ihre bisherige wöchentliche Arbeitszeit um 50 % vermindern, unter der Voraussetzung, dass die Einstellung eines Arbeitslosen oder Auszubildenden in ein versicherungspflichtiges Arbeitsverhältnis ermöglicht wird. Die Förderung der Altersteilzeit nach § 4 AltersteilzeitG gilt vorerst nur für bis zum 31.12.2009 begründete Altersteilzeitverhältnisse. Die Verkürzung der Arbeitszeit nach dem Altersteilzeitgesetz muss zwischen Arbeitgeber und Arbeitnehmer vereinbart werden oder muss auf einem Tarifvertrag, einer Regelung der Kirchen oder einer Betriebsvereinbarung beruhen.

Folgende Voraussetzungen müssen gegeben sein:

- Der Arbeitnehmer muss zu Beginn der Altersteilzeit das 55. Lebensjahr vollendet haben und in den vorangegangenen fünf Jahren mindestens 1080 Kalendertage in einem sozialversicherungspflichtigen Arbeitsverhältnis gestanden haben.
- Die bisherige Arbeitszeit muss um die Hälfte reduziert werden, allerdings muss auch während der Altersteilzeit ein sozialversicherungspflichtiges Arbeitsverhältnis bestehen bleiben.
- Die Verkürzung der Arbeitszeit muss spätestens am 31.12.2009 eintreten.

Der Arbeitgeber muss das entsprechend der Arbeitsleistung während der Altersteilzeit erzielte Arbeitsentgelt um mindestens 20 % des Bruttoaltersteilzeitentgelts aufstocken, mindestens aber auf 70 % des um die gesetzlichen Abzüge, die bei Arbeitnehmern gewöhnlich anfallen, verminderten bisherigen Arbeitsentgelts (Nettoentgelt). Die aktuellen Tabellen über die Mindestnettobeträge aufgrund der einschlägigen Verordnung der Bundesagentur für Arbeit müssen dabei unbedingt beachtet werden. Zusätzlich muss vom Arbeitgeber ein erhöhter Rentenversicherungsbeitrag für den betreffenden Arbeitnehmer abgeführt werden.

Einen gesetzlichen Anspruch auf Altersteilzeit nach dem Altersteilzeitgesetz hat der Arbeitnehmer nicht. Dieser kann sich jedoch aus Tarifvertrag, Betriebsvereinbarung oder aus dem Arbeitsvertrag ergeben.
Das Altersteilzeitarbeitsverhältnis kann frühestens mit Vollendung des 60. Lebensjahrs des Arbeitnehmers beendet werden. Der ausscheidende Arbeitnehmer muss dann aber Abschläge bei der gesetzlichen Rente von bis zu 18 % (pro Monat des vorzeitigen Bezugs 0,3 %) hinnehmen.
Die Bundesagentur für Arbeit erstattet dem Arbeitgeber nach § 4 AltersteilzeitG die Aufstockung sowie den erhöhten Rentenbeitrag für längstens sechs Jahre, wenn ein arbeitslos gemeldeter Arbeitnehmer oder Auszubildender nach Abschluss der Ausbildung auf dem frei gemachten Arbeitsplatz versicherungspflichtig beschäftigt wird. Dabei ist eine Unterbrechung von weniger als drei Monaten zulässig.
Während der Altersteilzeit darf der Arbeitnehmer über die Altersteilzeitarbeit hinaus keine Arbeit, Beschäftigung oder selbstständige Tätigkeit ausüben, die den Umfang der Geringfügigkeitsgrenze des § 8 SGBIV überschreitet. Dies ist insbesondere im Blockmodell (→ unten), in dem die Arbeitszeit auf null reduziert ist, zu beachten.
Da die Altersteilzeit einen gleitenden Übergang aus dem Erwerbsleben in den Ruhestand ermöglicht, setzen im Anschluss an die Altersteilzeit die Rentenbezüge des Arbeitnehmers ein. Das Arbeitsverhältnis endet zu dem in der Altersteilzeitvereinbarung festgelegten Zeitpunkt (📖 51, S. 8).

Arbeitszeitregelungen bei Altersteilzeit

Während der Altersteilzeit beträgt die durchschnittliche wöchentliche Arbeitszeit die Hälfte der bisherigen wöchentlichen Arbeitszeit. Während der Gesamtdauer der Altersteilzeit kann die zu leistende Arbeit im Teilzeitmodell oder im Blockmodell geleistet werden.
Teilzeitmodell: Reduzierung auf die Hälfte der täglichen Arbeitszeit während der gesamten Laufzeit der Altersteilzeit.
Blockmodell: Die erste Hälfte der Altersteilzeit wird in Vollzeit gearbeitet, in der zweiten Hälfte erfolgt die Freistellung von der Arbeit (📖 11).

6.3.9 Geringfügig Beschäftigte (Minijobs)

Zu den Teilzeitkräften zählen auch die so genannten geringfügig Beschäftigten. Eine geringfügige Beschäftigung liegt gemäß § 8 Abs. 1 SGB IV vor, wenn

1. das Arbeitsentgelt aus dieser Beschäftigung regelmäßig im Monat 400 Euro nicht übersteigt

oder

2. die Beschäftigung aufgrund ihrer Art innerhalb eines Kalenderjahrs auf längstens zwei Monate oder 50 Arbeitstage begrenzt ist oder im Voraus vertraglich begrenzt wird, es sei denn, dass die Beschäftigung berufsmäßig ausgeübt wird und ihr Entgelt 400 Euro im Monat übersteigt.

Das Sozialversicherungsrecht unterscheidet somit zwischen

1. **Entgeltgeringfügigkeit:** Die Geringfügigkeitsgrenze ist einheitlich auf monatlich 400 € festgeschrieben, eine jährliche Erhöhung findet nicht statt

und

2. **Zeitgeringfügigkeit:** Die Arbeitnehmer werden kurzfristig beschäftigt (längstens zwei Monate oder höchstens 50 Arbeitstage im Jahr).

Gemäß § 8 Abs. 2 SGB IV sind mehrere geringfügige Beschäftigungen nach dem Prinzip der Entgeltgeringfügigkeit **oder** der Zeitgeringfügigkeit zu addieren. Wird beim Zusammenrechnen nach dem Prinzip der Entgeltgeringfügigkeit festgestellt, dass die Voraussetzungen einer geringfügigen Beschäftigung nicht mehr vorliegen, tritt die Versicherungspflicht erst mit dem Tag der Bekanntgabe der Feststellung durch die Einzugsstelle oder einen Träger der Rentenversicherung ein.

Geringfügig Beschäftigte haben – wie alle Teilzeitarbeitnehmer – die gleichen Rechte und Pflichten wie Vollbeschäftigte. Es bestehen keine Unterschiede beim Kündigungsschutz, Urlaubsanspruch und bei Entgeltfortzahlungen. Allerdings gelten für sie spezielle Regelungen in der Sozialversicherung. Geringfügig Beschäftigte sind von der Kranken-, Renten-, Pflege- und Arbeitslosenversicherungspflicht befreit (§ 7 SGBV, § 5 Abs. 2 S. 1 Nr. 2 SGBVI, § 27 Abs. 2 SGB III). Den Arbeitnehmern steht es jedoch frei, sich freiwillig in der Rentenversicherung zu versichern und die Differenz zum Gesamtbetrag von derzeit 19,5 % einzuzahlen.

Arbeitgeber müssen für einen 400-Euro-Job eine Pauschale für Kranken- und Rentenversicherung und Steuern in Höhe von 30 % (15 % Rentenversicherung, 13 % Krankenversicherung, 2 % Steuern) bezahlen. Diese Beitragspflicht kann nicht auf den Arbeitnehmer abgewälzt werden. Zentral zuständig für das Meldeverfahren und den Einzug der Sozialversicherungsbeiträge sowie Steuern ist die Knappschaft Bahn See (Minijob-Zentrale) in Bochum (📖 14, S. 12).

6.4 Aushilfsarbeitsverhältnis

Ein Aushilfsarbeitsverhältnis wird entweder projektbezogen, zum Beispiel für eine Forschungsarbeit oder Studie, abgeschlossen oder um einen kurzfristigen Bedarf an Arbeitskräften abzudecken. Es kann befristet oder unbefristet sein. Für den Abschluss eines rechtswirksam befristeten Arbeitsvertrags benötigt der Arbeitgeber einen sachlichen Befristungsgrund (→ 6.2.3).

6.5 Probearbeitsverhältnis

Zur gegenseitigen Erprobung kann vor Abschluss eines Arbeitsvertrags ein Probearbeitsverhältnis begründet werden. Dazu bedarf es einer ausdrücklichen Vereinbarung. Zwingend vorgeschrieben ist eine Probezeit für Personen, die zur Berufsausbildung beschäftigt werden.

Im Allgemeinen ist eine Probezeit bis zu sechs Monaten zulässig. Die Kündigungsfrist während einer Probezeit von sechs Monaten beträgt zwei Wochen. Probearbeitsverhältnisse sind in der Regel so gestaltet, dass sie nach Ablauf in ein endgültiges Arbeitsverhältnis übergehen, sofern sie nicht vorher gekündigt werden. Sind sie befristet geschlossen, so enden sie nach Ablauf der Probezeit automatisch, wenn sie nicht zuvor verlängert werden.

Das Probearbeitsverhältnis unterscheidet sich von einem Aushilfsarbeitsverhältnis, in dem von Vertragsbeginn an die Beendigung mit Erreichung des Aushilfszwecks vorgesehen ist, dadurch, dass es nach erfolgreicher Erprobung des Arbeitnehmers zu einem unbefristeten Arbeitsverhältnis führen soll. Kann der Arbeitgeber die Eignung des Arbeitnehmers bereits bei der Einstellung ausreichend beurteilen, fehlt ein sachlicher Grund für ein befristetes Probearbeitsverhältnis. Wenn der Arbeitnehmer die Tätigkeit bereits seit längerer Zeit aushilfsweise ausübt, kann nicht mehr zum Zweck einer Probezeit befristet werden.

Die Dauer der Probezeit muss angemessen sein. Hierbei wird regelmäßig von der Wartezeit des allgemeinen Kündigungsschutzes (sechs Monate) ausgegangen. Unterbrechungen der Tätigkeit führen grundsätzlich zu keiner Verlängerung der Probezeit, es sei denn, dies ist im Arbeitsvertrag, in einem Tarifvertrag oder einer Betriebsvereinbarung ausdrücklich vorgesehen. Es besteht jedoch die Möglichkeit, an die ursprünglich vereinbarte Probezeit eine weitere befristete und kürzere Probezeit anzuschließen, wenn innerhalb der ursprünglich vereinbarten Probezeit nicht ausreichend Gelegenheit war, den Mitarbeiter zu beurteilen. Dies ist zum Beispiel der Fall, wenn der Arbeitnehmer wegen längerer Krankheit die

Tätigkeit nicht ausüben konnte. Die mangelnde Bewährung des Arbeitnehmers innerhalb der Probezeit allein rechtfertigt jedoch keine weitere Befristung zur Probe.

6.5.1 Unbefristetes Arbeitsverhältnis mit Probezeit

Das Arbeitsverhältnis ist von Anfang an unbefristet, es ist jedoch eine Probezeit, in der Regel von sechs Monaten, vorgegeben. Während der Probezeit ist die Kündigung erleichtert, die Probezeitkündigungsfrist beträgt gemäß § 622 Abs. 3 BGB zwei Wochen. Allgemeine Kündigungsregelungen und der Kündigungsschutz müssen beachtet werden.

6.5.2 Befristetes Probearbeitsverhältnis

Das Probearbeitsverhältnis ist ein von Anfang an befristetes Arbeitsverhältnis auf Probe. Die Probezeit enthält einen sachlichen Grund für die Befristung gemäß § 14 Abs. 1 TzBfG. In der Regel schließt sich ein unbefristetes Arbeitsverhältnis an. Das Probearbeitsverhältnis endet mit Fristablauf, das Kündigungsschutzrecht muss nicht beachtet werden (📖 37, S. 74). Ist eine Arbeitnehmerin während des befristeten Probearbeitsverhältnisses schwanger geworden, endet das Arbeitsverhältnis mit Fristablauf. Die Berufung auf Befristung ist jedoch rechtsmissbräuchlich, wenn sie aus sachfremden Erwägungen erfolgt: Zum Beispiel wenn die Arbeitnehmerin im Anschluss an das Probearbeitsverhältnis unbefristet eingestellt worden wäre, dies aber aus Gründen der mittlerweile eingetretenen Schwangerschaft nicht erfolgt.

6.6 Leiharbeitsverhältnis (Arbeitnehmerüberlassung)

In vielen Betrieben geht der Trend dahin, bei Ausfall von Arbeitskräften wegen Krankheit oder Beendigung des Arbeitsverhältnisses die frei gewordene Stelle nicht erneut zu besetzen, sondern sich Pflegefachkräfte bei einer Leiharbeitsfirma zu mieten. Dies hat den Vorteil, dass für die gewünschte Arbeitsleistung eine entsprechend qualifizierte Person zur Verfügung steht; das Risiko des Personalausfalls liegt jedoch bei der entleihenden Firma.

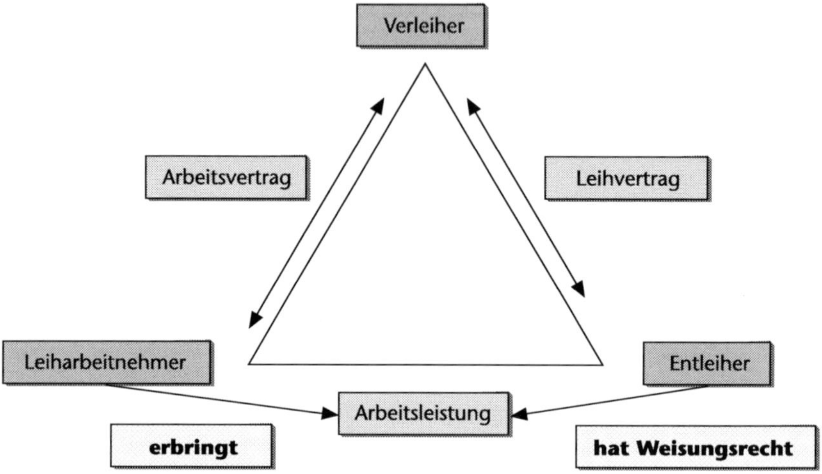

Abb. 6.2: Struktur des Leiharbeitsverhältnisses.

Bei einem Leiharbeitsverhältnis, auch als Arbeitnehmerüberlassung, Arbeitskräfteverleih, Zeitarbeit, Leiharbeit, Arbeitskräfteleasing bezeichnet, stellt ein Arbeitgeber (Verleiher) einem Dritten (Entleiher) aufgrund einer Vereinbarung vorübergehend geeignete, bei ihm angestellte Arbeitskräfte (Leiharbeitnehmer) zur Verfügung. Der Entleiher setzt die angeforderten Leiharbeitnehmer nach seinen Vorstellungen und Zielen in seinem Betrieb wie eigene Arbeitnehmer ein. Sie unterliegen seinem Direktionsrecht und haben seinen Weisungen Folge zu leisten. Das Leiharbeitsverhältnis ist ein Dreiecksverhältnis (→ Abb. 6.2).
Die gewerbsmäßige Arbeitnehmerüberlassung ist im Arbeitnehmerüberlassungsgesetz (AÜG) geregelt. Leiharbeitnehmer sind im Sinne von § 1 Abs. 1 Satz 1 AÜG Mitarbeiter, die von einem Leiharbeitsunternehmen einem entleihenden Betrieb zur Arbeitsleistung zur Verfügung gestellt werden.
Nach § 1 AÜG brauchen Zeitarbeitsfirmen zum Verleihen von Arbeitnehmern an einen fremden Betrieb eine behördliche Erlaubnis. Arbeitgeber, die bei einer Zeitarbeitsfirma Arbeitnehmer ausleihen, müssen unbedingt darauf achten, dass die entleihende Firma auch die dafür erforderliche behördliche Genehmigung besitzt. Liegt diese Erlaubnis nach § 1 AÜG nicht vor, ist der Leiharbeitsvertrag gemäß § 9 AÜG unwirksam und es entsteht zwischen dem entliehenen Arbeitnehmer und dem entleihenden Arbeitgeber nach § 10 Abs. 1 Satz 1 ein Arbeitsverhältnis ab dem Zeitpunkt, an dem der Leiharbeitnehmer seine Arbeit in dem entleihenden Betrieb aufnimmt.

6.6.1 Verleiher und Entleiher

Zwischen dem Verleiher und dem Entleiher wird ein Arbeitnehmerüberlassungsvertrag geschlossen, der der Schriftform bedarf (§ 12 Abs. 1 AÜG). In der Urkunde muss der Verleiher erklären, dass er die erforderliche Erlaubnis nach § 1 AÜG besitzt. Wird dem Verleiher die Erlaubnis entzogen, muss er den Entleiher sofort benachrichtigen (§ 12 Abs. 2 AÜG).
Der Entleiher muss angeben, welche besonderen Merkmale die für den Leiharbeitnehmer vorgesehene Tätigkeit hat und welche berufliche Qualifikation hierfür erforderlich ist. Er muss zudem mitteilen, welche wesentlichen Arbeitsbedingungen in seinem Betrieb für einen vergleichbaren Arbeitnehmer gelten und welches Entgelt dieser für eine vergleichbare Tätigkeit erhält (§ 12 AÜG).

6.6.2 Verleiher und (Leih-)Arbeitnehmer

Zwischen Verleiher und Leiharbeitnehmer wird ein Arbeitsvertrag (§ 11 AÜG) geschlossen. Der Nachweis der wesentlichen Vertragsbedingungen des Leiharbeitsverhältnisses richtet sich nach den Bestimmungen des Nachweisgesetzes (→ 4.2).
In dem Vertrag sind weiterhin aufzunehmen:

- Firma und Anschrift des Verleihers, die Erlaubnisbehörde sowie Ort und Datum der Erteilung der Erlaubnis nach § 1 AÜG
- Art und Höhe der Leistung für Zeiten, in denen der Leiharbeitnehmer nicht verliehen ist.

Ferner ist der Verleiher verpflichtet, dem Leiharbeitnehmer bei Vertragsabschluss ein Merkblatt der Erlaubnisbehörde über den wesentlichen Inhalt dieses Gesetzes auszuhändigen. Nichtdeutsche Leiharbeitnehmer erhalten das Merkblatt und den Nachweis auf Verlangen in ihrer Muttersprache.
Sollte es zu einem Wegfall der Erlaubnis kommen, hat der Verleiher den Leiharbeitnehmer unverzüglich darüber zu unterrichten.

6.6.3 Entleiher und (Leih-)Arbeitnehmer

Zwischen dem Entleiher und dem Leiharbeitnehmer bestehen keine vertraglichen Beziehungen. Der Leiharbeitnehmer unterliegt zwar dem Weisungsrecht des entleihenden Arbeitgebers und ist in dessen Betrieb eingegliedert, bleibt aber nach wie vor ein Arbeitnehmer des verleihenden Betriebs (§ 14 AÜG).

Der Entleiher ist neben dem Verleiher verantwortlich für die Arbeitssicherheit des Leiharbeitnehmers. Er hat dafür zu sorgen, dass der Leiharbeitnehmer die für seinen Betrieb geltenden Vorschriften des Arbeitsschutzrechts, insbesondere die Unfallverhütungsvorschriften beachtet (§ 11 Abs. 6 AÜG). Einen Arbeitsunfall des Leiharbeitnehmers muss der Entleiher der hierfür zuständigen Berufsgenossenschaft des Verleihers unverzüglich anzeigen. Auch Betriebsärzte und Fachkräfte für Arbeitssicherheit sind über den Einsatz von Leiharbeitnehmern zu unterrichten (§ 2 und § 5 ASiG).
Vor der Übernahme eines Leiharbeitnehmers zur Arbeitsleistung ist der Betriebsrat des Entleiherbetriebs nach § 99 BetrVG zu beteiligen. Der Entleiher hat dem Betriebsrat auch die schriftliche Erklärung des Verleihers nach § 12 Abs. 1 Satz 2 bekannt zu geben (§ 14 AÜG, § 80 Abs. 2 BetrVG).
Eine Arbeitnehmerüberlassung liegt nicht vor, wenn eine Fremdfirma, wie Reinigungs- oder Catering-Unternehmen, mit der Erbringung einer Dienstleistung beauftragt wird und jene zu diesem Zweck Arbeitnehmer in die beauftragende Einrichtung schickt. In vielen Krankenhäusern kam es auch zur Auslagerung (Outsourcing) von bestimmten Betriebsteilen, die nun einen eigenständigen Betrieb im Betrieb darstellen. So werden unter Umständen Dienstleistungen der Physiotherapie, Röntgenleistungen o. Ä. „eingekauft". In diesen Fällen liegt ein Werk- oder Dienstvertrag zwischen der Fremdfirma und dem beauftragenden Unternehmen vor (📖 37, S. 20ff.).

6.7 Ausbildungsarbeitsverhältnis

Grundlage einer jeden geordneten und einheitlichen Ausbildung sind die staatlich anerkannten Ausbildungsberufe und die dazu erlassenen Ausbildungsordnungen, die in der Regel einen Ausbildungsrahmenplan enthalten, nach dem ein betrieblicher Ausbildungsplan erstellt wird.

6.7.1 Berufsbildungsgesetz

Mit Inkrafttreten des neuen Berufsbildungsgesetzes (BBiG) am 1.4.2005 wurden das Berufsbildungsgesetz von 1969 und das Berufsbildungsförderungsgesetz von 1981 umfassend novelliert und zusammengeführt. Es soll jungen Menschen beim Einstieg in die Berufswelt die volle berufliche Handlungsfähigkeit in einem breit angelegten Tätigkeitsbereich für qualifizierte Fachkräfte vermitteln und sie befähigen, den sich stetig wandelnden Anforderungen der Arbeitswelt gerecht zu werden und damit den Grundstein für ein selbstbestimmtes Leben zu legen. Das Berufsbildungsgesetz regelt insbesondere

- die Berufsausbildungsvorbereitung
- die Berufsausbildung
- die berufliche Fortbildung
- die berufliche Umschulung.

Ziel der **Berufsausbildungsvorbereitung** ist es, durch die Vermittlung von Grundlagen für den Erwerb beruflicher Handlungsfähigkeit an eine Berufsausbildung in einem anerkannten Ausbildungsberuf heranzuführen.

Die **Berufsausbildung** vermittelt berufliche Handlungsfähigkeit, also die notwendigen beruflichen Fertigkeiten, Kenntnisse und Fähigkeiten für die Ausübung einer qualifizierten beruflichen Tätigkeit.

Berufliche Fortbildung ist heute mehr denn je notwendig, um die berufliche Handlungsfähigkeit zu erhalten, anzupassen, zu erweitern, um beruflich aufzusteigen und in einer sich stets wandelnden Arbeitswelt bestehen zu können.

Eine **berufliche Umschulung** ist immer dann nötig, wenn der erlernte Beruf, aus welchen Gründen auch immer, nicht mehr ausgeübt werden kann. Berufliche Umschulung soll zu einer anderen beruflichen Tätigkeit befähigen.

Das BBiG sieht außerdem die Erprobung neuer Ausbildungsberufe, Ausbildungs- und Prüfungsformen, Möglichkeiten von Auslandsaufenthalten sowie die Regelung zur Anrechnung beruflicher Vorbildung auf die Ausbildungszeit und zur Verkürzung und Verlängerung der Ausbildungszeit vor. Es regelt ferner die Pflichten des Auszubildenden während der Berufsausbildung, die Eignung von Ausbildungsstätten und -personal sowie das Prüfungswesen.

Der Ausbildung Schwerbehinderter ist gemäß §§ 64–67 BBiG besonders Rechnung zu tragen.

Ausbildungsordnung

Nach § 5 legt die Ausbildungsordnung Folgendes fest:

- die Bezeichnung des Ausbildungsberufs
- die Ausbildungsdauer, die nicht mehr als drei und nicht weniger als zwei Jahre betragen soll
- die beruflichen Fertigkeiten, Kenntnisse und Fähigkeiten (Ausbildungsberufsbild)
- den Ausbildungsrahmenlehrplan
- die Prüfungsanforderungen.

Begründung des Ausbildungsverhältnisses

Bei Begründung des Ausbildungsverhältnisses müssen Personen, die Auszubildende einstellen (Ausbildende), mit diesen einen Berufsausbildungsvertrag schließen. Dabei gelten die für den Arbeitsvertrag geltenden Rechtsvorschriften. Ausbildende haben unverzüglich nach Abschluss des Berufsausbildungsvertrags, spätestens vor Beginn der Berufsausbildung, den wesentlichen Inhalt des Vertrags schriftlich niederzulegen (§ 4 BBiG). Dazu gehören in jedem Fall:

- Art, sachliche und zeitliche Gliederung sowie Ziel der Berufsausbildung
- Beginn und Dauer der Berufsausbildung
- Ausbildungsmaßnahmen außerhalb der Ausbildungsstätte
- Dauer der regelmäßigen täglichen Ausbildungszeit
- Dauer der Probezeit (gemäß § 20 BBiG ein bis vier Monate)
- Zahlung und Höhe der Vergütung (§§ 17 – 19 BBiG)
- Dauer des Urlaubs
- Voraussetzungen, unter denen der Berufsausbildungsvertrag gekündigt werden kann (§ 22 BBiG)
- ein in allgemeiner Form gehaltener Hinweis auf die Tarifverträge, Betriebs- oder Dienstvereinbarungen, die auf das Berufsausbildungsverhältnis anzuwenden sind.

Pflichten des Auszubildenden

Auszubildende haben sich gemäß § 13 BBiG zu bemühen, die berufliche Handlungsfähigkeit zu erwerben, die zum Erreichen des Ausbildungsziels erforderlich ist. Sie sind insbesondere verpflichtet:

- die ihnen im Rahmen ihrer Berufsausbildung aufgetragenen Aufgaben sorgfältig auszuführen
- an Ausbildungsmaßnahmen teilzunehmen, für die sie nach § 15 BBiG freigestellt werden
- Weisungen zu folgen, die ihnen im Rahmen der Berufsausbildung von Ausbildenden, von Ausbildern oder von anderen weisungsberechtigten Personen erteilt werden
- die für die Ausbildungsstätte geltende Ordnung zu beachten
- Werkzeug, Maschinen und sonstige Einrichtungen pfleglich zu behandeln
- über Betriebs- und Geschäftsgeheimnisse Stillschweigen zu wahren.

Pflichten des Ausbildenden

Ausbildende haben nach § 4 BBiG

- dafür zu sorgen, dass den Auszubildenden die berufliche Handlungsfähigkeit vermittelt wird, die zum Erreichen des Ausbildungsziels erforderlich ist, und die Berufsausbildung in einer durch ihren Zweck gebotenen Form planmäßig, zeitlich und sachlich gegliedert so durchzuführen, dass das Ausbildungsziel in der vorgesehenen Ausbildungszeit erreicht werden kann
- selbst auszubilden oder einen Ausbilder ausdrücklich damit zu beauftragen
- Auszubildenden kostenlos die Ausbildungsmittel, insbesondere Werkzeuge und Werkstoffe, zur Verfügung zu stellen, die zur Berufsausbildung und zum Ablegen von Zwischen- und Abschlussprüfungen – auch wenn diese nach Beendigung des Berufsausbildungsverhältnisses stattfinden – erforderlich sind
- Auszubildende zum Besuch der Berufsschule sowie zum Führen von schriftlichen Ausbildungsnachweisen anzuhalten, soweit diese im Rahmen der Berufsausbildung verlangt werden, und diese durchzusehen
- dafür zu sorgen, dass Auszubildende charakterlich gefördert sowie sittlich und körperlich nicht gefährdet werden

Sie dürfen den Auszubildenden Aufgaben übertragen, die dem Ausbildungszweck dienen und ihren körperlichen Kräften angemessen sind.

Eignung der Ausbildungsstätte

Auszubildende dürfen nur eingestellt und ausgebildet werden, wenn die Ausbildungsstätte nach Art und Einrichtung für die Berufsausbildung geeignet ist und die Zahl der Auszubildenden in einem angemessenen Verhältnis zur Zahl der Ausbildungsplätze oder zur Zahl der beschäftigten Fachkräfte steht. Eine Ausbildungsstätte, in der die erforderlichen beruflichen Fertigkeiten, Kenntnisse und Fähigkeiten nicht in vollem Umfang vermittelt werden können, gilt als geeignet, wenn diese durch Ausbildungsmaßnahmen außerhalb der Ausbildungsstätte vermittelt werden.

Eignung von Ausbildenden und Ausbildern

Auszubildende darf nur einstellen, wer persönlich dazu geeignet ist (§ 28 BBiG). Als Ausbilder tätig sein darf nur derjenige, der neben der persönlichen auch über die fachliche Eignung verfügt. Zur fachlichen Eignung gehören im Wesentlichen die erforderlichen beruflichen Fertigkeiten und Kenntnisse oder die berufs- und arbeitspädagogischen Kenntnisse (§§ 29 – 30 BBiG).

Keine Eignung ist gegeben, wenn Kinder und Jugendliche nicht beschäftigt werden dürfen, weil der Ausbilder wegen eines Verbrechens zu einer Freiheitsstrafe von mindestens zwei Jahren wegen einer gegen Kinder oder Jugendliche gerichteten Straftat oder wegen einer Straftat nach dem Betäubungsmittelgesetz (BtMG) verurteilt wurde und seit Rechtskraft der Tat noch keine fünf Jahre vergangen sind. Zudem fehlt die Eignung, wenn schwer und wiederholt gegen die Vorschriften des BBiG verstoßen wurde (§ 29 BBiG).

Ende des Ausbildungsverhältnisses

Das Ausbildungsverhältnis endet in der Regel mit Ablauf des Zeitpunkts, für den es eingegangen ist, das heißt mit Ablauf der Ausbildungszeit (§ 21 BBiG). Sollten Auszubildende die Abschlussprüfung vor Ablauf der Ausbildungszeit bestehen, so endet das Berufsausbildungsverhältnis mit Bekanntgabe des Ergebnisses durch den Prüfungsausschuss. Bei Nichtbestehen der Abschlussprüfung verlängert sich das Berufsausbildungsverhältnis auf Verlangen des Auszubildenden bis zur nächstmöglichen Wiederholungsprüfung, höchstens jedoch um ein Jahr.

6.7.2 Ausbildung nach dem Krankenpflegegesetz

Abweichend vom Berufsbildungsgesetz (BBiG) ist die Ausbildung in der Krankenpflege im Krankenpflegegesetz (KrPflG) vom 16.10.2003 geregelt. Anders als im Krankenpflegegesetz von 1985 ist eine Änderung in Bezug auf die Erhöhung des Unterrichtsanteils zulasten der praktischen Ausbildung und die Ausweitung der praktischen Ausbildung auf Bereiche außerhalb des Krankenhauses eingetreten. Die Dauer und Struktur der Ausbildung ist in § 4 KrPflG geregelt.
Das Berufsbildungsgesetz findet gemäß § 22 KrPflG keine Anwendung.

Mindestanforderungen an Krankenpflegeschulen

Die gesetzlichen Mindestanforderungen für die staatliche Anerkennung von Krankenpflegeschulen sind die gesetzlichen Mindestanforderungen, die auch für die staatliche Anerkennung von Ausbildungsstätten gelten (§ 27 BBiG) (→ 6.7.1). Dazu ist u. a. eine hauptberufliche Leitung der Schule durch eine entsprechend qualifizierte Fachkraft mit einer abgeschlossenen Hochschulausbildung notwendig sowie der Nachweis einer im Verhältnis zur Zahl der Ausbildungsplätze ausreichenden Zahl fachlich und pädagogisch qualifizierter Lehrkräfte mit entsprechender abgeschlossener Hochschulausbildung für den theoretischen und praktischen Unterricht. Die für die Ausbildung erforderlichen Räume und Einrichtungen sowie ausreichende Lehr- und Lernmittel müssen vorhanden sein. Zudem muss die Durchführung der praktischen Ausbildung nach der Ausbildungs- und Prüfungsverordnung für die Berufe in der Krankenpflege durch Vereinbarungen mit geeigneten Einrichtungen sichergestellt werden.

Zugangsvoraussetzungen für die Ausbildung

Neben der gesundheitlichen Eignung zur Ausübung des Berufs ist nach § 5 KrPflG gesetzliche Voraussetzung für den Zugang zur Ausbildung

- der Realschulabschluss oder eine andere gleichwertige abgeschlossene Schulbildung oder
- der Hauptschulabschluss oder eine andere gleichwertige Schulbildung zusammen mit einer erfolgreich abgeschlossenen Berufsausbildung von einer vorgesehenen Ausbildungsdauer von mindestens zwei Jahren oder
- eine Erlaubnis als Krankenpflegehelfer beziehungsweise eine erfolgreich abgeschlossene landesrechtlich geregelte Ausbildung von mindestens einjähriger Dauer in der Krankenpflegehilfe oder Altenpflegehilfe.

Ausbildungsverhältnis

Wie in anderen Ausbildungsverhältnissen auch muss mit dem Auszubildenden ein Ausbildungsvertrag geschlossen werden, um ein Ausbildungsverhältnis zu begründen.

Ausbildungsvertrag

Im § 9 KrPflG sind die wichtigsten Punkte für das Ausbildungsverhältnis enthalten:

1. Zwischen dem Träger der Ausbildung und dem Schüler ist ein schriftlicher Ausbildungsvertrag zu schließen.
2. Der Ausbildungsvertrag muss enthalten:

- mindestens die Bezeichnung des Berufs (§§ 1–2 KrPflG), zu dem nach den Vorschriften dieses Gesetzes ausgebildet wird
- Beginn und Dauer der Ausbildung
- Angaben über die der Ausbildung zugrunde liegende Ausbildungs- und Prüfungsverordnung sowie über die inhaltliche und zeitliche Gliederung der praktischen Ausbildung
- Dauer der regelmäßigen täglichen oder wöchentlichen Ausbildungszeit

- Dauer der Probezeit
- Angaben über Zahlung und Höhe der Ausbildungsvergütung
- Dauer des Urlaubs
- Voraussetzungen, unter denen der Ausbildungsvertrag gekündigt werden kann.

3. Der Ausbildungsvertrag ist von einer Person, die zur Vertretung des Trägers der Ausbildung berechtigt ist, und dem Schüler, bei Minderjährigen auch von deren gesetzlichen Vertretern zu unterzeichnen. Eine Ausfertigung des unterzeichneten Ausbildungsvertrags ist dem Schüler und dessen gesetzlichem Vertreter auszuhändigen.

Pflichten des Ausbildungsträgers

1. Der Träger der Ausbildung hat nach § 10 KrPflG

- die Ausbildung in einer durch ihren Zweck gebotenen Form planmäßig, zeitlich und sachlich gegliedert so durchzuführen, dass das Ausbildungsziel (§ 3 KrPflG) in der vorgesehenen Ausbildungszeit erreicht werden kann
- dem Schüler kostenlos die Ausbildungsmittel einschließlich der Fachbücher, Instrumente und Apparate zur Verfügung zu stellen, die zur Ausbildung und zum Ablegen der staatlichen Prüfung erforderlich sind.

2. Dem Schüler dürfen nur Verrichtungen übertragen werden, die dem Ausbildungszweck und dem Ausbildungsstand entsprechen. Diese sollen seinen physischen und psychischen Kräften angemessen sein.

Pflichten des Schülers

Gemäß § 11 KrPflG hat sich der Schüler zu bemühen, die in § 3 KrPflG genannten Kompetenzen zu erwerben, die erforderlich sind, um das Ausbildungsziel zu erreichen. Er ist insbesondere verpflichtet,

- an den vorgeschriebenen Ausbildungsveranstaltungen teilzunehmen
- die ihm im Rahmen der Ausbildung übertragenen Aufgaben und Verrichtungen sorgfältig auszuführen
- die für Beschäftigte in Einrichtungen nach § 4 Abs. 2 Satz 3 KrPflG geltenden Bestimmungen über die Schweigepflicht einzuhalten und über Betriebsgeheimnisse Stillschweigen zu wahren.

Ausbildungsvergütung

Nach § 12 KrPflG hat der Ausbildungsträger dem Schüler eine angemessene Ausbildungsvergütung zu gewähren. Sachbezüge können in Höhe der durch Rechtsverordnung nach § 17 Abs. 1 Satz 1 Nr. 4 SGB IV bestimmten Werte angerechnet werden, jedoch nicht über 75 % der Bruttovergütung hinaus. Kann der Schüler während der Zeit, für die die Ausbildungsvergütung fortzuzahlen ist, aus berechtigtem Grund Sachbezüge nicht abnehmen, so sind diese nach den Sachbezugswerten abzugelten.
Eine über die vereinbarte regelmäßige tägliche oder wöchentliche Ausbildungszeit hinausgehende Beschäftigung ist nur ausnahmsweise zulässig und besonders zu vergüten.

Probezeit

Die Probezeit für das Ausbildungsverhältnis ist nach § 13 KrPflG mit sechs Monaten länger bemessen als für sonstige Berufsausbildungsverhältnisse nach dem Berufsbildungsgesetz (→ 6.7.1).

Ende des Ausbildungsverhältnisses

Gemäß § 14 KrPflG endet das Ausbildungsverhältnis mit dem Ablauf der Ausbildungszeit oder, sofern zum Zeitpunkt der Prüfung die nach § 8 Abs. 1 Satz 3 vorgeschriebenen 4600 Ausbildungsstunden vollständig erbracht worden sind, mit Ablegen der Prüfung.
Besteht der Schüler die staatliche Prüfung nicht oder kann er ohne eigenes Verschulden die staatliche Prüfung vor Ablauf der Ausbildungszeit nicht ablegen, so verlängert sich das Ausbildungsverhältnis auf dessen schriftlichen Antrag bis zur nächstmöglichen Wiederholungsprüfung, höchstens jedoch um ein Jahr.

Kündigung des Ausbildungsverhältnisses

Während der Probezeit kann das Ausbildungsverhältnis von jedem Vertragspartner jederzeit ohne Einhaltung einer Kündigungsfrist gekündigt werden (§ 15 KrPflG).
Nach der Probezeit kann das Ausbildungsverhältnis nur gekündigt werden
1. von jedem Vertragspartner ohne Einhalten einer Kündigungsfrist,
- wenn die Voraussetzungen des § 2 Abs. 1 Nr. 2 und 3 KrPflG nicht oder nicht mehr vorliegen. Das ist der Fall, wenn der Schüler sich eines Verhaltens schul-

dig gemacht hat, aus dem sich die Unzuverlässigkeit zur Ausübung des Berufs ergibt, oder er in gesundheitlicher Hinsicht zur Ausübung des Berufs ungeeignet ist
- wenn ein sonstiger wichtiger Grund vorliegt

2. von Schülern mit einer Kündigungsfrist von vier Wochen.

Die Kündigung muss gemäß § 15 Abs. 3 KrPflG schriftlich und in den unter Punkt 1 erwähnten Fällen unter Angabe der Kündigungsgründe erfolgen.
Eine Kündigung aus einem wichtigen Grund ist unwirksam, wenn die ihr zugrunde liegenden Tatsachen dem zur Kündigung Berechtigten länger als zwei Wochen bekannt sind. Ist ein vorgesehenes Güteverfahren vor einer außergerichtlichen Stelle eingeleitet, so wird bis zu dessen Beendigung der Lauf dieser Frist gehemmt.

Weitergeltung der Erlaubnis zum Führen der Berufsbezeichnungen

Wer nach bislang geltendem Recht die Erlaubnis zum Führen der Berufsbezeichnung „Krankenschwester", „Krankenpfleger", „Kinderkrankenschwester" oder „Kinderkrankenpfleger" erworben hat, kann nach § 23 KrPflG entweder diese Berufsbezeichnung weiterführen oder aber mit Wirkung ab 1.1.2004 die Berufsbezeichnung „Gesundheits- und (Kinder-)Krankenpfleger(in)" führen.
Ausbildungen, die vor dem 1.1.2004 begonnen wurden, werden nach den bisher geltenden Vorschriften abgeschlossen. Nach Abschluss der Ausbildung in der Krankenpflege oder Kinderkrankenpflege erhalten die Antragsteller jedoch die Erlaubnis, die neuen Berufsbezeichnungen zu führen.

6.7.3 Ausbildung nach dem Altenpflegegesetz

Das Altenpflegegesetz (AltPflG) regelt die Ausbildung und die Zulassung zu den Berufen der Altenpflege und ist ähnlich strukturiert wie das Krankenpflegegesetz.
Die Ausbildungsziele für die Altenpflegeausbildung sind in § 3 AltPflG einheitlich festgelegt. Die Ausbildung dauert unabhängig vom Zeitpunkt der staatlichen Prüfung drei Jahre. Die Ausbildung besteht aus theoretischem und praktischem Unterricht und einer praktischen Ausbildung. Der Anteil der praktischen Ausbildung überwiegt. Sie erfolgt in stationären Pflegeeinrichtungen und in ambulanten Pflegediensten. Darüber hinaus können einzelne Ausbildungsabschnitte in

anderen Einrichtungen, insbesondere in der Geriatrie und Gerontopsychiatrie, aber auch in teilstationären Einrichtungen abgeleistet werden.
Die Gesamtverantwortung für die Ausbildung liegt bei der Altenpflegeschule, es sei denn, das Landesrecht sieht eine andere Regelung vor.
Zugangsvoraussetzung zur Ausbildung in der Altenpflege ist der Realschulabschluss oder ein als gleichwertig anerkannter Bildungsabschluss. Personen mit Hauptschulabschluss werden nur dann zugelassen, wenn sie eine anderweitige zweijährige Berufsausbildung nachweisen oder den Alten- oder Krankenpflegehelferberuf erlernt haben. Der Schüler hat einen Anspruch auf Ausbildungsvergütung vom Träger der Ausbildung (§ 17 AltPflG) während der gesamten Ausbildungszeit. Die Berufsbezeichnungen „Altenpflegerin" und „Altenpfleger" sind gesetzlich geschützt (📖 10).
Ansonsten gelten die gleichen Bedingungen in der Ausbildung für Auszubildende und Ausbilder bezüglich Inhalte des Ausbildungsvertrags, Pflichten des Auszubildenden und Fehlzeiten wie im KrPflG oder BBiG.

7 Rechte und Pflichten im Arbeitsverhältnis

Wie aus jedem anderen Vertrag auch ergeben sich für die Arbeitsvertragsparteien Rechte und Pflichten, die sich gegenseitig bedingen. Diese Rechte und Pflichten lassen sich sowohl für Arbeitnehmer als auch Arbeitgeber in **Haupt-** und **Nebenpflichten** einteilen.
Die Hauptleistungspflicht des Arbeitnehmers ist die Erbringung von Arbeitsleistungen. Ihr gegenüber steht die Hauptleistungspflicht des Arbeitgebers, nämlich die Entgeltzahlungspflicht. Diese Pflichten gelten in jedem Arbeitsverhältnis und werden durch die gesetzlichen Vorschriften, den Arbeitsvertrag und die kollektivrechtlichen Regelungen wie Tarifverträge und Betriebsvereinbarungen konkretisiert.
Neben den Hauptpflichten haben sowohl Arbeitnehmer wie auch Arbeitgeber Nebenpflichten. Diese beruhen in erster Linie auf dem Grundsatz von Treu und Glauben (§ 242 BGB): Dem Arbeitnehmer obliegt die Treuepflicht, dem Arbeitgeber die Fürsorgepflicht.

7.1 Pflichten des Arbeitnehmers

Abbildung 7.1 gibt einen Überblick über die Haupt- und Nebenpflichten des Arbeitnehmers.

7.1.1 Arbeitspflicht

Hauptpflicht des Arbeitnehmers ist die Erbringung der vereinbarten Arbeitsleistungen aus dem Arbeitsvertrag. Die geschuldete Arbeitsleistung ist vom Arbeitnehmer persönlich zu erbringen (§ 613 Satz 1 BGB), wenn keine andere Vereinbarung mit dem Arbeitgeber getroffen wurde, zum Beispiel Job-Sharing (→ 6.3.6). Der Arbeitnehmer kann sich nicht durch andere vertreten lassen, muss sich aber im Verhinderungsfall, zum Beispiel bei Krankheit, auch nicht um eine Vertretung bemühen. Die Stellung einer Vertretung im Verhinderungsfall ist aber möglich, wenn der Arbeitgeber mit dieser Regelung einverstanden ist. Dies ist in vielen Branchen üblich, zum Beispiel bei Reinigungskräften.

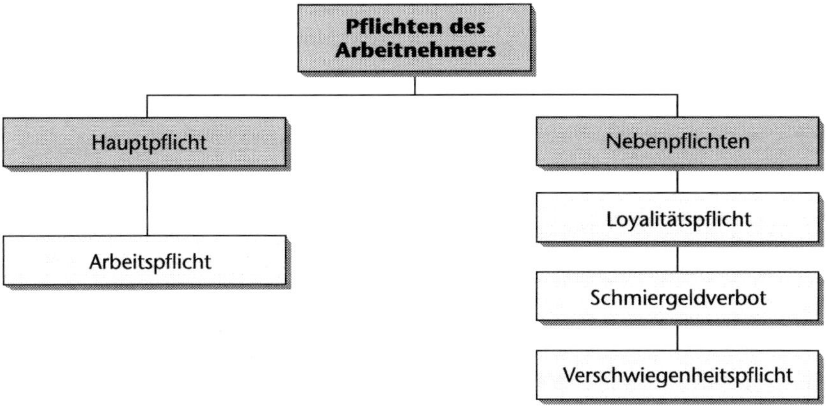

Abb. 7.1: Pflichten des Arbeitnehmers.

Die Arbeitsleistung des Arbeitnehmers steht dem Arbeitgeber persönlich zu, das heißt, der Arbeitnehmer darf sie grundsätzlich nicht auf einen anderen Arbeitgeber übertragen.
Für Leiharbeitsverhältnisse gelten besondere Vorschriften nach dem Arbeitnehmerüberlassungsgesetz (AÜG) (→ 6.6).

Arbeitsleistung

Art und der Umfang der Arbeitsleistung ergeben sich zuallererst aus dem schriftlich oder mündlich abgeschlossenen Arbeitsvertrag. Sollten in diesem genauere Vereinbarungen fehlen, so gilt die allgemeine Verkehrsauffassung. In der Regel wird die Tätigkeit fachlich umschrieben, das heißt, der Arbeitgeber kann einem Arbeitnehmer somit sämtliche Arbeiten zuweisen, die sich innerhalb dieses vereinbarten Berufsbilds ergeben. So gehören bei Pflegekräften üblicherweise Vorbereitung, Reinigung des Arbeitsplatzes und Aufräumarbeiten zur Arbeitsleistung, jedoch nicht allgemeine Reinigungsarbeiten wie das Putzen von Betten und der Station. Ist die Arbeitsleistung nur allgemein umschrieben, zum Beispiel bei Aushilfskräften, muss der Arbeitnehmer jede Arbeit übernehmen, die mit dem Vertragsschluss zu erwarten ist.
Da im Rahmen eines Arbeitsvertrags nicht alle Aufgaben aufgeführt werden können, wird die Arbeitspflicht des Mitarbeiters durch das Weisungsrecht des Arbeitgebers konkretisiert. Je präziser die Tätigkeit im Arbeitsvertrag vereinbart ist, umso eingeschränkter ist das Weisungsrecht des Arbeitgebers, die im Einzelnen zu leistende Arbeit zu bestimmen. Ist ein Arbeitnehmer als Gesundheits-

und Krankenpfleger eingestellt worden, ist es nicht zulässig, diesen im Labor oder als Reinigungskraft einzusetzen. Um eine solch einseitige Änderung des Arbeitsvertrags vorzunehmen, bedarf es einer Änderungskündigung (→ 9.3.4). Nur in Ausnahmefällen müssen auch kurzfristig andere Arbeiten übernommen werden, zum Beispiel bei Notfällen oder Katastrophen. Die Zuweisung einer niedriger bezahlten Arbeit ist grundsätzlich unzulässig, es sei denn der Arbeitsvertrag sieht diese Möglichkeit vor. Ist die Möglichkeit einer solchen Zuweisung nicht vereinbart worden, muss der Arbeitnehmer dieser zustimmen. Sollte der Arbeitnehmer die Zustimmung verweigern, bleibt dem Arbeitgeber nur, eine Änderungskündigung auszusprechen. Gegen diese kann der Arbeitnehmer wiederum Kündigungsschutzklage vor dem Arbeitsgericht erheben.

Arbeitsort

Die Arbeitsleistung ist vom Arbeitnehmer in der Regel im Betrieb des Arbeitgebers zu erbringen. Bei mehreren Betrieben des Arbeitgebers muss der Arbeitsort im Arbeitsvertrag festgelegt werden oder es muss ersichtlich sein, dass der Betrieb über mehrere Betriebsteile verfügt und eine Versetzung infrage kommen kann. Versetzungen in andere Betriebsteile innerhalb einer Stadt können im billigen Ermessen ohne ausdrückliche Regelung im Rahmen des vertraglich Vereinbarten vorgenommen werden, wenn damit keine besonderen Belastungen für den Arbeitnehmer verbunden sind.

Eine Versetzung in eine andere Stadt ist nur zulässig, wenn dies ausdrücklich oder stillschweigend vereinbart wurde oder der Arbeitnehmer sich damit einverstanden erklärt. Ein Einsatz im Ausland muss vorher ausdrücklich von den Vertragsparteien vereinbart werden.

Bei Bestehen eines Betriebsrats ist die Versetzung an einen anderen Arbeitsort mitbestimmungspflichtig (§ 99 BetrVG Mitbestimmung bei personellen Einzelmaßnahmen).

Arbeitszeit

Die Arbeitszeit ist in verschiedenen Vorschriften geregelt:

- Arbeitszeitgesetz (ArbZG): Hier finden sich die für alle Arbeitsverhältnisse (außer für leitende Angestellte) geltenden Regelungen. Diese stellen den äußersten Rahmen der zulässigen Arbeitszeitregelungen dar. Nach § 3 gilt als Arbeitszeit die Zeit von Beginn bis zum Ende der Arbeit ohne Ruhepausen (→ Tab. 7.2).

- Tarifverträge: Tarifverträge enthalten vielfältige Regelungen zur Arbeitszeit, bis hin zu den teilweise komplizierten Modellen der flexiblen Arbeitszeit. Zum Teil kann durch solche Tarifverträge vom Arbeitszeitgesetz abgewichen werden; diese Regelungen gelten aber nur für den Bereich des jeweiligen Tarifvertrags (→ Tab. 7.2).
- Einzelarbeitsverträge: In Einzelarbeitsverträgen sind in der Regel Bestimmungen über die Arbeitszeit enthalten, die dann für die jeweiligen Arbeitnehmer gelten.
- Betriebsübliche Arbeitszeit: Im Betrieb wird eine betriebsübliche Arbeitszeit praktiziert, ohne dass darüber eine ausdrückliche Vereinbarung existiert.

Zur Arbeitszeit zählt auch, wenn

- der Arbeitnehmer sich wegen seiner dienstlichen Aufgaben umkleiden muss, zum Beispiel das Anlegen von Schutzkleidung in Funktionsbereichen
- der Arbeitnehmer nicht arbeitet, weil ihm keine Arbeit zugewiesen wurde
- der Arbeitnehmer sich in der so genannten Arbeitsbereitschaft befindet, das heißt, wenn er sich am Arbeitsplatz aufhält, dort aktuell nichts zu tun hat, aber jederzeit mit Ereignissen rechnen muss, die sein Eingreifen erfordern, zum Beispiel das Warten eines Rettungssanitäters in der Leitstelle auf einen Einsatz
- der Bereitschaftsdienst, bei dem der Arbeitnehmer sich an einer vom Arbeitgeber bestimmten Stelle aufhalten muss, um von dort aus erforderlichenfalls sofort die Arbeit aufnehmen zu können
- Dienstreisen und dienstliche Wege zu unternehmen sind.

Nicht zur Arbeitszeit zählen

- die Zeit des Umkleidens, wenn dies lediglich der persönlichen Vorbereitung dient, zum Beispiel das Anlegen von Dienst- oder Bereichskleidung, es sei denn, es ist in einem Tarifvertrag oder einzelvertraglich anders geregelt.
- die Rufbereitschaft, bei der der Arbeitnehmer sich zwar an einem beliebigen Ort aufhalten kann, jedoch dort ständig erreichbar sein und die Arbeit auf Anforderung sofort aufnehmen können muss
- der Weg von der Wohnung zur Arbeitsstätte.

Gesetzliche Höchstarbeitszeiten

Die werktägliche Arbeitszeit beträgt regulär acht Stunden (§ 3 ArbZG). Dies bedeutet unter Einbeziehung des Samstags als Werktag maximal 48 Stunden in der Woche. Die Verteilung auf die einzelnen Wochentage muss nicht gleichmäßig sein. Es ist zum Beispiel zulässig, in einem Arbeitsvertrag eine Arbeitszeit von wöchentlich vier Tagen mit je zehn Arbeitsstunden zu vereinbaren.

ArbZG	TvöD
§ 3 Arbeitszeit der Arbeitnehmer Die werktägliche Arbeitszeit der Arbeitnehmer darf acht Stunden nicht überschreiten. Sie kann auf bis zu zehn Stunden nur verlängert werden, wenn innerhalb von sechs Kalendermonaten oder innerhalb von 24 Wochen im Durchschnitt acht Stunden werktäglich nicht überschritten werden.	**§ 6 Regelmäßige Arbeitszeit** (1) Die regelmäßige Arbeitszeit beträgt ausschließlich der Pausen für a) die Beschäftigten des Bundes durchschnittlich **39 Stunden** wöchentlich b) die Beschäftigten der Mitglieder eines Mitgliedverbands der VKA im Tarifgebiet **West durchschnittlich 38,5** Stunden wöchentlich, **im Tarifgebiet Ost durchschnittlich 40 Stunden** wöchentlich; im Tarifgebiet West können sich die Tarifvertragsparteien auf landesbezirklicher Ebene darauf einigen, die regelmäßige wöchentliche Arbeitszeit auf bis zu 40 Stunden zu verlängern. Bei Wechselschichtarbeit werden die gesetzlich vorgeschriebenen Pausen in die Arbeitszeit eingerechnet (§ 48 Abs. 1 TVöD BT-K). Die regelmäßige Arbeitszeit kann auf fünf Tage, aus notwendigen betrieblichen/dienstlichen Gründen auch auf sechs Tage verteilt werden. (2) Für die Berechnung des Durchschnitts der regelmäßigen wöchentlichen Arbeitszeit ist ein Zeitraum von bis zu einem Jahr zugrunde zu legen. Abweichend von Satz 1 kann bei Beschäftigten, die ständig Wechselschicht- oder Schichtarbeit zu leisten haben, ein längerer Zeitraum zugrunde gelegt werden. (3) Soweit es die betrieblichen/dienstlichen Verhältnisse zulassen, wird der Beschäftigte am 24. Dezember und am 31. Dezember unter Fortzahlung des Entgelts nach § 21 von der Arbeit freigestellt. Kann die Freistellung nach Satz 1 aus betrieblichen/dienstlichen Gründen nicht erfolgen, ist ein entsprechender Freizeitausgleich innerhalb von drei Monaten zu gewähren. Die regelmäßige Arbeitszeit vermindert sich für jeden gesetzlichen Feiertag sowie für den 24. Dezember und 31. Dezember, sofern diese auf einen Werktag fallen, um die dienstplanmäßig ausgefallenen Stunden. (4) Aus dringenden betrieblichen/dienstlichen Gründen kann auf der Grundlage einer Betriebs-/Dienstvereinbarung im Rahmen des § 7 Abs. 1, 2 und des § 12 ArbZG von den Vorschriften des Arbeitszeitgesetzes abgewichen werden.

→

ArbZG	TvöD
	Protokollerklärung zu Abs. 4: In vollkontinuierlichen Schichtbetrieben kann an Sonn- und Feiertagen die tägliche Arbeitszeit auf bis zu zwölf Stunden verlängert werden, wenn dadurch zusätzliche freie Schichten an Sonn- und Feiertagen erreicht werden. (5) Die Beschäftigten sind im Rahmen begründeter betrieblicher/dienstlicher Notwendigkeiten zur Leistung von **Sonntags-, Feiertags-, Nacht-, Wechselschicht-, Schichtarbeit sowie – bei Teilzeitbeschäftigung aufgrund arbeitsvertraglicher Regelung oder mit ihrer Zustimmung – zu Bereitschaftsdienst, Rufbereitschaft, Überstunden und Mehrarbeit verpflichtet.** (6) Durch Betriebs-/Dienstvereinbarung kann ein wöchentlicher Arbeitszeitkorridor von bis zu 45 Stunden eingerichtet werden. Die innerhalb eines Arbeitszeitkorridors geleisteten zusätzlichen Arbeitsstunden werden im Rahmen des nach Abs. 2 Satz 1 festgelegten Zeitraums ausgeglichen. (7) Durch Betriebs- oder Dienstvereinbarung kann in der Zeit von 6 bis 20 Uhr eine tägliche Rahmenzeit von bis zu zwölf Stunden eingeführt werden. Die innerhalb der täglichen Rahmenzeit geleisteten zusätzlichen Arbeitsstunden werden im Rahmen des nach Abs. 2 Satz 1 festgelegten Zeitraums ausgeglichen. (8) Die Absätze 6 und 7 gelten nur alternativ und nicht bei Wechselschicht- und Schichtarbeit.

Tab. 7.2: Regelung der Arbeitszeit im Arbeitszeitgesetz (ArbZG) und im Tarifvertrag öffentlicher Dienst (TVöD).

Die gesetzlich mögliche Arbeitszeit kann täglich auf bis zu zehn Stunden und wöchentlich bis zu 60 Stunden ausgedehnt werden, wenn innerhalb von sechs Kalendermonaten oder 24 Wochen acht Stunden werktäglich, das heißt 48 Stunden wöchentlich, nicht überschritten werden.

Entscheidend für die Arbeitszeitverteilung sind daher nach dem Arbeitszeitgesetz folgende Faktoren:

- tägliche Höchstarbeitszeit von zehn Stunden
- wöchentliche Höchstarbeitszeit von 60 Stunden
- wöchentliche Normalarbeitszeit von 48 Stunden
- Ausgleichszeitraum von sechs Kalendermonaten.

Achtung!

Die tägliche Höchstarbeitszeit bezieht sich auf die Person des Arbeitnehmers, nicht auf das jeweilige Arbeitsverhältnis. Das bedeutet, dass ein Arbeitnehmer mit zwei Teilzeitarbeitsverträgen nicht mehr als zehn Stunden täglich arbeiten darf.

Abweichende Regelungen

§ 7 ArbZG sieht abweichende Regelungen vor, wenn sie in einem Tarifvertrag oder aufgrund eines Tarifvertrags in einer Betriebs- oder Dienstvereinbarung zugelassen sind.

- Dazu gehören abweichend von § 3 ArbZG
  - die Verlängerung der Arbeitszeit über zehn Stunden werktäglich, wenn in die Arbeitszeit regelmäßig und in erheblichem Umfang Arbeitsbereitschaft oder Bereitschaftsdienst fällt
  - die Festlegung eines anderen Ausgleichszeitraums.

Ruhepausen

Ein vollzeitbeschäftigter Arbeitnehmer darf nicht den gesamten Arbeitstag ohne Pause beschäftigt werden. Er darf jedoch bis zu sechs Stunden hintereinander ohne Ruhepause arbeiten (§ 4 ArbZG). Bei einer Arbeitszeit von mehr als sechs und höchstens neun Stunden muss eine Pausenzeit von 30 Minuten eingehalten werden. Bei einer Arbeitszeit von mehr als neun Stunden erhöht sich die Pausenzeit auf 45 Minuten (→ Tab. 7.3).
Eine Aufteilung der Ruhepausen in Zeitabschnitte von jeweils mindestens 15 Minuten ist möglich, wobei jedoch mindestens nach sechs Stunden eine erneute Pause gewährt werden muss (📖 34, S. 87, Rz 2ff.).

Beispiel

Ein Altenpfleger hat an einem Arbeitstag zehn Stunden zu arbeiten. Nach sechs Stunden muss ihm spätestens die erste Pause eingeräumt werden, die mindestens 15 Minuten lang sein muss. Wird ihm diese erste Pause von 15 Minuten bereits nach zwei Stunden gewährt, muss spätestens nach weiteren sechs Stunden eine erneute 15-Minuten-Pause eingeräumt werden.

Ruhepausen müssen im Voraus feststehen. Dies bedeutet, dass zu Beginn der täglichen Arbeitszeit zumindest ein bestimmter Zeitrahmen festgelegt sein muss, innerhalb dessen der Arbeitnehmer seine Ruhepause in Anspruch nehmen kann. Arbeits-

unterbrechungen von weniger als 15 Minuten sind keine Pause, es sei denn, dass abweichend von § 4 ArbZG in Verbindung mit § 7 ArbZG (Tarifvertrag oder Betriebs- oder Dienstvereinbarung) eine andere Regelung getroffen wurde (📖 52).
Der Arbeitgeber muss sicherstellen und kontrollieren, dass die getroffene Regelung eingehalten wird. Ruhepausen dürfen nicht an den Anfang oder das Ende der Arbeitszeit gelegt werden. Während der Pause darf der Arbeitnehmer weder zur Arbeit herangezogen werden noch in Bereitschaft sein. Wird die Pause unterbrochen, so muss sie erneut in voller Länge genommen werden (📖 34, S. 120, Rz 10). Zu beachten ist jedoch, dass diese Regelung nicht gilt, wenn alle Mitarbeiter die Pause gemeinsam nehmen, denn die Versorgung von Patienten oder Bewohnern hat Vorrang. In diesem Fall müssen Mitarbeiter, wenn sie nicht gestört werden wollen, allein Pause machen.

Achtung!

Im Krankenhausbereich kommt es immer wieder vor, dass in bestimmten Bereichen wie Intensivpflege, OP, Kreißsaal oder bei Notfällen keine Pause genommen werden kann, weil die Patientenversorgung vorgeht. Dies führt zu Konflikten, da das Arbeitszeitgesetz zwar eingehalten werden muss, aufgrund der Pflichtenkollision aber nicht eingehalten werden kann. Die Krankenhausbetriebe regeln sehr unterschiedlich, wie mit der nicht genommenen Pause umgegangen wird. In den meisten Betrieben wird diese Zeit als Überstunde gewertet und zu einem späteren Zeitpunkt als Freizeitausgleich gewährt.
Dies ist natürlich nicht Sinn und Zweck einer Pause, die den Arbeitsablauf zur Erholung des Mitarbeiters durchbrechen soll, und sollte daher der Ausnahmefall bleiben (📖 6, S. 29).

Teilzeitbeschäftigten, deren Arbeitszeit sechs Stunden am Tag oder weniger umfasst, muss keine Pause gewährt werden. Sie können nach ihrer Arbeitsleistung den Arbeitsplatz verlassen oder aber die Zeit für die Inanspruchnahme der Pause herausarbeiten.

Abweichende Regelungen

§ 7 ArbZG sieht abweichende Regelungen vor, wenn sie in einem Tarifvertrag oder aufgrund eines Tarifvertrags in einer Betriebs- oder Dienstvereinbarung zugelassen sind. Dazu gehört abweichend von § 4 Satz 2 ArbZG die Aufteilung der Gesamtdauer der Ruhepausen in Schichtbetrieben und Verkehrsbetrieben auf Kurzpausen von angemessener Dauer, zum Beispiel 3 × 10 Minuten.

ArbZG	TvöD
§ 4 Ruhepausen Die Arbeit ist durch im Voraus feststehende Ruhepausen von mindestens 30 Minuten bei einer Arbeitszeit von mehr als sechs bis zu neun Stunden und 45 Minuten bei einer Arbeitszeit von mehr als neun Stunden insgesamt zu unterbrechen. Die Ruhepausen nach Satz 1 können in Zeitabschnitten von jeweils mindestens 15 Minuten aufgeteilt werden. Länger als sechs Stunden hintereinander dürfen Arbeitnehmer nicht ohne Ruhepausen beschäftigt werden.	**§ 6 Abs. b** Bei Wechselschichtarbeit werden die gesetzlich vorgeschriebenen Pausen in die Arbeitszeit eingerechnet. Ausnahme: Dies gilt nicht für Einrichtungen des Gesundheitswesens, wie Krankenhäuser, Alten- und Pflegeheime sowie Rehakliniken gemäß § 48 Abs. 1 TVöD BT-K. Hier bleibt es bei dem Grundsatz, dass die gesetzlich vorgeschriebene Ruhepause keine Arbeitszeit ist (📖 17, S. 136).

Tab. 7.3: Regelung der Ruhepausen im Arbeitszeitgesetz (ArbZG) und im Tarifvertrag öffentlicher Dienst (TVöD).

Ruhezeiten

Von den Pausen, die während der Arbeitszeit zu gewähren sind, sind die Ruhezeiten zu unterscheiden, die zwischen den einzelnen Arbeitseinsätzen liegen. Die Ruhezeit beginnt zu dem Zeitpunkt, an dem der Arbeitnehmer die Arbeit beendet und nach Hause geht, und endet, wenn er bei Schichtbeginn die Arbeit wieder aufnimmt. Die Wegezeit zwischen Arbeitsstätte und Wohnort wird nicht mit eingerechnet.
§ 5 ArbZG geht von einer Mindestruhezeit von elf Stunden aus, die nicht unterbrochen werden darf. Da Rufbereitschaft keine Arbeitszeit ist, kann diese Zeit als Ruhezeit berücksichtigt werden.

Beispiel

Eine Gesundheits- und Krankenpflegerin in der Endoskopie hat bis 19 Uhr gearbeitet. Anschließend hat sie Rufbereitschaft. Sie darf frühestens am nächsten Morgen um 6 Uhr wieder mit der Arbeit beginnen, wenn sie während der Rufbereitschaft nicht zum Arbeitseinsatz geholt wurde.

Jede Tätigkeit, auch eine kurzfristige, unterbricht die Ruhezeit. Es muss sich daher eine neue Ruhezeit von elf Stunden anschließen. Dies kann dazu führen, dass ein Arbeitnehmer zur vorgesehenen Zeit die Arbeit nicht aufnehmen kann und insbesondere auch bei Bereitschaftsdienst oder Rufbereitschaft im Schichtplan zwischen zwei Schichten erhebliche Probleme entstehen.

Die Ruhezeit von elf Stunden ist nicht an den Kalendertag gebunden. Sie muss lediglich zwischen zwei Zeiten der Beschäftigung eines Arbeitnehmers liegen.

Beispiel

Eine in der endoskopischen Abteilung beschäftigte Pflegefachkraft wird um 23 Uhr zu Hause angerufen und muss wegen eines Notfalls in die Klinik. Als sie in die Abteilung kommt, wird ihr mitgeteilt, dass der Patient auf eigenen Wunsch entlassen wurde und sie wieder nach Hause gehen kann. Damit hat sich die Rufbereitschaft bereits in Arbeitszeit umgewandelt – wenn auch nur sehr kurz – und es beginnt eine neue Ruhezeit von elf Stunden. Die Pflegefachkraft kann also erst um 10 Uhr des Folgetags die Arbeit wieder aufnehmen.

In bestimmten Bereichen ist eine Verkürzung der Ruhezeit möglich (§ 5 Abs. 2 ArbZG). Dazu gehören:

- Krankenhäuser und andere Einrichtungen zur Behandlung, Pflege und Betreuung, wie Altenheime, Pflegeheime, Kinder- und Jugendheime
- Gaststätten
- Beherbergungsbetriebe
- Verkehrsbetriebe
- Rundfunk und Fernsehen
- Landwirtschaft und Tierhaltung.

In diesen Betrieben kann die Ruhezeit um eine Stunde verkürzt werden, wenn innerhalb eines Kalendermonats oder von vier Wochen ein Ausgleich durch die Verlängerung einer anderen Ruhezeit auf mindestens zwölf Stunden erfolgt (→ Tab. 7.4).

Gemäß § 7 Abs. 1 Nr. 3 ArbZG (📖 34, S. 127, Rz 26ff.) kann abweichend von § 5 Abs. 1 ArbZG die Ruhezeit sogar um zwei Stunden verkürzt werden, wenn die Art der Arbeit dies erfordert und die Kürzung der Ruhezeit innerhalb eines festzulegenden Ausgleichszeitraums ausgeglichen wird.

Abweichende Regelungen

§ 7 ArbZG sieht abweichende Regelungen vor, wenn sie in einem Tarifvertrag oder aufgrund eines Tarifvertrags in einer Betriebs- oder Dienstvereinbarung zugelassen sind. Dazu gehört abweichend von § 5 Abs. 1 ArbZG die Verkürzung der Ruhezeit um bis zu zwei Stunden, wenn die Art der Arbeit dies erfordert und die Kürzung der Ruhezeit innerhalb eines festzulegenden Ausgleichszeitraums ausgeglichen wird.

ArbZG	TvöD
§ 5 Ruhezeit (1) Die Arbeitnehmer müssen nach Beendigung der täglichen Arbeitszeit eine ununterbrochene Ruhezeit von mindestens elf Stunden haben. (2) Die Dauer der Ruhezeit des Abs. 1 kann in Krankenhäusern und anderen Einrichtungen um bis zu einer Stunde verkürzt werden, wenn jede Verkürzung der Ruhezeit innerhalb eines Kalendermonats oder innerhalb von vier Wochen durch Verlängerung einer anderen Ruhezeit auf mindestens zwölf Stunden ausgeglichen wird. (3) Abweichend von Abs. 1 können in Krankenhäusern und anderen Einrichtungen zur Behandlung, Pflege und Betreuung von Personen Kürzungen der Ruhezeit durch Inanspruchnahmen während der Rufbereitschaft, die nicht mehr als die Hälfte der Ruhezeit betragen, zu anderen Zeiten ausgeglichen werden ...	Keine Angaben

Tab. 7.4: Regelung der Ruhezeiten im Arbeitszeitgesetz (ArbZG) und im Tarifvertrag öffentlicher Dienst (TVöD).

Bereitschaftsdienst

Bereitschaftsdienst liegt dann vor, wenn sich Mitarbeiter für Zwecke des Betriebs an einer vom Arbeitgeber bestimmten Stelle aufzuhalten haben, um im Bedarfsfall ihre Arbeitstätigkeit unverzüglich aufnehmen zu können. Nach der Entscheidung des EuGH zählt Bereitschaftsdienst zur Arbeitszeit und ist bei der Berechnung der täglichen und durchschnittlichen wöchentlichen Höchstarbeitszeit hinzuzurechnen (→ Tab. 7.5).

Rufbereitschaft

Rufbereitschaft wird meist dann angeordnet, wenn anzunehmen ist, dass außerhalb der Arbeitszeit regelmäßig keine Arbeit anfällt, jedoch nicht auszuschließen ist, dass bei Notfällen Mitarbeiter zur Arbeitsleistung herangezogen werden müssen. Bei der Anordnung von Rufbereitschaft muss der Arbeitnehmer für den Arbeitgeber jederzeit erreichbar sein, um auf Abruf die Arbeit unverzüglich aufnehmen zu können (→ Tab. 7.6). Anders als beim Bereitschaftsdienst kann der zur Rufbereitschaft eingeteilte Arbeitnehmer sich an einem selbst bestimmten Ort, zum Beispiel in der eigenen Wohnung oder in einem Restaurant, aufhalten oder ins Kino gehen, muss jedoch sicherstellen, dass er im Bedarfsfall jederzeit per Mobiltelefon oder Notrufsystem erreichbar ist und dass auch seine rechtzeitige

ArbZG	TVöD
Keine Angaben	**§ 7 Abs. 3 Sonderformen der Arbeit** Bereitschaftsdienst leisten Beschäftigte, die sich auf Anordnung des Arbeitgebers außerhalb der regelmäßigen Arbeitszeit an einer vom Arbeitgeber bestimmten Stelle aufhalten, um im Bedarfsfall die Arbeit aufzunehmen. **§ 9 Bereitschaftszeiten** (1) Bereitschaftszeiten sind die Zeiten, in denen sich der Beschäftigte am Arbeitsplatz oder einer anderen vom Arbeitgeber bestimmten Stelle zur Verfügung halten muss, um im Bedarfsfall die Arbeit selbstständig, ggf. auch auf Anordnung, aufzunehmen, und in denen die Zeiten ohne Arbeitsleistung überwiegen. Für Beschäftigte, in deren Tätigkeit regelmäßig und in nicht unerheblichem Umfang Bereitschaftszeiten fallen, gelten folgende Regelungen: a) Bereitschaftszeiten werden zur Hälfte als tarifliche Arbeitszeit gewertet (faktorisiert). b) Sie werden innerhalb von Beginn und Ende der regelmäßigen täglichen Arbeitszeit nicht gesondert ausgewiesen. c) Die Summe aus den faktorisierten Bereitschaftszeiten und der Vollarbeitszeit darf die Arbeitszeit nach § 6 Abs. 1 nicht überschreiten. d) Die Summe aus Vollarbeits- und Bereitschaftszeiten darf durchschnittlich 48 Stunden wöchentlich nicht überschreiten. Ferner ist Voraussetzung, dass eine nicht nur vorübergehend angelegte Organisationsmaßnahme besteht, bei der regelmäßig und in nicht unerheblichem Umfang Bereitschaftszeiten anfallen.

Tab. 7.5: Regelung des Bereitschaftsdienstes im Arbeitszeitgesetz (ArbZG) und im Tarifvertrag öffentlicher Dienst (TVöD).

Arbeitsaufnahme gewährleistet ist. Als Richtschnur für die Entfernung zwischen Arbeitsplatz und Aufenthaltsort während der Rufbereitschaft kann die Strecke vom Arbeitsplatz zur Wohnung dienen (📖 37, S. 269).
Die Rufbereitschaft zählt nicht zur Arbeitszeit (→ oben).

Mehrarbeit

Mehrarbeit sind die Arbeitsstunden, die über die regelmäßige vereinbarte Arbeitszeit hinausgehen. Die Begriffe Mehrarbeit und Überstunden werden häufig gleichermaßen nebeneinander verwendet (📖 37, S. 244). Während das Arbeitszeitgesetz zu Mehrarbeit und Überstunden keine Regelungen enthält, werden die

ArbZG	TvöD
Keine Angaben	**§ 7 Abs. 4** **Rufbereitschaft** leisten Beschäftigte, die sich auf Anordnung des Arbeitgebers außerhalb der regelmäßigen Arbeitszeit an einer dem Arbeitgeber anzuzeigenden Stelle aufhalten, um auf Abruf die Arbeit aufzunehmen. Rufbereitschaft wird nicht dadurch ausgeschlossen, dass Beschäftigte vom Arbeitgeber mit einem Mobiltelefon oder einem vergleichbaren technischen Hilfsmittel ausgestattet sind. **§ 8 Abs. 3** Für die Rufbereitschaft wird eine tägliche Pauschale je Entgeltgruppe bezahlt. Sie beträgt für die Tage Montag bis Freitag das Zweifache, für Samstag, Sonntag sowie für Feiertage das Vierfache des tariflichen Stundenentgelts nach Maßgabe der Entgelttabelle. Maßgebend für die Bemessung der Pauschale nach Satz 2 ist der Tag, an dem die Rufbereitschaft beginnt. Für die Arbeitsleistung innerhalb der Rufbereitschaft einschließlich der hierfür erforderlichen Wegezeiten wird jede angefangene Stunde auf eine volle Stunde gerundet und mit dem Entgelt für Überstunden sowie etwaiger Zeitzuschläge nach Abs. 1 bezahlt. Abs. 1 Satz 4 gilt entsprechend, soweit die Buchung auf das Arbeitszeitkonto nach § 10 Abs. 3 Satz 2 zulässig ist. Satz 1 gilt nicht im Falle einer stundenweisen Rufbereitschaft. Eine Rufbereitschaft im Sinne von Satz 6 liegt bei einer ununterbrochenen Rufbereitschaft von weniger als zwölf Stunden vor. In diesem Fall wird abweichend von den Sätzen 2 und 3 für jede Stunde der Rufbereitschaft 12,5 % des tariflichen Stundenentgelts nach Maßgabe der Entgelttabelle gezahlt.

Tab. 7.6: Regelung der Rufbereitschaft im Arbeitszeitgesetz (ArbZG) und im Tarifvertrag öffentlicher Dienst (TvöD).

beiden Begriffe in Tarifverträgen unterschiedlich definiert: So können nur Vollzeitbeschäftigte nach TvöD Überstunden leisten, Teilzeitkräfte dagegen nur Mehrarbeit (→ Tab. 7.7).

Überstunden

In vielen Krankenhäusern, Heimen und ambulanten Pflegediensten ist es keine Seltenheit, dass Mitarbeiter Überstunden machen müssen. Arbeitnehmer sind jedoch nur dann zur Leistung von Überstunden verpflichtet, wenn sich dies aus Tarifvertrag, Betriebsvereinbarung, Arbeitsvertrag oder aus einer Nebenpflicht des Arbeitnehmers ergibt. Die Nebenpflicht zur Leistung zusätzlicher Arbeit gilt

nicht nur bei Notfällen, sondern auch dann, wenn durch die geforderte Mehrarbeit ein dem Arbeitgeber drohender Schaden, der nicht auf andere Weise abgewendet werden kann, vermieden wird (→ Tab. 7.8).
Wieweit Arbeitnehmer demnach im Einzelfall zu Überstunden verpflichtet werden können, lässt sich nur unter Berücksichtigung aller Umstände des Einzelfalls feststellen. Zu beachten ist, dass die Zulässigkeit von Überstunden durch das Arbeitszeitgesetz und sonstige Arbeitszeitschutzvorschriften begrenzt ist. Ist die zulässige Höchstarbeitszeit von zehn Stunden pro Tag und 60 Stunden pro Woche (→ oben) erreicht, können Arbeitnehmer jede Leistung von Überstunden ablehnen. Ein Wert, der in der Urlaubszeit oder bei Krankheitsausfällen schnell erreicht ist.

Überstundenbelastung in der Pflege

In einer Umfrage des Deutschen Instituts für angewandte Pflegeforschung (dip) sahen fast 45 Prozent der befragten Pflegekräfte eine Steigerung der Überstundenbelastung (Pflegethermometer 2003).
Es muss nicht so krass sein wie in diesem Fall: In einem Pflegeheim kamen 70 Mitarbeiter auf die Summe von rund 4300 Überstunden. Einige Mitarbeiter lagen mit bis zu 400 Stunden über dem Soll. Die Pflegedienstleitung kündigte ihr Arbeitsverhältnis, als der Medizinische Dienst der Krankenkassen zum wiederholten Male der Einrichtung gefährliche Pflege attestierte.

Normalerweise sollen die geleisteten Überstunden in Freizeit ausgeglichen und nur in Ausnahmefällen bezahlt werden. Der Arbeitnehmer muss seinen Anspruch auf Bezahlung rechtzeitig schriftlich geltend machen. Bei den meisten Tarifverträgen ist eine Verwirkungsklausel von einem halben Jahr zu beachten. Danach verfällt der Anspruch.

ArbZG	TvöD
Keine Angaben	**§ 7 Abs. 6** **Mehrarbeit** sind die Arbeitsstunden, die Teilzeitbeschäftigte über die vereinbarte regelmäßige Arbeitszeit hinaus bis zur regelmäßigen wöchentlichen Arbeitszeit von Vollbeschäftigten (§ 6 Abs. 1 Satz 1) leisten.

Tab. 7.7: Regelung der Mehrarbeit im Arbeitszeitgesetz (ArbZG) und im Tarifvertrag öffentlicher Dienst (TVöD).

ArbZG	TVöD
Keine Angaben	**§ 7 Sonderformen der Arbeit** (7) Überstunden sind die auf Anordnung des Arbeitgebers geleisteten Arbeitsstunden, die über die im Rahmen der regelmäßigen Arbeitszeit von Vollbeschäftigten (§ 6 Abs. 1 Satz 1) für die Woche dienstplanmäßig bzw. betriebsüblich festgesetzten Arbeitsstunden hinausgehen und nicht bis zum Ende der folgenden Kalenderwoche ausgeglichen werden. (8) Abweichend von Abs. 7 sind nur die Arbeitsstunden Überstunden, die a) im Falle der Festlegung eines Arbeitszeitkorridors nach § 6 Abs. 6 über 45 Stunden oder über die vereinbarte Obergrenze hinaus b) im Falle der Einführung einer täglichen Rahmenzeit nach § 6 Abs. 7 außerhalb der Rahmenzeit c) im Falle von Wechselschicht- oder Schichtarbeit über die im Schichtplan festgelegten täglichen Arbeitsstunden einschließlich der im Schichtplan vorgesehenen Arbeitsstunden, die bezogen auf die regelmäßige wöchentliche Arbeitszeit im Schichtplanturnus nicht ausgeglichen werden angeordnet worden sind.

Tab. 7.8: Regelung der Überstunden im Arbeitszeitgesetz (ArbZG) und im Tarifvertrag öffentlicher Dienst (TVöD).

Beispiel

Eine Altenpflegerin wartete rund zehn Monate, bis sie von ihrem Arbeitgeber die Bezahlung von Überstunden forderte. Der Arbeitgeber weigerte sich, die Altenpflegerin klagte. Doch da die Ausschlussfrist von sechs Monaten bei Geltendmachung der Ansprüche bereits verstrichen war, sahen die Richter diese als verwirkt an (LAG Köln v. 5.2.1999, AZ 11 Sa 1146/98).

Nachtarbeit

Nach arbeitsmedizinischen Erkenntnissen ist Nachtarbeit unter Umständen mit gesundheitlichen Beeinträchtigungen und erheblichen Einschränkungen der Nachtarbeitnehmer verbunden. Sie bedürfen daher eines besonderen Schutzes (→ Tab. 7.9).

Die Definition der Nachtarbeit ist im Arbeitszeitgesetz und Tarifverträgen unterschiedlich geregelt. Im Sinne von § 2 ArbZG ist Nachtarbeit jede Arbeit, die **mehr als zwei Stunden** der Nachtzeit umfasst (§ 2 Abs. 4 ArbZG). Als Nachtzeit ist die

Zeit zwischen 23 und 6 Uhr definiert (§ 2 Abs. 3 ArbZG). Bei Dienstende um 1 Uhr oder bei Dienstbeginn um 4 Uhr liegt noch keine Nachtarbeit vor, da die Schicht nicht mehr als zwei Stunden der Nachtzeit, sondern nur genau zwei Stunden der Nachtzeit umfasst (📖 39, S. 22).

Beispiel

Eine Hebamme hat Rufbereitschaft. Aufgrund eines Notfalls im Kreißsaal wird sie um 4.45 Uhr gerufen. Da die Nachtarbeitszeit um 6 Uhr endet, umfasst ihre Arbeitszeit nur 1 Stunde 15 Minuten in der Nachtzeit. In diesem Fall liegt also keine Nachtarbeit vor.

Nachtarbeitnehmer sind Arbeitnehmer, die entweder Nachtarbeit in Wechselschicht oder Nachtarbeit an mindestens 48 Tagen im Kalenderjahr leisten.
Auch bei Nachtarbeit kann die regelmäßige werktägliche Arbeitszeit von acht Stunden auf zehn Stunden verlängert werden, wenn ein Ausgleich innerhalb eines Kalendermonats oder innerhalb von vier Wochen erfolgt.

Arbeitsmedizinische Untersuchung

Nach § 6 Abs. 3 ArbZG haben Nachtarbeitnehmer Anspruch auf eine arbeitsmedizinische Untersuchung vor Beginn der Beschäftigung und dann in regelmäßigen Zeitabständen von nicht weniger als drei Jahren. Nach Vollendung des 50. Lebensjahres besteht Anspruch auf eine Untersuchung in Zeitabständen von einem Jahr. Die Kosten sind vom Arbeitgeber zu tragen, wenn dieser nicht die Untersuchungen kostenlos durch einen Betriebsarzt oder überbetrieblichen Dienst anbietet.

Umsetzungsanspruch

Der Arbeitgeber ist nach § 6 Abs. 4 ArbZG zur Umsetzung von Nachtarbeitnehmern auf eine für ihn geeigneten Tagesarbeitsplatz verpflichtet, wenn

- nach arbeitsmedizinischer Feststellung die weitere Verrichtung von Nachtarbeit den Arbeitnehmer in seiner Gesundheit gefährdet
- im Haushalt des Arbeitnehmers ein Kind unter zwölf Jahren lebt, das nicht von einer anderen im Haushalt lebenden Person betreut werden kann
- der Arbeitnehmer einen schwer Pflegebedürftigen zu versorgen hat, der nicht von einer anderen im Haushalt lebenden Person versorgt werden kann
- dem nicht dringende betriebliche Erfordernisse entgegenstehen.

Beschäftigungsverbot von werdenden und stillenden Müttern

→ 7.3.1

Ausgleichsanspruch

Nach § 6 Abs. 5 ArbZG haben Nachtarbeitnehmer Anspruch auf eine angemessene Anzahl bezahlter freier Tage oder einen angemessenen Zuschlag. Im Arbeitszeitgesetz finden sich diesbezüglich keine weiteren Hinweise auf die Höhe dieser Zuschläge. Häufig sind sie in Tarifverträgen geregelt. Da im Gesetz nicht festgelegt ist, was als angemessen anzusehen ist, kann man sich auch dann an den Regelungen des einschlägigen Tarifvertrags orientieren, selbst wenn der Tarifvertrag keine Anwendung findet.

Abweichende Regelungen

§ 7 ArbZG sieht abweichende Regelungen vor, wenn sie in einem Tarifvertrag und aufgrund eines Tarifvertrags in einer Betriebs- oder Dienstvereinbarung zugelassen sind.
Dazu gehören:

- abweichend von § 6 Abs. 2
  - die Verlängerung der Arbeitszeit der Nachtarbeitnehmer werktäglich über zehn Stunden hinaus, wenn in die Arbeitszeit regelmäßig und in erheblichem Umfang Arbeitsbereitschaft oder Bereitschaftsdienst fällt
  - die Festlegung eines anderen Ausgleichszeitraums
- die Festlegung des Beginns des siebenstündigen Nachtzeitraums nach § 2 Abs. 3 auf die Zeit zwischen 22 und 24 Uhr.

ArbZG	TvöD
§ 6 Nacht- und Schichtarbeit (1) Die Arbeitszeit der Nacht- und Schichtarbeitnehmer ist nach den gesicherten arbeitswissenschaftlichen Erkenntnissen über die menschengerechte Gestaltung der Arbeit festzulegen. (2) Die werktägliche Arbeitszeit der Nachtarbeitnehmer darf acht Stunden nicht überschreiten. Sie kann auf bis zu zehn Stunden nur verlängert werden, wenn abweichend von § 3 innerhalb von einem Kalendermonat oder innerhalb von vier Wochen im Durchschnitt acht Stunden werktäglich nicht überschritten werden.	**§ 7 Sonderformen der Arbeit, Abs. 5** Nachtarbeit ist die Arbeit zwischen 21 und 6 Uhr. Nachtschichten sind Arbeitsschichten, die mindestens zwei Stunden Nachtarbeit umfassen.

→

ArbZG	TvöD
(3) Nachtarbeitnehmer sind berechtigt, sich vor Beginn der Beschäftigung und danach in regelmäßigen Zeitabständen von nicht weniger als drei Jahren arbeitsmedizinisch untersuchen zu lassen. Nach Vollendung des 50. Lebensjahrs steht Nachtarbeitnehmern dieses Recht in Zeitabständen von einem Jahr zu. Die Kosten hat der Arbeitgeber zu tragen, sofern er die Untersuchungen den Nachtarbeitnehmern nicht kostenlos durch einen Betriebsarzt oder einen überbetrieblichen Dienst von Betriebsärzten anbietet. (4) Der Arbeitgeber hat die Nachtarbeit immer auf Verlangen des Nachtarbeitnehmers auf einen für ihn geeigneten Tagesarbeitsplatz umzusetzen, wenn a) nach arbeitsmedizinischer Feststellung die weitere Verrichtung von Nachtarbeit den Arbeitnehmer in seiner Gesundheit gefährdet oder b) im Haushalt des Arbeitnehmers ein Kind unter zwölf Jahren lebt, das nicht von einer andern im Haushalt lebenden Person betreut werden kann oder c) der Arbeitnehmer einen schwer pflegebedürftigen Angehörigen zu versorgen hat, der nicht von einem anderen im Haushalt lebenden Angehörigen versorgt werden kann, sofern dem nicht dringende betriebliche Erfordernisse entgegenstehen. Stehen der Umsetzung des Nachtarbeitnehmers auf einen für ihn geeigneten Tagesarbeitsplatz nach Auffassung des Arbeitgebers dringende betriebliche Erfordernisse entgegen, so ist der Betriebs- oder Personalrat zu hören. Der Betriebs- oder Personalrat kann dem Arbeitgeber Vorschläge für eine Umsetzung unterbreiten. (5) Soweit keine tarifvertraglichen Ausgleichsregelungen bestehen, hat der Arbeitgeber dem Arbeitnehmer für die während der Nachtzeit geleisteten Arbeitsstunden eine angemessene Zahl bezahlter freier Tage oder einen angemessenen Zuschlag auf das ihm hierfür zustehende Bruttoarbeitsentgelt zu gewähren. (6) Es ist sicherzustellen, dass Nachtarbeitnehmer den gleichen Zugang zur betrieblichen Weiterbildung und zu aufstiegsfördernden Maßnahmen haben wie die übrigen Arbeitnehmer.	

Tab. 7.9: Regelung der Nachtarbeit im Arbeitszeitgesetz (ArbZG) und im Tarifvertrag öffentlicher Dienst (TVöD).

Schichtarbeit

Um die Patientenversorgung sicherstellen zu können, ist es notwendig, dass bestimmte Berufsgruppen wie Pflegepersonal oder Ärzte rund um die Uhr im Einsatz sind. Deshalb ist es wichtig, Personalplanung im Schichtsystem festzulegen. Schichtarbeit liegt dann vor, wenn die tägliche Arbeitsaufgabe nicht in der üblichen Arbeitszeit von Arbeitnehmern des Betriebs erbracht werden kann und es deshalb notwendig ist, dass andere Arbeitnehmer im unmittelbaren Anschluss an die Arbeit ihrer Kollegen weiterarbeiten. Es gibt verschiedene Schichtsysteme: Zwei- und Dreischichtsysteme, Schichtsysteme mit Nachtarbeit, aber ohne Wochenendarbeit und solche, bei denen auch am Wochenende gearbeitet wird (→ Tab. 7.10).

Im Krankenhaus und in Heimen kommt in der Regel ein Dreischichtsystem mit Nachtarbeit und Wochenendarbeit zum Tragen. In Funktionsbereichen wie Endoskopie u. a. wird meist im Einschicht- beziehungsweise Zweischichtsystem mit anschließender Rufbereitschaft gearbeitet. Ambulante Pflegedienste arbeiten häufig mit einem Zweischichtsystem, müssen aber sicherstellen, dass die Patientenversorgung auch nachts gewährleistet wird.

Arbeitsmedizinische Untersuchungen haben ergeben, dass Schichtarbeit, die vielfach mit Nachtarbeit verbunden ist, zu vielfältigen Belastungen der Arbeitnehmer führt. Deshalb sieht das Arbeitszeitgesetz vor, dass die Arbeitszeit der Schichtarbeiter nach den Erkenntnissen über die menschengerechte Gestaltung der Arbeit festzulegen ist (§ 6 Abs. 1).

Bei Einführung und Ausgestaltung von Schichtarbeit hat der Betriebsrat ein Mitbestimmungsrecht (§ 87 Abs. 1 Nr. 2 BetrVG). Das bedeutet, dass die vorherige Zustimmung des Betriebsrats vorliegen muss, wenn

- Schichtarbeit eingeführt werden soll
- Schichten geändert werden sollen
- Beginn und Ende der einzelnen Schichten festgelegt werden
- allgemeine Grundsätze zur Aufstellung eines Schichtplans festgelegt werden.

Der Betriebsrat hat kein Mitbestimmungsrecht bei der Einteilung einzelner Arbeitnehmer in eine bestimmte Schicht.

Gibt es keinen Betriebsrat, kann der Arbeitgeber die Schichtarbeit durch Ausübung seines Direktionsrechts anordnen.

Ausnahme:

- im Arbeitsvertrag des Arbeitnehmers ist die Arbeitszeit anders festgelegt
- ein Tarifvertrag sieht andere Regelungen vor.

In Tarifverträgen oder Arbeitsvertragsrichtlinien sind für Schichtarbeitnehmer besondere Vergütungen vorgesehen.

ArbZG	TVöD
§ 6 Nacht- und Schichtarbeit (→ Tab. 7.9)	**§ 7 Sonderformen der Arbeit** (1) Wechselschichtarbeit ist die Arbeit nach einem Schichtplan, der einen regelmäßigen Wechsel der täglichen Arbeitszeit in Wechselschichten vorsieht, bei denen Beschäftigte durchschnittlich längstens nach Ablauf eines Monats erneut zur Nachtschicht herangezogen werden. Wechselschichten sind wechselnde Arbeitsschichten, in denen ununterbrochen bei Tag und Nacht, werktags, sonntags und feiertags gearbeitet wird. Nachtschichten sind Arbeitsschichten, die mindestens zwei Stunden Nachtarbeit umfassen. (2) Schichtarbeit ist die Arbeit nach einem Schichtplan, der einen regelmäßigen Wechsel des Beginns der täglichen Arbeitszeit um mindestens zwei Stunden in Zeitabschnitten von längstens einem Monat vorsieht, und die innerhalb einer Zeitspanne von mindestens 13 Stunden geleistet wird.

Tab. 7.10: Regelung der Wechsel- und Schichtarbeit im Arbeitszeitgesetz (ArbZG) und im Tarifvertrag öffentlicher Dienst (TVöD).

Sonn- und Feiertagsbeschäftigung

Grundsätzlich dürfen Arbeitnehmer an Sonn- und gesetzlichen Feiertagen in der Zeit von 0 bis 24 Uhr nicht beschäftigt werden. Davon gibt es jedoch zahlreiche, in § 10 ArbZG aufgezählte Ausnahmen. Dazu zählen sämtliche Not- und Rettungsdienste, die Feuerwehr sowie Pflegeeinrichtungen und Krankenhäuser.
Mindestens 15 Sonntage im Jahr müssen für den Arbeitnehmer jedoch beschäftigungsfrei bleiben (§ 11 ArbZG). In Tarifverträgen finden sich häufig die Angaben, dass, sofern es die betrieblichen Belange zulassen, zwei Sonntage im Monat beschäftigungsfrei sein sollen.
Muss an einem Sonntag gearbeitet werden, so muss dieser Tag mit einem Ersatzruhetag ausgeglichen werden, der innerhalb eines den Beschäftigungstag einschließen Zeitraums von zwei Wochen zu gewähren ist. Sollten Arbeitnehmer an einem auf einen Werktag fallenden Feiertag beschäftigt werden, so muss dieser Ersatzruhetag innerhalb eines den Beschäftigungstag einschließenden Zeitraums von acht Wochen gewährt werden (§ 11 Abs. 3 ArbZG) (→ Tab. 7.11).
Diese Regelung betrifft ausschließlich Sonn- und Feiertage, nicht Samstage.

ArbZG	TVöD
§ 9 Sonn- und Feiertagsruhe Arbeitnehmer dürfen an Sonn- und gesetzlichen Feiertagen von 0 bis 24 Uhr nicht beschäftigt werden. **§ 10 Sonn- und Feiertagsbeschäftigung** (1) Sofern die Arbeit nicht an Werktagen vorgenommen werden kann, dürfen Arbeitnehmer an Sonn- und Feiertagen abweichend von § 9 beschäftigt werden ▪ in Not- und Rettungsdiensten sowie bei der Feuerwehr ▪ zur Aufrechterhaltung der öffentlichen Sicherheit und Ordnung sowie der Funktionsfähigkeit von Gerichten und Behörden und für Zwecke der Verteidigung ▪ in Krankenhäusern und anderen Einrichtungen zur Behandlung, Pflege und Betreuung von Personen **§ 11 Ausgleich für Sonn- und Feiertagsbeschäftigung** (1) Mindestens 15 Sonntage im Jahr müssen beschäftigungsfrei bleiben. (2) Für die Beschäftigung an Sonn- und Feiertagen gelten die §§ 3–8 entsprechend, jedoch dürfen durch die Arbeitszeit an Sonn- und Feiertagen die in § 3, § 6 Abs. 2 und § 7 bestimmten Höchstarbeitszeiten und Ausgleichszeiträume nicht überschritten werden. (3) Wenn Arbeitnehmer an einem Sonntag beschäftigt werden, müssen sie einen Ersatzruhetag haben, der innerhalb eines den Beschäftigungstag einschließenden Zeitraums von zwei Wochen zu gewähren ist. Werden Arbeitnehmer an einem auf einen Werktag fallenden Feiertag beschäftigt, müssen sie einen Ersatzruhetag haben, der innerhalb eines den Beschäftigungstag einschließenden Zeitraums von acht Wochen zu gewähren ist. (4) Die Sonn- oder Feiertagsruhe des § 9 oder der Ersatzruhetag nach Abs. 3 ist den Arbeitnehmern unmittelbar in Verbindung mit einer Ruhezeit nach § 5 zu gewähren, soweit nicht technische oder arbeitsorganisatorische Gründe entgegenstehen.	**§ 6 Abs. 5** Die Beschäftigten sind im Rahmen begründeter betrieblicher/dienstlicher Notwendigkeiten zur Leistung von Sonntags-, Feiertags-, Nacht-, Wechselschicht-, Schichtarbeit sowie – bei Teilzeitbeschäftigung aufgrund arbeitsvertraglicher Regelung oder mit ihrer Zustimmung – zu Bereitschaftsdienst, Rufbereitschaft, Überstunden und Mehrarbeit verpflichtet.

Tab. 7.11: Regelung der Sonn- und Feiertagsarbeit im Arbeitszeitgesetz (ArbZG) und im Tarifvertrag öffentlicher Dienst (TVöD).

Weisungsrecht des Arbeitgebers

Durch die Ausübung seines Weisungs- und oder Direktionsrechts legt der Arbeitgeber konkret die zu erbringende Arbeitsleistung fest.
Das Weisungsrecht des Arbeitgebers umfasst u. a. folgenden Bereiche:

- Beginn und Ende der Arbeitszeit
- Arbeitsort
- Art der zu leistenden Arbeit
- Kontrolle über die Präsenz am Arbeitsplatz, zum Beispiel durch Benutzung einer Stechuhr
- Vertretungsregelung, zum Beispiel bei Verhinderung, Krankheit, Urlaub.

Zum Weisungsrecht des Arbeitgebers gehören auch Hinweise zur Ordnung im Betrieb, zum Beispiel:

- die Verpflichtung zum Tragen von Dienst- und/oder Schutzkleidung
- das Unterlassen des Tragens von jeglichem Unterarmschmuck im Pflegebereich
- Zulässigkeit des Tragens von Piercings und Tattoos (Problem: Persönlichkeitsrecht des Arbeitnehmers einerseits, andererseits die Wirkung von auffälligen und umfangreichen Piercings und Tattoos auf Patienten und Kunden)
- Rauchverbote zum Schutz von Patienten und anderer Arbeitnehmer des Betriebs
- Alkoholverbot
- Umgang mit privaten Telefongesprächen, E-Mails und Internetnutzung.

Das Weisungsrecht des Arbeitgebers findet seine Grenzen in

- allen Gesetzen
- Tarifverträgen
- Betriebsvereinbarungen
- dem Mitbestimmungsrecht des Betriebsrats
- dem Persönlichkeitsrecht des Arbeitnehmers, das durch Artikel 1 GG geschützt ist.

Einer rechtmäßigen Weisung hat der Arbeitnehmer aufgrund seiner Arbeitspflicht nachzukommen. Sollte er sich den Arbeitgeberweisungen widersetzen, so kann das Verhalten eine Abmahnung, unter Umständen sogar eine fristlose Kündigung wegen Arbeitsverweigerung nach sich ziehen (📖 37, S. 126).

Eine Weisung ist rechtmäßig, wenn sie

- den vertraglich beziehungsweise tarifvertraglich vereinbarten Inhalten des Arbeitsverhältnisses entspricht. Im Lauf der Zeit kann sich der vertragliche Inhalt des Arbeitsverhältnisses durch ständige gemeinsame Übung der Vertragsparteien jedoch erweitern oder eingrenzen
- die Anweisung des Arbeitgebers gemäß § 315 BGB billigem Ermessen entspricht. Der Arbeitgeber muss die wesentlichen Umstände des Falles abgewogen und die beiderseitigen Interessen angemessen berücksichtigt haben.

Einer nicht rechtmäßigen Weisung muss der Arbeitnehmer jedoch nicht nachkommen. Nicht rechtmäßig ist eine Weisung, wenn sie gegen Strafgesetze verstößt oder die guten Sitten verletzt, zum Beispiel wenn eine Pflegeperson von der Stationsleitung oder von den Ärzten angewiesen wird, gegen den Willen des einwilligungsfähigen Patienten eine Injektion oder eine Pflegemaßnahme durchzuführen. In solchen Fällen ist die Pflegeperson nicht nur berechtigt, sondern auch verpflichtet, diese Maßnahme abzulehnen, da sie bei Zuwiderhandeln eine vorsätzliche Körperverletzung gemäß § 223 StGB begeht.

Stellenbeschreibung

Da in einem Arbeitsvertrag in der Regel nur Angaben über die Tätigkeit an sich gemacht werden, enthält dieser keine konkreten Angaben über das Aufgabengebiet. Viele Arbeitgeber sind mittlerweile dazu übergegangen, für bestimmte Bereiche Stellen- oder Arbeitsplatzbeschreibungen zu verfassen.

Die Stellenbeschreibung ist eine für den Arbeitnehmer verbindliche, in schriftlicher Form abgefasste Zusammenfassung aller wesentlichen Merkmale einer Arbeitsstelle und kann Vertragsbestandteil des Arbeitsvertrags sein. Die dort enthaltenen Angaben sind für beide Vertragspartner bindend. Durch eine Stellenbeschreibung wird einerseits das Direktionsrecht des Arbeitgebers ausgeübt, andererseits aber auch wieder eingeschränkt. Arbeitnehmer sind danach nicht verpflichtet, Tätigkeiten, die nicht in der Stellenbeschreibung stehen – außer in Notfällen – auszuführen. Sollte die Stellenbeschreibung explizit einen konkreten Arbeitsplatz enthalten, zum Beispiel „Station 1", muss der Stelleninhaber es nicht hinzunehmen, dass ihm ein anderer Arbeitsplatz innerhalb der Einrichtung zugewiesen wird. In der Regel sind Stellenbeschreibungen weiter gefasst, so dass das Direktionsrecht des Arbeitgebers in Bezug auf Umsetzungen nicht tangiert wird; sollte ein Betriebs-

rat in der Einrichtung existieren, so muss er bei entsprechenden Umsetzungen beteiligt werden (📖 4, S. 160ff.).
Stellenbeschreibungen sind aufgrund ihrer Einseitigkeit nicht vom Willen des einzelnen Arbeitnehmers abhängig und können vom Arbeitgeber jederzeit im Rahmen einer Dienstanweisung geändert werden.
Sollen Stellenbeschreibungen im Betrieb eingeführt werden, so muss der Betriebsrat nicht zustimmen, er muss aber nach § 92 BetrVG rechtzeitig und umfassend unterrichtet werden und hat ein Beratungsrecht. Der Arbeitgeber hat den Mitarbeiter über dessen Aufgabe nach § 81 BetrVG sowie über die Art seiner Tätigkeit und ihre Einordnung in den Arbeitsablauf des Betriebs zu unterrichten. Auch Veränderungen in seinem Arbeitsbereich sind dem Mitarbeiter rechtzeitig bekannt zu geben.
Neuerungen im Betrieb schaffen immer Unruhe, deshalb ist zu empfehlen, sowohl Mitarbeiter als auch Betriebsrat in die Entwicklung mit einzubeziehen, da unter diesen Voraussetzungen die Akzeptanz durch die Belegschaft eher zu erreichen ist (📖 40, S. 12ff.).
Beispiele für Stellenbeschreibungen finden sich im Anhang.

7.1.2 Nebenpflichten des Arbeitnehmers

Zu der laut Arbeitsvertrag geschuldeten Arbeitspflicht als Hauptpflicht bestehen wie bei jedem anderen Vertrag weitere Nebenpflichten. Die wichtigsten sind im Folgenden aufgeführt.

Treue- und Loyalitätspflicht

Die Treuepflicht gebietet es dem Arbeitnehmer, sich neben der Arbeitsleistung für die Interessen des Arbeitgebers und vor allem des Betriebs einzusetzen und alles zu unterlassen, was diese Interessen beeinträchtigen könnte. Aus der Treuepflicht folgen Unterlassungs- und Verhaltenspflichten. Die Treue- oder auch Loyalitätspflicht beinhaltet, dass der Arbeitnehmer sich zu den Betriebszielen nach innen, aber auch nach außen bekennt. Das Arbeitsverhältnis ist wie jedes Rechtsverhältnis vom Grundsatz von Treu und Glauben (§ 242 BGB) geprägt, gerade auch wegen seiner typischerweise langen Dauer und der persönlichen Einbeziehung der Vertragspartner in besonderem Maße (📖 28, S. 84).
Der Arbeitnehmer hat die berechtigten Interessen des Arbeitgebers so zu wahren, wie dies von ihm unter Berücksichtigung der Stellung im Betrieb, eigener Interessen und der Interessen anderer Arbeitnehmer des Betriebs nach Treu und Glau-

ben billigerweise verlangt werden kann. Diese Interessen können je nach Arbeitgeber unterschiedlich formuliert sein. So muss der Angestellte im öffentlichen Dienst die freiheitlich demokratische Grundordnung anerkennen, in so genannten Tendenzbetrieben, wie kirchlichen oder auch gewerkschaftlichen Betrieben, kann zur Treuepflicht die Zugehörigkeit zu einer Kirchengemeinschaft oder einer Gewerkschaft gefordert werden.
Geschäftsschädigende Handlungen, insbesondere kreditgefährdende Äußerungen, die ohne berechtigtes Eigeninteresse oder sogar wahrheitswidrig in Schädigungsabsicht gegenüber Dritten getätigt werden, sind schwerwiegende Pflichtverletzungen.

Verschwiegenheitspflicht

Zu den Unterlassungspflichten gehört vor allem die Verschwiegenheitspflicht, das heißt, dass über alle Geschäfts- und Betriebsgeheimnisse Stillschweigen zu bewahren ist. Arbeitnehmer sind verpflichtet, über alle Geschäftsvorgänge, die der Geheimhaltung unterliegen oder nur einem eng begrenzten Personenkreis bekannt und nicht offenkundig sind und nach dem Willen des Arbeitgebers aus berechtigten wirtschaftlichen Interessen oder zum Schutz von Dritten geheim gehalten werden sollen oder müssen, Stillschweigen zu bewahren. Das betrifft zum Beispiel Patienten- oder Kundenkarteien, Bilanzen, unter Umständen auch die Höhe des eigenen Gehalts.
Mitglieder von Mitarbeitervertretungen (Betriebs- oder Personalrat, MAV) sind auch nach dem Ausscheiden aus diesen oder aus dem Betrieb zur Verschwiegenheit über Geschäfts- und Betriebsgeheimnisse besonders verpflichtet (§ 79, § 120 BetrVG). Bei einer schuldhaften Verletzung der Treuepflicht durch den Arbeitnehmer kann eine Schadensersatzpflicht eintreten. Außerdem ist der Arbeitgeber zur Kündigung und in schwerwiegenden Fällen sogar zur außerordentlichen Kündigung berechtigt.
Neben einer Verletzung der arbeitsrechtlichen Verschwiegenheitspflicht kann unter Umständen auch eine strafrechtliche Verletzung von Privatgeheimnissen (§ 203 StGB) vorliegen, die mit einer Freiheitsstrafe von bis zu einem Jahr oder mit einer Geldstrafe geahndet wird.

Schmiergeldverbot

Das Schmiergeldverbot untersagt den Arbeitnehmern die Annahme von Belohnungen und Geschenken jeglicher Art in Bezug auf ihre dienstliche Tätigkeit, auch wenn dies nicht zu einer pflichtwidrigen Handlung führt. Ausgenommen

davon sind häufig geringwertige Aufmerksamkeiten, oder der Arbeitgeber hat der Verfahrensweise vorher zugestimmt oder erteilt seine Genehmigung nachträglich. Ohne die Billigung des Arbeitgebers stellt die Annahme eine schwere Vertragspflichtverletzung dar, da sie das Vertrauen in die Zuverlässigkeit und Ehrlichkeit des Arbeitnehmers infrage stellt.
Nach § 12 UWG ist die Annahme von Schmiergeldern verboten. Problembereiche sind

- die Zuwendung von „Trinkgeld“ an Pflegepersonen
- Kaffeekasse oder „Stationssparschwein“
- unter Umständen Fortbildungen von Pharmafirmen.

Im Allgemeinen werden Zuwendungen in Form von Naturalien wie Kaffee, Pralinen, Torten oder Blumensträuße als zulässig angesehen. Um Unklarheiten zu vermeiden, sollte der Arbeitgeber zu diesem Thema Dienstanweisungen erlassen (📖 36, S. 59, Rz 202).

Anzeige von drohenden Schädigungen

Wie in jedem anderen Rechtsverhältnis sind die Vertragspartner im Arbeitsverhältnis zu Rücksicht auf die Rechte und Rechtsgüter des anderen Partners verpflichtet. Dazu gehören Mitteilungen an den Arbeitgeber über drohende Beeinträchtigungen oder Schädigungen.

Beispiel

Im OP ist ein Narkosegerät defekt. Dies muss der Arbeitnehmer, der den Defekt bemerkte, umgehend dem Arbeitgeber anzeigen, damit dieser die notwendige Reparatur veranlassen kann. Wird dies unterlassen, könnten bei Weiterverwendung des nicht korrekt funktionierenden Geräts Patienten zu Schaden kommen oder bei Nichtreparatur dem Krankenhaus finanzielle Einbußen durch die unzureichende Auslastung eines OPs drohen.

7.2 Pflichten des Arbeitgebers

Wie die Pflichten des Arbeitnehmers gliedern sich auch die Pflichten des Arbeitgebers in Hauptpflicht und Nebenpflichten (→ Abb. 7.12). Die Hauptpflicht des Arbeitgebers ist die Entgeltzahlungspflicht. Sie bildet die Gegenleistung zur Arbeitspflicht und setzt grundsätzlich eine Arbeitsleistung voraus. Die Vergütung wird auch als Gehalt (Angestellte), Entgelt, Bezüge oder Lohn (Arbeiter) bezeichnet.

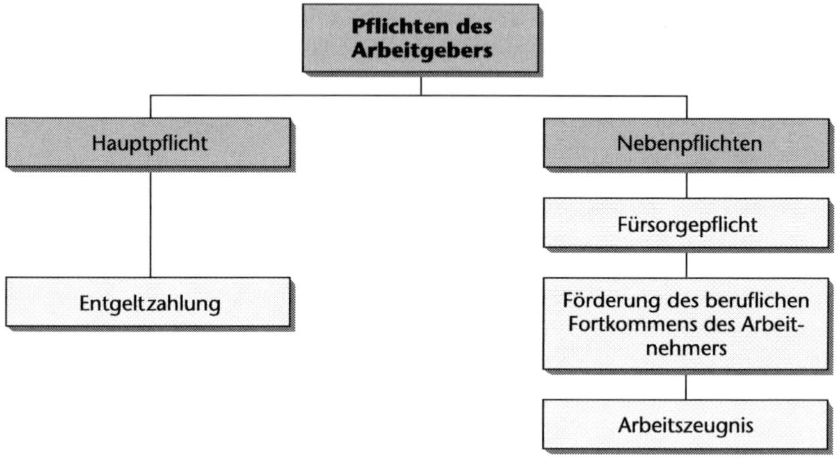

Abb. 7.12: Pflichten des Arbeitgebers.

7.2.1 Entgeltzahlung

Der Arbeitgeber hat dem Arbeitnehmer für dessen Arbeitsleistung das im Arbeitsvertrag vereinbarte Arbeitsentgelt (Lohn oder Gehalt) zu zahlen. Die Höhe des Entgelts richtet sich bei Anwendung eines Tarifvertrags nach den entsprechenden Lohn- oder Gehaltstarifen. Sollte im Arbeitsvertrag keine Vereinbarung über die Höhe des Entgelts getroffen worden sein, so muss das branchenübliche Entgelt gezahlt werden (§ 612 BGB).
Damit nicht der Willkür von Arbeitgeberseite Tor und Tür geöffnet sind und ein auffälliges Missverhältnis von Lohn und Leistung entsteht, bietet § 138 BGB Schutz vor sittenwidrigem Lohnwucher, dem so genannten Lohndumping (📖 28, S. 85).

Entgeltformen

Das Arbeitsentgelt, die vereinbarte regelmäßige Vergütung, wird entweder in Monatsbeiträgen, wochen-, tage- oder stundenweise gezahlt. Zuzüglich zum eigentlichen Arbeitsentgelt können folgende Entgeltformen hinzukommen (→ Abb. 7.13):

- Zuschläge, zum Beispiel Überstundenvergütung
- Zulagen, zum Beispiel Erschwerniszulagen

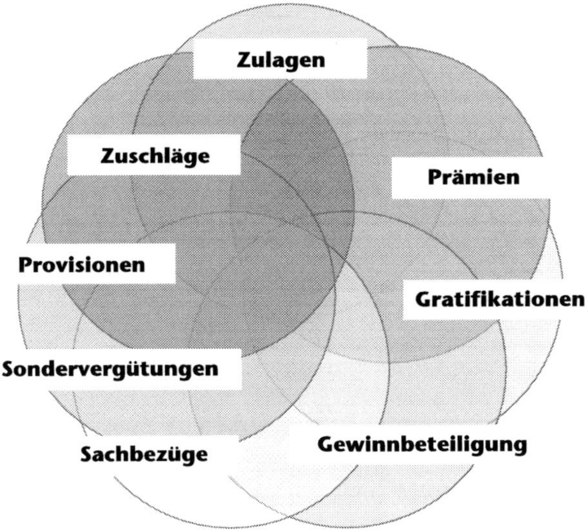

Abb. 7.13: Weitere Entgeltformen.

- Sachbezüge, zum Beispiel Dienstwagen, Mobiltelefon
- Prämien
- Jubiläumszuwendungen
- Gratifikationen
- Sondervergütungen, zum Beispiel Weihnachtsgeld, Urlaubsgeld
- Beiträge zur Altersvorsorge
- Provisionen
- Umsatz- und/oder Gewinnbeteiligungen.

Grundsätzlich erhalten Arbeitnehmer ihre Vergütung in Geld, in bestimmten Fällen in Form von Geld und Naturalien. Im letzten Fall sind jedoch dem Arbeitgeber Grenzen gesetzt (§ 107 Abs. 2 GewO Verbot des so genannten Trucksystems). Er darf nur einen geringen Anteil des Gehalts in Naturalien gewähren. Ausnahmen im Interesse des Arbeitnehmers können sein:

- Vermietung von Dienstwohnungen
- verbilligter Einkauf von Medikamenten
- Dienstwagen oder Mobiltelefon auch zur privaten Nutzung
- freie oder verbilligte Nahrungsmittel (📖 37, S. 318ff.).

Entgeltzahlung nach Tarifvertrag öffentlicher Dienst

Durch die Ablösung des Tarifvertrags im öffentlichen Dienst (Bundesangestelltentarifvertrag, BAT) 2005 für den Bereich des Bundes und der Kommunen und 2006, mit einigen Ausnahmen, im Bereich der Länder durch den Tarifvertrag öffentlicher Dienst (TVöD) ergaben sich umfangreiche Umstrukturierungen. Wesentliche Neuerung des TVöD sind die Vereinheitlichung des Tarifwerks für Arbeiter, Angestellte und Beschäftigte im Pflegebereich sowie die Abkehr von der dienstalter- und familienbezogenen Bezahlung hin zu einer erfahrungs- und leistungsorientierten Vergütung.

Entgelttabelle

Mit Inkrafttreten des TVöD existiert nun eine einheitliche Entgelttabelle für Arbeiter, Angestellte und Beschäftigte im Pflegebereich. Sie besteht aus 15 Entgeltgruppen (1 – 15) sowie zwei Grundstufen (1 – 2) und vier Entwicklungsstufen (3 – 6). Der Aufstieg und die Eingruppierung in die nächsthöhere Stufe erfolgt in der Regel nach der Dauer der Berufserfahrung beim gleichen Arbeitgeber.
Die Qualifikationseckpunkte der neuen Entgeltordnung sind

- für An- und Ungelernte die Entgeltgruppen 1 – 4
- für Mitarbeiter mit einer mindestens dreijährigen Ausbildung die Entgeltgruppen 5 – 8
- für Mitarbeiter mit einem Fachhochschulstudium oder Bachelor-Abschluss die Entgeltgruppen 9 – 12
- für Mitarbeiter mit einem wissenschaftlichen Hochschulstudium oder Master-Abschluss die Entgeltgruppen 13 – 15.

Bewährungs-, Fallgruppen- und Tätigkeitsaufstiege sind in den Tabellenwerten der jeweiligen Stufe bereits berücksichtigt und fallen damit im TVöD nicht mehr an.
Alle Beschäftigten, die bisher im BAT eingruppiert waren, müssen jetzt in den neuen TVöD übergeleitet werden. Dies ist in den verschiedenen Entgelttabellen, je nach Anwendungsgebiet (TVöD Bund, VKA, seit 2006 auch für die Länder, jeweils für Ost und West) geregelt.
Nach dem **Prinzip der Wippe** erzielen nach einer im Vergleich zum BAT zunächst abgesenkten Eingangsstufe jüngere Beschäftigte schneller ein höheres Entgelt, die Bezüge älterer Arbeitnehmer erhöhen sich dafür langsamer.

Zeitvergütung

Überstunden

In den meisten Einrichtungen des Gesundheitswesens lässt es sich nicht vermeiden, dass Überstunden anfallen. Überstunden sind Arbeitsstunden, die über die regelmäßige wöchentliche Arbeitszeit hinaus geleistet werden. Regelungen finden sich hierzu im jeweils gültigen Tarifvertrag und für Mitarbeiter im öffentlichen Dienst in §§ 7 – 8 TVöD.

Liegt kein Tarifvertrag vor oder ist dieser mangels Tarifbindung nicht anzuwenden, sind einzelvertragliche Regelungen nötig. Häufig finden sich diesbezüglich auch im Arbeitsvertrag keine konkreten Hinweise. Das Arbeitszeitgesetz sieht hierfür keine Regelung vor. Im konkreten Fall muss der Vertrag ausgelegt werden, wobei die Auslegung häufig zu dem Ergebnis kommt, dass die Überstunden wie reguläre Arbeitsstunden ohne Zuschlag zu vergüten sind. Überstunden sind zu unterscheiden von Mehrarbeit (→ 7.1.1). Mehrarbeitsstunden werden lediglich in Freizeit ausgeglichen.

Grundsätzlich sind Überstunden nur dann zu bezahlen, wenn sie vom Arbeitgeber oder vom weisungsberechtigten Dienstvorgesetzten angeordnet worden sind oder aber wegen unvorhersehbarer Umstände aus der Natur der Sache heraus geleistet werden müssen, zum Beispiel wegen unvorhergesehenen Ausfalls eines Mitarbeiters, bei Notfällen usw. In der Regel sind Überstunden drei Tage im Voraus vom Arbeitgeber anzukündigen, im Notfall in einem entsprechend kürzeren Zeitraum.

Nachtarbeit

Die Vergütung von geleisteten Nachtarbeitsstunden (→ 7.1.1) richtet sich nach tarifvertraglichen Ausgleichsregelungen. Kommt kein Tarifvertrag zur Anwendung, muss der Arbeitgeber dem Arbeitnehmer gemäß § 6 Abs. 5 ArbZG eine angemessene Zahl bezahlter freier Tage oder einen angemessenen Zuschlag auf das ihm hierfür zustehende Bruttoarbeitsentgelt gewähren. § 8 TVöD sieht für den Ausgleich von Nachtarbeit einen Zuschlag von 20 % vor.

Sonn- und Feiertagsarbeit

Fällt wegen eines gesetzlichen Feiertags die Arbeitszeit aus, muss der Arbeitgeber dem Arbeitnehmer den Ausfall vergüten (§ 2 EFZG) und das Arbeitsentgelt zahlen, das er ohne den Arbeitsausfall erhalten hätte.

Achtung!

Keinen Anspruch auf Bezahlung haben Arbeitnehmer, die am letzten Arbeitstag vor oder am ersten Arbeitstag nach Feiertagen unentschuldigt der Arbeit fernbleiben.

Wird die Arbeitsleistung am Feiertag erbracht, besteht für den Arbeitnehmer Anspruch auf die übliche Vergütung. In den meisten Tarifverträgen oder auch Einzelarbeitsverträgen werden Vereinbarungen getroffen über einen zusätzlichen Feiertagszuschlag. Dieser Anspruch steht allen Mitarbeitern, auch Teilzeitbeschäftigten, geringfügig Beschäftigten sowie ausländischen Mitarbeitern, für einen deutschen Feiertag zu. Welcher Tag als Feiertag zählt, ist in den einzelnen Bundesländern unterschiedlich; maßgeblich sind die gesetzlichen Feiertage in dem Bundesland, in dem die Einrichtung ihren Sitz hat.

Feiertage

Bundeseinheitliche Feiertage:
- Neujahr (1. Januar)
- Karfreitag
- Ostermontag
- Tag der Arbeit (1. Mai)
- Christi Himmelfahrt
- Pfingstmontag
- Tag der deutschen Einheit (3. Oktober)
- erster und zweiter Weihnachtsfeiertag (25. und 26. Dezember).

Zusätzliche Feiertage in den Bundesländern:
- Heilige Drei Könige (6. Januar) in Baden-Württemberg, Bayern und Sachsen-Anhalt
- Fronleichnam in Baden-Württemberg, Bayern, Hessen, Nordrhein-Westfalen, Rheinland-Pfalz, Saarland, in einigen Gemeinden der sächsischen Landkreise Bautzen, Hoyerswerda und Kamenz sowie in Gebieten mit überwiegend katholischer Bevölkerung in Thüringen
- Mariä Himmelfahrt (15. August) in bayerischen Gebieten mit überwiegend katholischer Bevölkerung
- Reformationstag (31. Oktober) in Brandenburg, Mecklenburg-Vorpommern, Sachsen, Sachsen-Anhalt und Thüringen

- Allerheiligen (1. November) in Baden-Württemberg, Bayern, Nordrhein-Westfalen, Rheinland-Pfalz, Saarland und in Gebieten Thüringens mit überwiegend katholischer Bevölkerung
- Buß- und Bettag in Sachsen.

Keine Feiertage sind Heiligabend (24. Dezember) und Silvester (31. Dezember).

Für Mitarbeiter im öffentlichen Dienst sind die Zuschläge in § 8 TVöD geregelt. Die Beschäftigten erhalten neben ihrem Entgelt für die tatsächliche Arbeitsleistung Zeitzuschläge. Diese Zeitzuschläge betragen, auch bei Teilzeitbeschäftigten, je Stunde

- für Überstunden
  - in den Entgeltgruppen 1 – 9 30 %
  - in den Entgeltgruppen 10 – 15 15 %
- für Nachtarbeit 20 %
- für Sonntagsarbeit 25 %
- bei Feiertagsarbeit
  - ohne Freizeitausgleich 135 %
  - mit Freizeitausgleich 35 %
- für Arbeit an Heiligabend (24. Dezember) und Silvester (31. Dezember) jeweils ab 6 Uhr 35 %
- für Arbeit an Samstagen von 13 bis 21 Uhr 20 %, soweit diese nicht im Rahmen von Wechselschicht- oder Schichtarbeit anfällt.

Sonstige Vergütungen

Erschwerniszulagen

Erschwerniszulagen werden gezahlt, um bestimmte Erschwernisse, unter denen die Arbeitsleistung zu erbringen ist, zusätzlich zu vergüten. Diese werden in der Regel aufgrund tarifvertraglicher Vereinbarung (§ 19 TVöD) bezahlt, sie können aber auch einzelvertraglich vereinbart werden. Dies gilt nicht für Erschwernisse, die mit dem der Eingruppierung zugrunde liegenden Berufs- oder Tätigkeitsbild verbunden sind.

Außergewöhnliche Erschwernisse ergeben sich grundsätzlich nur bei Arbeiten

- mit besonderer Gefährdung
- mit extremer nicht klimabedingter Hitzeeinwirkung
- mit besonders starker Schmutz- oder Staubbelastung

- mit besonders starker Strahlenexposition
- unter sonstigen vergleichbar erschwerten Umständen.

Diese Zuschläge werden **nicht** gewährt, wenn durch geeignete Vorkehrungen insbesondere mit Maßnahmen zum Arbeitsschutz der außergewöhnlichen Erschwernis ausreichend begegnet werden kann.

Die Zuschläge betragen in der Regel 5 bis 15 % des auf eine Stunde entfallenden Anteils des monatlichen Tabellenentgelts der Stufe 2 der Entgeltgruppe 2 (§ 19 TVöD).

Leistungsbezahlung

Anders als die reguläre Vergütung wird die Leistungsvergütung in Abhängigkeit von der erbrachten Leistung gezahlt. Die wichtigsten leistungsbezogenen Lohnformen sind in der freien Wirtschaft die Vergütung für Akkordarbeit und Prämienzahlungen. Leistungsbezogene Entgelte waren bisher in Einrichtungen des öffentlichen Dienstes nicht vorgesehen. Es war daher nicht möglich, Mitarbeiter aufgrund besonders guter oder auch schlechter Leistungen entsprechend zu entlohnen.

Mit Einführung des TVöD wurde ab 1.1.2007 ein Leistungsentgelt eingeführt. Dabei handelt es sich um eine variable und leistungsorientierte Bezahlung, die zusätzlich zum Tabellenentgelt gezahlt wird. Dies soll dazu beitragen, die öffentlichen Dienstleistungen zu verbessern. Zugleich sollen Motivation, Eigenverantwortung und Führungskompetenz gestärkt werden (📖 17, S. 97).

Prämienlohn

Wie die Leistungsbezahlung wird auch der Prämienlohn festgelegt, indem eine Leistung gemessen und mit einer Bezugsleistung verglichen wird. Der dadurch ermittelte Leistungsgrad bestimmt hier wie dort das Leistungsentgelt in seiner Höhe. Der Prämienlohn (Qualitäts- oder Güteprämie) unterscheidet sich damit von den Prämien, die nicht an die Leistung des Arbeitnehmers anknüpfen, wie Pünktlichkeits- oder Anwesenheitsprämien.

Bei der Gewährung von Prämienlohn muss der Arbeitgeber den Gleichbehandlungsgrundsatz beachten. In Einrichtungen des Gesundheitswesens sowie bei der Patienten- und Bewohnerversorgung dürfte ein Akkordlohn nicht infrage kommen, wohl aber die Auszahlung von Prämien.

Sonderformen der Vergütung

Neben der Zeit- und Leistungsvergütung werden in vielen Betrieben weitere Vergütungen in Geld erbracht, zum Beispiel Gewinnbeteiligungen, Gratifikationen, betriebliche Altersversorgung oder auch vermögenswirksame Leistungen. In vielen Betrieben wird ein 13. Monatsgehalt oder auch Weihnachtsgeld gezahlt. Die Auszahlung erfolgt meist zum Ende des Jahres unter bestimmten Voraussetzungen. In der Regel ist eine festgelegte Beschäftigungszeit im laufenden sowie im darauffolgenden Jahr Bedingung. Wird diese nicht eingehalten, entfällt der Anspruch auf Zahlung der Sondervergütung oder es besteht bei vorzeitigem Ausscheiden aus dem Arbeitsverhältnis im ersten Quartal die Pflicht zur Rückzahlung.
Für den öffentlichen Dienst sind die Voraussetzungen in § 20 TVöD geregelt:

Jahressonderzahlung

1. Beschäftigte, die am 1. Dezember im Arbeitsverhältnis stehen, haben Anspruch auf eine Jahressonderzahlung.
2. Die Jahressonderzahlung beträgt bei Beschäftigten, für die die Regelungen des Tarifgebiets West Anwendung finden,

in den Entgeltgruppen	1–8	90 %
in den Entgeltgruppen	9–12	80 %
in den Entgeltgruppen	13–15	60 %

des dem Beschäftigten in den Kalendermonaten Juli, August und September durchschnittlich gezahlten monatlichen Entgelts. Unberücksichtigt bleiben hierbei das zusätzlich für Überstunden gezahlte Entgelt (mit Ausnahme der im Dienstplan vorgesehenen Überstunden), Leistungszulagen, Leistungs- und Erfolgsprämien. Der Bemessungssatz bestimmt sich nach der Entgeltgruppe am 1. September.

Besondere Zahlungen

Arbeitnehmersparzulage

Nach dem Fünften Vermögensbildungsgesetz in Verbindung mit der Verordnung zur Durchführung des Fünften Vermögensbildungsgesetzes haben Arbeitnehmer, die Einkünfte aus nicht selbstständiger Arbeit beziehen, einen Anspruch auf eine Arbeitnehmersparzulage (ANSpZ), wenn ihr Einkommen eine bestimmte Einkommensgrenze nicht überschreitet.

Auf schriftliches Verlangen des Arbeitnehmers ist der Arbeitgeber verpflichtet, Teile des Arbeitsverdienstes in vermögenswirksamen Anlagen (Anlagevertrag) anzulegen. Mit der vermögenswirksamen Leistung werden insbesondere das Bausparen und die Entschuldung von Wohnungseigentum bis 470 Euro jährlich mit einer Sparzulage staatlich gefördert.

Für Mitarbeiter im öffentlichen Dienst ist nach § 23 TVöD festgelegt, dass ein Beschäftigter, dessen Arbeitsverhältnis voraussichtlich mindestens sechs Monate dauert, Anspruch auf vermögenswirksame Leistungen hat (nach Maßgabe des Vermögensbildungsgesetzes in seiner jeweiligen Fassung).

Die vermögenswirksame Leistung beträgt für Vollbeschäftigte für jeden vollen Kalendermonat 6,65 Euro. Der Anspruch entsteht frühestens für den Kalendermonat, in dem der Beschäftigte dem Arbeitgeber die erforderlichen Angaben schriftlich mitteilt, und für die beiden vorangegangenen Monate desselben Kalenderjahres. Die Fälligkeit tritt nicht vor acht Wochen nach Zugang der Mitteilung beim Arbeitgeber ein. Die vermögenswirksame Leistung wird nur für Kalendermonate gewährt, für die den Beschäftigten Tabellenentgelt, Entgeltfortzahlung oder Krankengeldzuschuss zusteht. Für Zeiten, für die Krankengeldzuschuss zusteht, ist die vermögenswirksame Leistung Teil des Krankengeldzuschusses. Sie ist kein zusatzversorgungspflichtiges Entgelt.

Betriebliche Altersversorgung

Die betriebliche Altersversorgung betrifft alle Leistungen der Alters-, Invaliditäts- oder Hinterbliebenenversorgung, die Arbeitnehmern im Rahmen eines Arbeitsverhältnisses oder einer Tätigkeit für ein Unternehmen zugesagt worden sind, und ist im Gesetz zur Verbesserung der betrieblichen Altersversorgung (BetrAVG) geregelt.

Dabei handelt es sich um eine freiwillige Sozialleistung des Arbeitgebers, die der Arbeitgeber im Arbeitsvertrag, als Gesamtzusage, als Betriebsvereinbarung, aufgrund einer betrieblichen Übung (so, wie im Betrieb seit Längerem praktiziert) oder im Rahmen eines Tarifvertrags den Mitarbeitern zusichert. Ein Anspruch auf betriebliche Altersversorgung kann sich auch aus dem arbeitsrechtlichen Gleichbehandlungsgrundsatz ergeben (§ 1 Abs. 1 Satz 4 BetrAVG).

Besteht eine Versorgungsanwartschaft mindestens fünf Jahre (§ 1b Abs. 1 BetrAVG) und hat der Arbeitnehmer das 30. Lebensjahr vollendet, wird diese unverfallbar und erlangt den Rang eines eigentumsähnlichen Rechts (📖 37, S. 80ff.).

Beispiel

Der Krankenhausträger hat vor sechs Jahren einen Vertrag zur betrieblichen Altersversorgung mit der A-Versicherung für alle Mitarbeiter geschlossen. Ein Gesundheits- und Krankenpfleger, der vor einem Monat 30 wurde, hat vor fünf Jahren sein Arbeitsverhältnis dort begonnen. Er trägt sich mit dem Gedanken, die Arbeitsstelle zu wechseln, und fragt bei seinem Arbeitgeber nach, ob ihm seine Anwartschaft in der betrieblichen Altersversorgung erhalten bleibt. Dies wird ihm zugesagt, da er die Anspruchsvoraussetzungen erfüllt.

Der Arbeitnehmer hat gegenüber dem Arbeitgeber oder dem Träger der betrieblichen Altersversorgung, also der Versicherung, einen Auskunftsanspruch über die zu erwartenden Leistungen. Dies ist insbesondere dann von Bedeutung, wenn der Arbeitnehmer vor dem Erreichen der Altersgrenze aus dem Betrieb ausscheidet.

Bonuszahlungen

Zunehmende Bedeutung erfuhr in den letzten Jahren die Einführung von Bonusregelungen. Ein Bonus ist ein zusätzlicher, variabler Gehaltsbestandteil, der in der Regel an die Erreichung persönlicher oder unternehmensbezogener Ziele anknüpft.

Als persönliche Ziele können in Betracht kommen:
- Zuverlässigkeit und Schnelligkeit bei der Aufgabenerfüllung
- Güte der Arbeitsqualität
- Fachkompetenz
- soziale Kompetenz
- Führungseigenschaften.

Unternehmensbezogene Ziele sind u. a.:
- Umsatz
- Gewinn
- Kundenzufriedenheit.

Da nicht in allen Jahren gleichermaßen ein kontinuierlicher Gewinn zu erwarten ist, sondern auch ein Gewinnrückgang, der unter Umständen sogar die wirtschaftliche Existenz des Betriebs bedroht, nicht auszuschließen ist, kann der Arbeitgeber die Zusage zur Auszahlung eines Bonus zurücknehmen, wenn die Zahlung unter einer Vorbehaltsklausel vereinbart wurde.

Entgeltreduzierung und -zurückzahlung

In besonderen Fällen ist auch eine Existenzsicherung durch Entgeltreduzierungen in Erwägung zu ziehen.
Ist eine Reduzierung des Entgelts aufgrund der wirtschaftlichen Situation gerechtfertigt, kann vereinbart werden, dass die Mitarbeiter diese Entscheidung mittragen und auf einen Teil ihres Einkommens freiwillig verzichten. Sollte keine Einigung erzielt werden können, so muss im Zweifel eine Änderungskündigung ausgesprochen werden. Aufgrund des Gleichbehandlungsgrundsatzes müssen alle Arbeitnehmer gleichermaßen miteinbezogen werden.
Hat der Arbeitgeber irrtümlich eine zu hohe Arbeitsvergütung gezahlt, kann er den überbezahlten Betrag vom Arbeitnehmer zurückfordern; dieser ist zur Rückzahlung verpflichtet.

Mitbestimmung des Betriebsrats

Der Betriebsrat hat insbesondere bei den Fragen mitzubestimmen, ob die Arbeitnehmer mit Zeit- oder Leistungslohn vergütet werden sollen, ob und für welche Leistungen Prämienlohn oder Provisionen gezahlt werden und wie das Verhältnis von Grundgehalt zu Prämien und Provisionen ausgestaltet wird.
Bei Vergütungsbestandteilen, auf die kein Rechtsanspruch der Arbeitnehmer besteht, den so genannten freiwilligen Leistungen, kann der Arbeitgeber nur den Dotierungsrahmen mitbestimmungsfrei vorgeben, die Verteilung erfolgt dagegen unter voller Mitbestimmung des Betriebsrats.
Nach § 87 Abs. 1 Nr. 11 BetrVG hat der Betriebsrat zudem mitzubestimmen bei der Festsetzung von Akkord- und Prämiensätzen und vergleichbarer leistungsbezogener Entgelte einschließlich der Geldfaktoren. Bei leistungsbezogenen Entgeltbestandteilen erhält der Betriebsrat damit unmittelbaren Einfluss auf die Lohnhöhe.

Fälligkeit der Vergütung

Die Vergütung wird in der Regel nach Erbringung der Arbeitsleistung ausgezahlt. Ist die Vergütung nach Zeitabschnitten bemessen, so ist sie nach dem Ablauf der einzelnen Zeitabschnitte zu entrichten (§ 614 BGB). Zu welchem Zeitpunkt Arbeitnehmer ihre Vergütung verlangen können, richtet sich nach der Fälligkeit. Je nach Vereinbarung zwischen Arbeitgeber und Arbeitnehmer im Arbeitsvertrag, entsprechend einer Dienstvereinbarung oder bei Anwendung eines Tarifvertrags kann die Vergütung zum 15. des laufenden Monats, zum Ende des Monats oder zum 1. oder 15. des Folgemonats gezahlt werden. Die Vergütung ist zum vereinbarten Zeitpunkt pünktlich zu zahlen, so dass der Arbeitnehmer darüber verfügen kann.

Auszahlung der Vergütung

Die Vergütung ist grundsätzlich an den Arbeitnehmer persönlich zu zahlen oder auf ein entsprechendes Konto zu überweisen. Soll die Vergütung an eine andere Person gezahlt werden, so kann dies mit befreiender Wirkung geschehen, wenn eine schriftliche Bevollmächtigung des Arbeitnehmers vorliegt. Anderenfalls kann der Arbeitgeber Gefahr laufen, noch einmal zahlen zu müssen.
Die Vergütung wird als Nettobetrag zur Zahlung angewiesen, das heißt, alle gesetzlichen Abzüge wie Lohn- oder Einkommensteuer, gegebenenfalls Kirchensteuer, Solidaritätszuschlag und die Beiträge zur Sozialversicherung (Kranken-, Renten-, Pflege- und Arbeitslosenversicherung) wurden bereits vom Arbeitgeber einbehalten und abgeführt. Der Arbeitgeber ist verpflichtet, die Abzüge richtig zu berechnen und korrekt an die entsprechenden Einzugsstellen abzuführen.
Bei der Auszahlung der Vergütung ist dem Arbeitnehmer gemäß § 108 GewO eine detaillierte und verständliche Abrechnung in Textform zu erteilen. Diese muss mindestens Angaben über den Abrechnungszeitraum und die Zusammensetzung des Arbeitsentgelts enthalten.

Entgeltsicherung

Das Arbeitsentgelt stellt die Existenzgrundlage des Arbeitnehmers dar. Aus diesem Grund existieren Sicherungsmaßnahmen, damit der Arbeitnehmer das Arbeitsentgelt möglichst vollständig erhält. Sollte ein Arbeitnehmer seinen finanziellen Verpflichtungen nicht nachkommen, kann sein Gehalt gepfändet werden, jedoch nur bis zur Pfändungsgrenze, die bei 985 Euro monatlich liegt. Sie kann bei Unterhaltspflichten des Arbeitnehmers entsprechend angehoben werden. Unpfändbar sind zum Beispiel Aufwandsentschädigungen, Reisespesen, Gefahren- und Schmutzzulagen, die Hälfte der Überstundenvergütung und Erziehungsbeihilfen.

Entgeltzahlung ohne Arbeitsleistung

Grundsätzlich gilt: Ohne Arbeit kein Lohn. Ausnahmen sind die Entgeltfortzahlung

- im Krankheitsfall
- bei Kurmaßnahmen

- an Feiertagen (→ oben)
- im Urlaub
- aus einem sonstigen persönlichen Verhinderungsgrund.

Im Krankheitsfall

Nach dem Entgeltfortzahlungsgesetz (EFZG) haben Arbeitnehmer im Krankheitsfall Anspruch auf Fortzahlung des Arbeitsentgelts in voller Höhe für die Zeit der Arbeitsunfähigkeit bis zur Dauer von sechs Wochen.
Ein Anspruch auf Entgeltfortzahlung nach § 3 EFZG besteht dann, wenn

- das Arbeitsverhältnis mindestens vier Wochen besteht
- die Arbeitsunfähigkeit auf eine Krankheit zurückzuführen ist
- die Arbeitsunfähigkeit alleinige Ursache für die Verhinderung der Arbeitsleistung ist
- den Mitarbeiter kein Verschulden trifft.

Verschuldet ist die Arbeitsunfähigkeit nur, wenn sie auf einem groben Verstoß gegen das von einem verständigen Menschen im eigenen Interesse zu erwartende Verhalten zurückzuführen ist und es unverhältnismäßig wäre, die Folgen davon auf den Arbeitgeber abzuwälzen.
Bei der Frage der Entgeltfortzahlung spielen Art und Ursache der Erkrankung der Mitarbeiter keine Rolle. Ein Anspruch auf Entgeltfortzahlung besteht daher auch bei

- Arbeitsunfällen
- Gesundheitsstörungen aufgrund einer Erbanlage
- Unfällen im privaten Bereich
- Wehrdienstschädigungen.

Als unverschuldet gelten auch Unfälle bei Sportarten, die mit einem gewissen Risiko verbunden sind wie Fußballspielen, Skifahren, Drachenfliegen, Bungee-Jumping. Als unverschuldet in diesem Sinne ist auch eine Alkoholabhängigkeit einzustufen, nicht jedoch das Führen eines Kraftfahrzeugs oder das Bedienen von Maschinen unter Alkoholeinfluss. Eine unverschuldete Arbeitsunfähigkeit liegt auch dann vor, wenn diese infolge einer nicht rechtswidrigen Sterilisation oder eines nicht rechtswidrigen Schwangerschaftsabbruchs eintritt.
Der Anspruch auf Entgeltfortzahlung entsteht erstmals nach vierwöchiger ununterbrochener Dauer des Arbeitsverhältnisses (§3 Abs. 3 EFZG). Sollte ein Arbeitnehmer vor Erfüllung der Wartezeit erkranken, besteht während dieser Zeit kein Anspruch auf Entgeltfortzahlung gegenüber dem Arbeitgeber. Die Höchstdauer der Entgeltzahlung beträgt sechs Wochen, soweit die Arbeitsunfähigkeit noch andauert (→ Abb. 7.14).

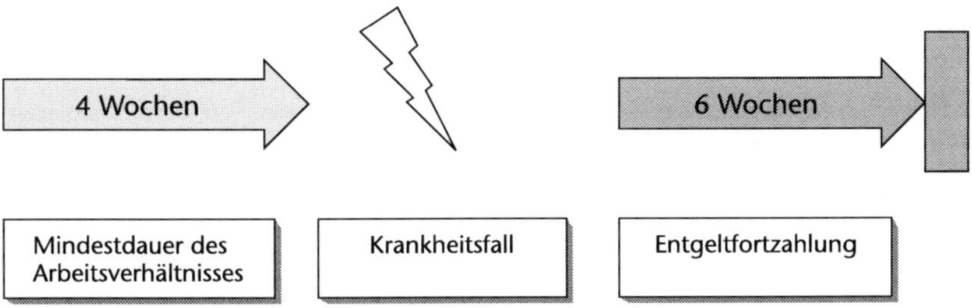

Abb. 7.14: Verpflichtung des Arbeitgebers zur Entgeltfortzahlung.

Dauert die Krankheit länger als sechs Wochen, ist der Arbeitgeber nicht mehr zur Entgeltfortzahlung verpflichtet, in der Regel erhält der Arbeitnehmer dann Krankengeld von der Krankenkasse nach SGB V. Es beträgt 70 % des regelmäßigen Einkommens (§ 47 SGB V). Ein erneuter Anspruch auf Entgeltfortzahlung für dieselbe Krankheit besteht nach Ausschöpfung des Fortzahlungszeitraums von sechs Wochen erst, wenn seit der letzten Arbeitsunfähigkeit aufgrund dieser Erkrankung mindestens sechs Monate verstrichen oder aber seit Beginn der ersten Arbeitsunfähigkeit aufgrund dieser Erkrankung zwölf Monate vergangen sind (§ 3 Abs. 1 EFZG).

In vielen Tarifverträgen ist geregelt, dass die Lohnfortzahlung des Arbeitgebers im Krankheitsfall länger ist oder zu dem ausgezahlten Krankengeld der Krankenkasse ein Krankengeldzuschuss gewährt wird. So sieht § 22 TVöD vor, dass Beschäftigte für die Zeit, für die ihnen Krankengeld oder entsprechende gesetzliche Leistungen gezahlt werden, einen Krankengeldzuschuss in Höhe des Unterschiedsbetrags zwischen den tatsächlichen Barleistungen des Sozialleistungsträgers und dem Nettoentgelt erhalten. Der Krankengeldzuschuss wird bei einer Beschäftigungszeit von mehr als einem Jahr längstens bis zum Ende der 13. Woche und von mehr als drei Jahren längstens bis zum Ende der 39. Woche seit Beginn der Arbeitsunfähigkeit infolge derselben Krankheit gezahlt. Maßgeblich für die Berechnung der Fristen ist die Beschäftigungszeit, die im Laufe der krankheitsbedingten Arbeitsunfähigkeit vollendet wird.

Sollte das Arbeitsverhältnis in der Zwischenzeit enden, wird das Entgelt im Krankheitsfall nicht über das Ende des Arbeitsverhältnisses hinaus gezahlt. Der Anspruch auf Entgeltzahlung nach § 8 EFZG bleibt jedoch erhalten, wenn der Arbeitgeber das Arbeitsverhältnis aufgrund der Arbeitsunfähigkeit gekündigt hat.

Anzeige- und Nachweispflichten

Gemäß § 5 EFZG sind Arbeitnehmer verpflichtet, dem Arbeitgeber die Arbeitsunfähigkeit und deren voraussichtliche Dauer unverzüglich mitzuteilen. Der Arbeitnehmer hat, sofern die Arbeitsunfähigkeit länger als drei Kalendertage dauert, eine ärztliche Bescheinigung über das Bestehen der Arbeitsunfähigkeit sowie deren voraussichtliche Dauer spätestens an dem darauffolgenden Arbeitstag vorzulegen. Der Arbeitgeber ist jedoch berechtigt, die Vorlage der ärztlichen Bescheinigung früher zu verlangen. Dauert die Arbeitsunfähigkeit länger als bescheinigt, muss der Arbeitnehmer eine neue Bescheinigung vorlegen.
Erkrankt der Arbeitnehmer im Ausland, ist er verpflichtet, dies sowie die voraussichtliche Dauer der Arbeitsunfähigkeit und die Adresse am Aufenthaltsort in der schnellstmöglichen Art der Übermittlung dem Arbeitgeber anzuzeigen. Die Kosten dieser Mitteilung hat der Arbeitgeber zu tragen. Ist der Arbeitnehmer Mitglied einer gesetzlichen Krankenkasse, muss er dieser die Arbeitsunfähigkeit und deren voraussichtliche Dauer unverzüglich anzeigen. Kehrt der arbeitsunfähig erkrankte Arbeitnehmer ins Inland zurück, ist er verpflichtet, dem Arbeitgeber und der Krankenkasse seine Rückkehr unverzüglich anzuzeigen.

Forderungsübergang bei Dritthaftung

Ist die Arbeitsunfähigkeit durch ein Verschulden Dritter eingetreten, zum Beispiel bei einem Unfall, so geht der dem Arbeitnehmer zustehende Schadensersatzanspruch in Höhe des Arbeitsentgelts auf den Arbeitgeber über, wenn dieser dem Arbeitnehmer das Arbeitsentgelt fortgezahlt hat. Der Arbeitnehmer hat dem Arbeitgeber unverzüglich die zur Geltendmachung erforderlichen Angaben zu machen (§ 6 EFZG).

Leistungsverweigerungsrecht des Arbeitgebers

Sollte der Arbeitnehmer Angaben zu seiner Arbeitsunfähigkeit unterlassen oder die Arbeitsunfähigkeitsbescheinigung nicht oder nicht rechtzeitig vorlegen, so hat der Arbeitgeber ein Leistungsverweigerungsrecht nach § 7 EFZG. Das heißt, er ist berechtigt, die Fortzahlung des Arbeitsentgelts zu verweigern, solange der Arbeitnehmer die ärztliche Bescheinigung im Falle der Arbeitsunfähigkeit nicht vorlegt oder aber verhindert, dass bei einer Schädigung seiner Gesundheit durch einen Dritten der Arbeitgeber seinen Schadensersatzanspruch gegenüber dem Verursacher geltend machen kann.

Bei Kurmaßnahmen

Eine Entgeltfortzahlung erfolgt auch bei Maßnahmen der medizinischen Vorsorge und Rehabilitation für die Dauer von bis zu sechs Wochen, wenn die Maßnahmen von einem Sozialversicherungsträger (gesetzliche Kranken- oder Rentenversicherung) bewilligt wurde und sie in einer Einrichtung der medizinischen Vorsorge oder Rehabilitation durchgeführt wird (§ 9 EFZG). Der Anspruch auf Entgeltfortzahlung besteht unabhängig davon, ob die Maßnahme stationär oder ambulant erfolgt. Ein Entgeltfortzahlungsanspruch besteht weiterhin, wenn Arbeitnehmer im Anschluss an die Kur arbeitsunfähig sind. Dem Verlangen des Arbeitnehmers nach Erholungsurlaub im Anschluss an eine Kur hat der Arbeitgeber nachzukommen.

An Feiertagen

Die Entgeltfortzahlung an Feiertagen richtet sich nach § 2 EFZG (📖 13, S. 15ff.) (→ oben).

Im Urlaub

Die Entgeltzahlung im Urlaub ist im Bundesurlaubsgesetz (BUrlG) geregelt. Gemäß § 11 bemisst sich das Urlaubsentgelt nach dem durchschnittlichen Arbeitsverdienst, den der Arbeitnehmer in den letzten 13 Wochen vor Beginn des Urlaubs erhalten hat, mit Ausnahme der zusätzlich gezahlten Überstundenvergütung. Es ist vor Urlaubsantritt (§ 11 BUrlG) oder mit der monatlichen Vergütung auszuzahlen.

Bei vorübergehender Verhinderung des Arbeitnehmers

Sollte ein Arbeitnehmer ohne sein Verschulden für eine verhältnismäßig nicht erhebliche Zeit durch einen in seiner Person liegenden Grund an der Arbeitsleistung verhindert sein, bleibt der Anspruch auf Fortzahlung des Arbeitsentgelts bestehen (§ 616 BGB).

Gründe können sein:

- Geburten
- Todesfälle naher Angehöriger
- eigene Hochzeit
- eigene Silberhochzeit
- schwere Erkrankung eines Angehörigen.

Meist sind die entsprechenden Ereignisse in einem Tarifvertrag noch differenzierter geregelt, zum Beispiel in § 29 TVöD Arbeitsbefreiung:
Als Fälle nach § 616 BGB, in denen Beschäftigte unter Fortzahlung des Entgelts nach § 21 TVöD im nachstehend genannten Ausmaß von der Arbeit freigestellt werden, gelten nur die folgenden Anlässe:

- Niederkunft der Ehefrau/der Lebenspartnerin im Sinne des Lebenspartnerschaftsgesetzes (ein Arbeitstag)
- Tod des Ehegatten/des Lebenspartners im Sinne des Lebenspartnerschaftsgesetzes, eines Kindes oder Elternteils (zwei Arbeitstage)
- Umzug aus dienstlichem oder betrieblichem Grund an einen anderen Ort (ein Arbeitstag)
- 25- und 40-jähriges Arbeitsjubiläum (ein Arbeitstag)
- schwere Erkrankung
  - a) eines Angehörigen, soweit er im selben Haushalt lebt (ein Arbeitstag pro Kalenderjahr)
  - b) eines Kindes, das das 12. Lebensjahr noch nicht vollendet hat, wenn im laufenden Kalenderjahr nach § 45 SGB V Anspruch auf Krankengeld wegen Erkrankung des Kindes besteht oder bestanden hat (bis zu vier Arbeitstage pro Kalenderjahr)
  - c) einer Betreuungsperson, wenn der Beschäftigte deshalb die Betreuung seines Kindes, das das 8. Lebensjahr noch nicht vollendet hat oder wegen körperlicher, geistiger oder seelischer Behinderung dauernd pflegebedürftig ist, übernehmen muss (bis zu vier Arbeitstage pro Kalenderjahr)
  - Eine Freistellung erfolgt nur, soweit eine andere Person zur Pflege oder Betreuung nicht sofort zur Verfügung steht und der Arzt in den Fällen a) und b) die Notwendigkeit der Anwesenheit des Beschäftigten zur vorläufigen Pflege bescheinigt. Die Freistellung darf insgesamt fünf Arbeitstage im Kalenderjahr nicht überschreiten.
- ärztliche Behandlung von Beschäftigten, wenn diese während der Arbeitszeit erfolgen muss. Die Freistellung umfasst die erforderliche nachgewiesene Abwesenheitszeit einschließlich erforderlicher Wegezeiten.

Keine Leistungshindernisse sind Ereignisse, die eine Vielzahl von Personen treffen, zum Beispiel Glatteis, Streik im öffentlichen Nahverkehr. Hier hat der Arbeitnehmer rechtzeitig vorzusorgen, um pünktlich an der Arbeitsstelle erscheinen zu können. Im Zweifel muss die versäumte Arbeitszeit nachgearbeitet werden oder wird vom Gehalt abgezogen. In vielen Fällen können sich jedoch Arbeitnehmer- und Arbeitgeberseite auf eine Verfahrensweise einigen.

Annahmeverzug des Arbeitgebers

Der Arbeitgeber gerät in Annahmeverzug, wenn er die Arbeitsleistung des Arbeitnehmers nicht annimmt, weil er keine Aufträge hat oder weil er unwirksam gekündigt hat. In diesen Fällen bleibt der Arbeitgeber jedoch zur Zahlung des Gehalts verpflichtet, ohne dass der Arbeitnehmer eine Arbeitsleistung erbringen muss (§ 615 Abs. 1 BGB).
Im Falle einer ungerechtfertigten Kündigung hat der Arbeitgeber die Initiative zu ergreifen und dem Arbeitnehmer einen funktionsfähigen Arbeitsplatz zuzuweisen. Der Arbeitnehmer ist zur Weiterarbeit verpflichtet, wenn der Arbeitgeber die ungerechtfertigte Kündigung zurücknimmt. Sollte der Arbeitnehmer während eines Kündigungsschutzprozesses ein anderes Arbeitsverhältnis eingegangen sein, so bleibt sein Anspruch auf Entgeltzahlung bestehen, wenn sich die Kündigung später als unwirksam herausstellt. Allerdings muss er sich den Verdienst aus dem neuen Arbeitsverhältnis anrechnen lassen. Dasselbe gilt, wenn das Angebot des Arbeitgebers zur vorläufigen Weiterarbeit böswillig nicht wahrgenommen wird.
Eine Verpflichtung der Arbeitnehmers zur Arbeitsleistung entfällt, wenn ihm die Leistung unmöglich wird (§ 275 Abs. 1 BGB). Das ist dann anzunehmen, wenn die Zeit, in der die Arbeitsleistung erbracht werden sollte, verstrichen ist, ohne dass der Arbeitnehmer diese erbringen konnte (📖 32, S. 54ff.).
Der Arbeitgeber ist nicht zur Vergütung verpflichtet, wenn weder er noch der Arbeitnehmer schuld daran ist, dass die Arbeitsleistung nicht erbracht werden kann, zum Beispiel bei einer Naturkatastrophe, Explosion oder einem Bombenalarm. Hat der Arbeitgeber jedoch die Unmöglichkeit der Leistungserbringung verschuldet, indem er zum Beispiel versäumt hat, Kunden oder Bewohner zu akquirieren, ist er auch zur Weiterzahlung des Gehalts verpflichtet.

7.2.2 Nebenpflichten des Arbeitgebers

Aus dem Arbeitsverhältnis ergeben sich für den Arbeitgeber neben seiner Hauptpflicht, der Zahlung der Vergütung, auch etliche Nebenpflichten (§ 242 BGB). Dazu zählen Fürsorgepflicht, Urlaubsgewährung, Aufbewahrung von Personalakten und Zeugniserteilung.

Fürsorgepflicht

Die Fürsorgepflicht des Arbeitgebers bildet das Äquivalent zur Treuepflicht des Arbeitnehmers (→ 7.1.2). Inhalt und Umfang der Fürsorgepflicht sind abstrakt und nur schwer zu definieren. Sie lässt sich nicht generell abstrakt für alle möglichen Fälle bestimmen, sondern richtet sich immer nach den Verhältnissen des Einzelfalls.
Vereinfacht gesagt, bedeutet Fürsorgepflicht die Abwendung verhinderbarer Nachteile und Gefahren bei der Gestaltung von Arbeitsbedingungen des Arbeitnehmers. Aufgrund seiner Fürsorgepflicht ist der Arbeitgeber gehalten, die Interessen des Arbeitnehmers in angemessener Weise unter Berücksichtigung der Interessen anderer Mitarbeiter zu wahren und seine eigenen Rechte angemessen auszuüben.
Die Fürsorgepflicht kann schon vor Beginn des Arbeitsverhältnisses einsetzen. So ist der Arbeitgeber bereits bei den Einstellungsverhandlungen verpflichtet, die persönlichen Bewerbungsunterlagen des Bewerbers sorgfältig zu behandeln und aufzubewahren (→ 3.2.1). Gegebenenfalls ist der Arbeitgeber auch verpflichtet, beim Einstellungsgespräch darauf hinzuweisen, wenn in dem beabsichtigten Arbeitsverhältnis besondere Risiken wie Infektionsgefahr oder eine besondere Wärme- oder Kälteentwicklung im Bereich des Arbeitsplatzes oder besonders hohe Leistungsanforderungen bestehen.
Auch nach Beendigung des Arbeitsverhältnisses besteht eine nachvertragliche Fürsorgepflicht. Diese verpflichtet den Arbeitgeber zum Beispiel, Firmen, bei denen sich der ehemalige Arbeitnehmer beworben hat, wahrheitsgemäße Auskünfte zu erteilen. Aus der nachvertraglichen Fürsorgepflicht kann sich auch ein Wiedereinstellungsanspruch des zum Beispiel im Rahmen einer Verdachtskündigung entlassenen Arbeitnehmers ergeben, wenn sich später im Strafverfahren die Unschuld herausstellt.
Viele Punkte der Fürsorgepflicht sind in Schutzgesetzen wie Arbeitssicherheitsgesetz, Arbeitsstättenverordnung, Bildschirmarbeitsverordnung, Gefahrstoffverordnung, Biostoffverordnung oder Betriebssicherheitsverordnung festgeschrieben.

Ärztliche Untersuchungen

Der Arbeitgeber muss auf seine Kosten ärztliche Untersuchungen nach Wunsch des Arbeitnehmers veranlassen, wenn dies je nach den Gefahren für Sicherheit und Gesundheit notwendig ist (§ 6 Abs. 3 ArbZG Nachtarbeitnehmer, § 11 ArbSchG arbeitsmedizinische Vorsorge).

Arbeitsschutz

Gemäß § 618 BGB, dem Arbeitsschutzgesetz, der Gefahrstoffverordnung und den Unfallverhütungsvorschriften der Berufsgenossenschaften ist der Arbeitgeber verpflichtet, Arbeitsverfahren, Arbeitsstoffe, Geräte, Gebäude usw. nach den dortigen Festlegungen so zu gestalten, dass Gefahren vermieden werden. Dazu muss er in geeigneten Fällen auch Schutzausrüstungen zur Verfügung stellen. Für Einrichtungen des Gesundheitswesens bedeutet das, dass je nach Einsatzort und Gefährdung Schutzkleidung, Schutzbrillen usw. zur Verfügung gestellt werden müssen. Der Arbeitgeber ist auch zu regelmäßigen und wiederholten Unterweisungen über Sicherheit und Gesundheitsschutz verpflichtet (§ 12 ArbSchG).
Zum Arbeitsschutz gehört auch die Einhaltung von Arbeitszeitvorschriften. Die täglichen Höchstarbeitszeiten, Ruhezeiten und Pausen sind nach den Vorschriften des Arbeitszeitgesetzes einzuhalten (📖 27) (→ 7.1.1).

Aufklärungspflichten

Besondere Aufklärungspflichten können sich für den Arbeitgeber zum Beispiel beim Abschluss eines Aufhebungsvertrags ergeben. Er muss den Arbeitnehmer darauf hinweisen, dass sich daraus eventuell negative Folgen wie Nachteile bei der Zahlung von Arbeitslosengeld bis hin zur Verhängung einer Sperrfrist durch die Arbeitsagentur ergeben können. Aufzuklären ist auch über das Bestehen betrieblicher Sozialleistungen. Auf eine tarifliche Ausschlussfrist muss der Arbeitgeber jedoch nicht hinweisen.

Tarifliche Ausschlussfrist

Ansprüche gemäß § 37 TVöD aus dem Arbeitsverhältnis verfallen, wenn sie nicht innerhalb einer Ausschlussfrist von sechs Monaten nach Fälligkeit vom Beschäftigten oder vom Arbeitgeber schriftlich geltend gemacht werden. Hat der Arbeitnehmer zum Beispiel bei Beendigung des Arbeitsverhältnisses auf ein qualifiziertes Zeugnis verzichtet, so kann er dies nur innerhalb der nächsten sechs Monate nachfordern.

Beschäftigungspflicht

Arbeitnehmer sind nicht nur verpflichtet zu arbeiten, sondern haben auch ein Recht auf Beschäftigung. Ohne besonderen Grund kann der Arbeitgeber den Arbeitnehmer nicht von der Arbeitsleistung suspendieren. Dies würde das Persönlichkeitsrecht des Arbeitnehmers verletzen und eine seine Ehre kränkende Zumutung darstellen.

Gründe für eine sofortige Freistellung unter Entgeltfortzahlung können sein:
- Verletzung der Schweigepflicht
- unbefugte Offenbarung von Betriebsgeheimnissen
- Tätlichkeiten oder Beleidigungen gegenüber Patienten oder Mitarbeitern
- Verdacht strafbarer Handlungen
- die Vereinbarung im Arbeitsvertrag, dass der Arbeitgeber berechtigt ist, den Arbeitnehmer für die Dauer der Kündigungsfrist von der Arbeitsleistung freizustellen.

Gleichbehandlungsgrundsatz

Im Jahr 2000 verabschiedete die Europäische Union eine Richtlinie zur Anwendung des Gleichbehandlungsgrundsatzes 2000/43/EG, die auf nationaler Ebene umgesetzt werden muss. Dies ist mit dem Allgemeinen Gleichbehandlungsgesetz (AGG) vom 14.8.2006 erfolgt.
Demnach ist der Arbeitgeber verpflichtet, alle Mitarbeiter gleichermaßen zu behandeln. Er darf einen Arbeitnehmer aus sachfremden Gründen nicht willkürlich schlechter stellen gegenüber anderen in vergleichbarer Lage befindlichen Arbeitnehmern. Insbesondere ist der Gleichbehandlungsgrundsatz bei Gehaltserhöhungen zu beachten, sofern nicht tarifliche Vorschriften gelten. Unzulässig sind dabei zum Beispiel Unterschiede zwischen Männern und Frauen, Arbeitern und Angestellten, Voll- und Teilzeitkräften.
Ebenso muss der Arbeitgeber bei Ausübung seines Direktionsrechts den Gleichbehandlungsgrundsatz beachten, etwa bei der Heranziehung bestimmter Arbeitnehmer zu Mehr- und Überstunden, bei der Aufrechterhaltung der betrieblichen Ordnung, zum Beispiel beim Ausspruch eines Rauchverbots oder bei Versetzungen innerhalb des Betriebs.

Gleichberechtigungsgrundsatz

Gemäß Artikel 3 Abs. 2 GG sind Männer und Frauen gleichberechtigt. Dieser verfassungsrechtliche Grundsatz ist Grundlage verschiedener arbeitsrechtlicher Gleichberechtigungsvorschriften, um eine Benachteiligung von Frauen zu vermeiden (Diskriminierungsverbot). Im Arbeitsrecht wird der Gleichberechtigung zwischen Männern und Frauen große Bedeutung zugemessen. Biologische und sonstige Unterschiede der Geschlechter sind grundsätzlich unbeachtlich, sofern sie nicht unterschiedliche Regelungen geradezu gebieten. Das bedeutet, dass eine sachliche Unterscheidung nach den physischen und psychischen Eigenarten der Geschlechter durchaus gerechtfertigt sein kann. Eine Ungleichbehandlung auf-

grund des Geschlechts ist mit Artikel 3 Abs. 3 GG nur insoweit vereinbar, sofern sie zur Lösung von Problemen, die ihrer Natur nach allein entweder bei Männern oder Frauen auftreten können, zwingend erforderlich ist. Maßgebliche Vorschriften über die Gleichberechtigung von Männern und Frauen enthielten u. a. § 611 a und b, § 612 Abs. 3 BGB, Artikel 119 EWG-Vertrag und § 75 BetrVG. Dabei handelt es sich um zwingende Gesetzesvorschriften, die weder in einem Tarifvertrag noch in einer Betriebsvereinbarung noch in einem Arbeitsvertrag außer Kraft gesetzt werden können.
Mit Einführung des Allgemeinen Gleichbehandlungsgesetz (AGG) wurde § 611 a und b ersetzt, und dem Gleichbehandlungs- und Gleichberechtigungsgrundsatz wird zukünftig noch mehr Bedeutung zukommen (📖 35, S. 18ff.).

Obhutspflicht

Die Arbeit auf einer Station im Krankenhaus oder in Funktionsbereichen bringt es mit sich, dass Mitarbeiter im Pflegedienst sich entsprechend ihrem Arbeitsgebiet umkleiden müssen. Der Arbeitgeber ist daher verpflichtet, dafür zu sorgen, dass die persönlichen Sachen (Kleidung, kleinere Geldbeträge) während der Dienstzeit in einem abschließbaren Schrank aufbewahrt werden können. Dies gilt auch für unmittelbar der Arbeit dienende Gegenstände wie Fachbücher und Arbeitskleidung, die der Arbeitnehmer selbst angeschafft hat. Bringt der Arbeitnehmer jedoch größere Barbeträge oder teuren Schmuck mit zur Arbeit, geschieht dies auf eigenes Risiko.

Parkplätze

Der Arbeitgeber ist nicht verpflichtet, einen Firmenparkplatz zur Verfügung zu stellen. Falls jedoch Parkplätze auf dem krankenhauseigenen Gelände betrieben werden, obliegt ihm auch eine Verkehrssicherungspflicht. So muss er für eine angemessene Beleuchtung und einen Winterdienst sorgen. Unter Umständen müssen für Mitarbeiterinnen, die Spät- und Nachtdienst verrichten, besondere Frauenparkplätze eingerichtet werden. Die Verkehrssicherungspflicht gilt auch für Fußgänger auf dem Betriebsgelände.

Persönlichkeitsrecht

Der Arbeitgeber ist im Rahmen seiner Fürsorgepflicht auch verpflichtet, das Persönlichkeitsrecht des Arbeitnehmers zu achten. Er muss ihn vor ungerechter Behandlung durch Vorgesetzte, vor rechtswidrigen Handlungen von Arbeitskollegen wie sexueller Belästigung am Arbeitsplatz und sonstigen Belästigungen wie

Stalking oder Mobbing schützen und gegebenenfalls rechtzeitig intervenieren. Dies gilt sowohl für das Verhalten von anderen Arbeitnehmern als auch für Eingriffe sonstiger Personen, auf deren Verhalten der Arbeitgeber Einfluss hat. Er hat außerdem dafür Sorge zu tragen, dass jegliche Diskriminierung wegen ethnischer Herkunft, des Geschlechts, der Religion oder Weltanschauung, einer Behinderung, des Alters, der sexuellen Identität u. a. von Mitarbeitern unterbleibt.
Der Arbeitgeber hat das AGG in allen Phasen des Arbeitsverhältnisses zu beachten:

- bei der Einstellung einschließlich der Auswahlkriterien und Einstellungsbedingungen
- für die Beschäftigungs- und Arbeitsbedingungen einschließlich des Arbeitsentgelts
- für den beruflichen Aufstieg, zum Beispiel durch Beförderung
- für die Berufsbildung einschließlich der Berufsausbildung
- für die berufliche Weiterbildung und Umschulung
- bei Beendigung des Arbeitsverhältnisses und den Entlassungsbedingungen.

Er darf zudem keine unbefugte Telefonüberwachung, Videoüberwachung oder Kontrolle der persönlichen E-Mails durchführen. Sollen technische Einrichtungen eingeführt werden, um die Arbeitsleistungen objektiv zu überwachen, unterliegt das dem Mitbestimmungsrecht des Betriebsrats.
Der Arbeitgeber muss datenschutzrechtliche Vorschriften wie das Bundesdatenschutzgesetz (BDSG) u. a. einhalten und Personalakten so aufbewahren, dass daraus keine Daten unbefugt an Dritte gelangen können.

Rauchen

Der Arbeitgeber ist verpflichtet, ein Rauchverbot auszusprechen, wenn Arbeitnehmer Anspruch auf einen rauchfreien Arbeitsplatz erheben. Es zeichnet sich jedoch eine allgemeine Tendenz in der Öffentlichkeit sowie in Krankenhäusern und Heimen zu grundsätzlich rauchfreien Einrichtungen ab.

Versetzung

Können Arbeitnehmer aus gesundheitlichen Gründen auf dem bisherigen Arbeitsplatz nicht mehr beschäftigt werden, haben sie einen Anspruch auf Zuweisung eines entsprechenden leidensgerechten Arbeitsplatzes, sofern ein solcher verfügbar ist. Der Arbeitnehmer kann jedoch nicht verlangen, auf einem bestimmten, von ihm ausgewählten Arbeitsplatz beschäftigt zu werden.

Vermögensrechtliche Belange des Arbeitnehmers

Aus der Fürsorgepflicht ergibt sich auch die Verpflichtung des Arbeitgebers zur richtigen Berechnung des Gehalts und sonstiger Bezüge sowie zur korrekten Abführung der Lohn- oder Einkommensteuer an das zuständige Finanzamt und der Sozialversicherungsbeiträge an die entsprechenden Sozialversicherungsträger.

Urlaub

Zu den Nebenpflichten des Arbeitgebers gehört auch, dafür Sorge zu tragen, dass Arbeitnehmer genügend Zeit zur Regeneration haben. Dies ist in der Regel aber nur dann möglich, wenn der Arbeitnehmer für eine längere Zeit (Urlaub) von der Verpflichtung zur Arbeitsleistung befreit ist. Urlaub soll in erster Linie dazu dienen, den Arbeitnehmer für eine bestimmte Zeit unter Fortzahlung der Vergütung, in der Regel des Durchschnittsverdienstes der letzten 13 Wochen, von der Arbeit freizustellen, damit dieser sich in dieser Zeit seelisch und körperlich von der Arbeit erholen kann. Daher dürfen Arbeitnehmer während des Urlaubs grundsätzlich keiner Erwerbstätigkeit nachgehen. Urlaubsansprüche können sich aus unterschiedlichen Gesetzen wie Bundesurlaubsgesetz (BUrlG), Jugendarbeitsschutzgesetz (JArbSchG), SGB IX, Arbeitsplatzschutzgesetz (ArbPlSchG) ergeben, aber auch aus Tarifverträgen, Betriebsvereinbarungen und aus dem Einzelarbeitsvertrag.

Das Bundesurlaubsgesetz regelt u.a., dass

- Urlaubszweck die Freistellung des Arbeitnehmers zur Erholung bei entsprechender Lohnfortzahlung ist
- das Urlaubsjahr das Kalenderjahr (1.1.–31.12.) ist
- der Urlaub spätestens bis zum 31.3. des nächsten Jahres zu nehmen ist
- der gesetzliche Mindesturlaubsanspruch 24 Werktage pro Urlaubsjahr sind
- als Werktage alle Kalendertage inklusive des Samstags, ausgenommen Sonn- oder gesetzliche Feiertage gelten
- Urlaub grundsätzlich zusammenhängend zu gewähren ist
- Urlaubswünsche der Arbeitnehmer zu berücksichtigen sind
- nachgewiesene Tage einer krankheitsbedingten Arbeitsunfähigkeit nicht auf den Jahresurlaub angerechnet werden
- Urlaub grundsätzlich in Form von bezahlter Freizeit zu gewähren ist
- eine Urlaubsabgeltung, das heißt eine Vergütung des Urlaubsanspruchs in Geld, nicht zulässig ist. Ausnahme: bei Beendigung des Arbeitsverhältnisses, wenn zuvor keine Möglichkeit bestand, den Urlaub zu nehmen

- Ansprüche auf Teilurlaub (ein Zwölftel des Jahresurlaubs für jeden Monat des Bestehens des Arbeitsverhältnisses) nur in Ausnahmefällen bestehen, zum Beispiel bei vorzeitiger Beendigung des Arbeitsverhältnisses
- durch Arbeitgeberwechsel keine Doppelansprüche entstehen. Der vorherige Arbeitgeber ist verpflichtet, die genommenen Urlaubstage zu bescheinigen.

Gemäß § 1 BUrlG hat jeder Arbeitnehmer in jedem Kalenderjahr Anspruch auf bezahlten Erholungsurlaub.

Arbeitnehmer im Sinne dieses Gesetzes sind:

- Arbeiter
- Angestellte
- Auszubildende
- Teilzeitbeschäftigte
- Aushilfen
- Umschüler
- Praktikanten
- Beschäftigte in einem Abrufarbeitsverhältnis
- Ein-Euro-Jobber, auch wenn es sich dabei nicht um Arbeitnehmer handelt (§ 16 Abs. 3 Satz 2 SGB II)
- Studenten
- Volontäre
- Heimarbeiter
- Personen, die neben dem Bezug von Rente einer Erwerbstätigkeit nachgehen.

Jedem Arbeitnehmer steht bei einer Sechs-Tage-Woche nach § 3 Abs. 1 BUrlG ein Mindesturlaub von 24 Werktagen pro Jahr zu. Der jährliche Mindesturlaubsanspruch darf nie unterschritten, kann aber durch Einzelarbeitsvertrag, Betriebsvereinbarung oder Tarifvertrag nach dem Günstigkeitsprinzip zum Vorteil der Mitarbeiter über 24 Werktage ausgedehnt werden. Die meisten Tarifverträge sehen einen höheren Urlaubsanspruch vor.

Wenn Teilzeitbeschäftigte an weniger Tagen in der Woche arbeiten als Vollzeitbeschäftigte, wird ihr Urlaubsanspruch entsprechend angepasst (→ 6.3.3).

Formel zur Berechnung des Urlaubsanspruchs

$$\text{Urlaubsanspruch} = \frac{\text{24 Urlaubstage}}{6} \times \text{Wochenarbeitstage}$$

Wartezeit

Der Anspruch auf den vollen Jahresurlaub ergibt sich erst nach einer Wartezeit von sechs Monaten (§ 4 BUrlG), in der das Arbeitsverhältnis ununterbrochen bestanden haben muss. In Tarifverträgen sowie in Betriebsvereinbarungen und im Einzelarbeitsvertrag können auch kürzere Wartezeiten vereinbart werden. Der Ablauf dieser Wartezeit ist nur im ersten Beschäftigungsjahr erforderlich. Danach besteht der volle Urlaubsanspruch bereits am 1. Januar.

Beginnt oder endet das Arbeitsverhältnis im Laufe eines Kalenderjahrs, so hat der Arbeitnehmer Anspruch auf anteiligen Urlaub von einem Zwölftel des Jahresurlaubs für jeden vollen Monat des Bestehens des Arbeitsverhältnisses (§ 5 BUrlG Teilurlaub). Nach § 4 BUrlG erhält der Mitarbeiter seinen vollen gesetzlichen Urlaubsanspruch von 24 Werktagen, wenn er erst in der zweiten Jahreshälfte ausscheidet. Dies kann durch eine Regelung im Arbeitsvertrag umgangen werden, dass grundsätzlich ein Zwölftel des Urlaubs pro Kalendermonat unabhängig vom Zeitpunkt des Ausscheidens im Kalenderjahr gewährt wird.

Bei einem Wechsel des Arbeitsverhältnisses muss sich der Arbeitnehmer den bereits gewährten Teilurlaub auf den Jahresurlaub anrechnen lassen (§§ 5–6 BUrlG).

Teilurlaub

Ein Anspruch auf Teilurlaub kann geltend gemacht werden

- wenn der Arbeitnehmer im laufenden Urlaubsjahr keinen vollen Urlaubsanspruch mehr erwerben kann, weil das Arbeitsverhältnis nach dem 30.6. beginnt (§ 5 Abs. 1 a BUrlG)
- wenn der Arbeitnehmer vor erfüllter sechsmonatiger Wartezeit aus dem Arbeitsverhältnis ausscheidet (§ 5 Abs. 1 b BUrlG)
- wenn der Arbeitnehmer nach erfüllter Wartezeit in der ersten Hälfte eines Kalenderjahres aus dem Arbeitsverhältnis ausscheidet (§ 5 Abs. 1 c BUrlG).

Teilurlaub wird für jeden vollen Monat seit Bestehen des Arbeitsverhältnisses gewährt. Dabei bleiben angefangene Monate außer Betracht, es sei denn, dass tarifvertraglich eine andere Regelung gilt. Bruchteile von Urlaubstagen, die mindestens einen halben Tag ergeben, sind auf volle Urlaubstage aufzurunden. Ergeben die Bruchteile weniger als einen halben Tag, ist der Urlaub stundenweise zu gewähren oder abzugelten.

Teilurlaub muss erst dann gewährt werden, wenn feststeht, dass der volle Urlaubsanspruch nicht mehr entsteht. Auf Verlangen des Arbeitnehmers, das auch mündlich erklärt werden kann und keiner Begründung bedarf, kann der Teilur-

laub auf das folgende Kalenderjahr übertragen werden (§ 7 Abs. 3 Satz 4 BUrlG). Versäumt der Arbeitnehmer, dies zu verlangen, erfolgt eine Übertragung lediglich gemäß § 7 Abs. 3 Satz 2 BUrlG mit der Folge, dass dieser Teilurlaub in den ersten drei Kalendermonaten des Folgejahrs gewährt und genommen werden muss.
Bei der Ermittlung der vollen Monate ist die tatsächliche Dauer des Arbeitsverhältnisses maßgeblich. Beginnt und/oder endet das Arbeitsverhältnis mitten in einem Kalendermonat, wird nur die Anzahl der Tage, in denen das Arbeitsverhältnis bestand, zur Berechnung des Urlaubsanspruchs herangezogen, nicht der gesamte Kalendermonat.

Beispiel

Eine Gesundheits- und Krankenpflegerin ist seit 12.3. in einem Krankenhaus beschäftigt und scheidet zum 14.5. aus Sie hat somit Anspruch auf zwei Zwölftel ihres Jahresurlaubs, der nach dem Bundesurlaubsgesetz bei einer Fünf-Tage-Woche 20 Arbeitstage beträgt. Ihr tatsächlicher Urlaubsanspruch beläuft sich auf 3,32 Tage:

$$20 \times \frac{2}{12} = 3{,}32 \text{ oder}$$

$$\frac{20}{12} = 1{,}66 \times 2 = 3{,}32$$

Sollte ein Arbeitnehmer im ersten Halbjahr eines Kalenderjahres ausscheiden, aber bereits Urlaub über den ihm zustehenden Umfang hinaus erhalten haben, so kann der Arbeitgeber das dafür gezahlte Urlaubsentgelt nicht zurückfordern (§ 5 Abs. 3 BUrlG).

Zeitpunkt, Übertragbarkeit und Urlaubsabgeltung

Zeitpunkt

Die Urlaubswünsche des Arbeitnehmers sind bei der zeitlichen Festlegung des Urlaubs zu berücksichtigen, es sei denn, dass ihrer Berücksichtigung dringende betriebliche Belange oder Urlaubswünsche anderer Arbeitnehmer, die unter sozialen Gesichtspunkten den Vorrang verdienen, entgegenstehen (§ 7 Abs. 1 Satz 1 BUrlG). Urlaub muss gewährt werden, wenn der Arbeitnehmer diesen im Anschluss an eine Maßnahme der medizinischen Vorsorge oder Rehabilitation verlangt (§ 7 Abs. 1 Satz 2 BUrlG).
Die Festlegung des Urlaubszeitpunkts unterliegt dem Weisungsrecht des Arbeitgebers, wobei Wünsche der Arbeitnehmer zu berücksichtigen sind. Vorrangig

sollten Wünsche von Mitarbeitern beachtet werden, die aus sozialen Gründen teilweise ihren Urlaub nicht anders planen können. Dies betrifft vorwiegend Mitarbeiter mit kleinen oder schulpflichtigen Kindern, die sich nach den Schließungszeiten von Kindertagesstätten oder den Schulferien richten müssen, aber auch solche, deren Partner in Berufen arbeiten, in denen der Urlaub festgelegt ist, zum Beispiel in Schulen oder Unternehmen mit Betriebsferien.

Grundsätzlich ist der Urlaub zusammenhängend zu gewähren, es sei denn, dass dringende betriebliche oder in der Person des Arbeitnehmers liegende Gründe eine Teilung des Urlaubs erforderlich machen. Sollte der Urlaub aus diesen Gründen nicht zusammenhängend gewährt werden können und hat der Arbeitnehmer Anspruch auf Urlaub von mehr als zwölf Werktagen, so muss einer der Urlaubsteile mindestens zwölf aufeinanderfolgende Werktage umfassen (§ 7 Abs. 2 Satz 1 und 2 BUrlG).

In den meisten Einrichtungen gibt es Dienstanweisungen, wie bei der Urlaubsplanung zu verfahren ist, um einerseits die Personalbesetzung sicherzustellen und andererseits möglichst allen Mitarbeitern gerecht zu werden. So ist zulässig, dass der Arbeitgeber darin festlegt, wie viele Mitarbeiter innerhalb einer bestimmten Zeit gleichzeitig Urlaub nehmen können. Zu berücksichtigen ist dabei, dass als Urlaubsjahr das gesamte Kalenderjahr gilt, nicht nur die Zeit der großen Ferien.

In der Regel verteilt der Arbeitgeber im letzten Quartal des Vorjahres Urlaubslisten, in denen alle Mitarbeiter ihren Urlaub eintragen sollen. Dabei ist darauf zu achten, dass die Urlaubsplanung über das ganze Jahr verteilt vorgenommen wird und ausgeglichen ist. Nach Abschluss der Urlaubsplanung gehen die Listen den in der Einrichtung üblichen Dienstweg über die Pflegedienstleitung der Personalstelle zu. Erfolgt bis zum Jahresanfang kein Widerspruch, gilt der Urlaubsplan als genehmigt und ist sowohl für den Arbeitgeber als auch für die Arbeitnehmer verbindlich. Nur in Ausnahmefällen kann nach Rücksprache davon abgewichen werden, zum Beispiel wenn ein Arbeitnehmer eine Reise falsch gebucht hat. Besteht jedoch keine Möglichkeit, dem Änderungsbegehren des Arbeitnehmers nachzukommen, gilt der vorliegende Urlaubsplan. Eine Selbstbeurlaubung durch den Arbeitnehmer ist nicht zulässig und kann eine außerordentliche Kündigung nach sich ziehen. Im umgekehrten Fall ist es auch für den Arbeitgeber nicht möglich, ohne Einverständnis des Arbeitnehmers vom Urlaubsplan abzuweichen. Auch das Zurückholen eines Mitarbeiters aus dem Urlaub ist nicht erlaubt.

Sollte es zu Streitigkeiten bei der Urlaubsplanung kommen, so ist der Betriebs- oder Personalrat oder die Mitarbeitervertretung einzuschalten.

Übertragbarkeit

Nach § 7 Abs. 3 Satz 1 und 2 BUrlG muss der Urlaub im laufenden Kalenderjahr gewährt und genommen werden. Nur wenn dringende betriebliche oder in der Person des Arbeitnehmers liegende Gründe dies rechtfertigen, ist eine Übertragung des Urlaubs auf das nächste Kalenderjahr statthaft. In diesem Fall muss der Urlaub bis zum 31.3. des folgenden Kalenderjahres gewährt und genommen werden. Nimmt der Arbeitnehmer den Urlaub bis zu diesem Zeitpunkt nicht, so verfällt der Urlaubsanspruch mit Ablauf des 31.3. (§ 7 Abs. 3 Satz 3 BUrlG).
Ist das Arbeitsverhältnis gekündigt worden, wird der Urlaub meist in die Kündigungsfrist gelegt, also an das Ende der restlichen Beschäftigungszeit.

Beispiel

Ein Gesundheits- und Krankenpfleger hat zum 30.6. gekündigt. Er hat Anspruch auf einen Teilurlaub von 13 Arbeitstagen. Sein Urlaub beginnt am 14.6. und endet am 30.6. mit dem Ausscheiden aus dem Arbeitsverhältnis.

Abgeltung des Urlaubs

Der Urlaub ist abzugelten, wenn er wegen Beendigung des Arbeitsverhältnisses ganz oder teilweise nicht mehr gewährt werden konnte (§ 7 Abs. 4 BUrlG). Die finanzielle Abgeltung von Urlaubsansprüchen stellt eine Ausnahme dar, weil der Gesetzgeber den Urlaub in erster Linie zur Erholung des Arbeitnehmers vorgesehen hat. Der abzugeltende Urlaubsanspruch umfasst dabei nicht nur den bis zur Beendigung des Arbeitsverhältnisses nicht gewährten gesetzlichen Mindesturlaub, sondern den gesamten Urlaubsanspruch des Arbeitnehmers, der bei der Beendigung des Arbeitsverhältnisses noch nicht erfüllt ist. Der Resturlaub muss allerdings nicht finanziell abgegolten werden, wenn der Arbeitnehmer bei der Beendigung des Arbeitsverhältnisses arbeitsunfähig erkrankt ist und bis zum Ablauf des Übertragungszeitraums, also in der Regel bis zum 31.3. des Folgejahres, auch nicht wieder arbeitsfähig wird.
Der Arbeitgeber muss einem ausscheidenden Arbeitnehmer während der Kündigungsfrist vorrangig dessen Urlaubsanspruch gewähren. Nur wenn er aus dringenden betrieblichen Gründen diesen Urlaub bis zur Beendigung des Arbeitsverhältnisses nicht genehmigen kann, kommt es zu einer Abgeltung des noch nicht gewährten Resturlaubs.

Erwerbstätigkeit während des Urlaubs

Während des Urlaubs darf der Arbeitnehmer keine dem Urlaubszweck widersprechende Erwerbstätigkeit ausüben (§ 8 BUrlG). Bei Verstoß gegen das Erwerbstätigkeitsverbot können Ansprüche des Arbeitgebers auf Unterlassung und eventuell auf Schadensersatz in Betracht kommen; ebenso sind disziplinarische Maßnahmen bis hin zur Kündigung möglich. Arbeitnehmer verlieren jedoch durch verbotene Erwerbstätigkeiten weder den Urlaubsanspruch noch den Entgeltanspruch.

Grundsätzlich muss der Urlaub nicht ausschließlich zur Erholung genutzt werden. Es können auch körperliche Anstrengungen unternommen werden wie die Renovierung der Wohnung, Hausbau, anstrengende Sportarten und Abenteuerurlaub. Untersagt ist aber jede selbstständige oder unselbstständige Tätigkeit zum Zweck der Entgelterzielung, wenn sie die Arbeitskraft des Arbeitnehmers überwiegend in Anspruch nimmt, es sei denn, die Tätigkeit wäre auch ohne Urlaub als Nebentätigkeit erlaubt.

Erkrankung während des Urlaubs

Erkrankt der Arbeitnehmer während des Urlaubs, werden die durch ärztliches Attest nachgewiesenen Tage der Arbeitsunfähigkeit nicht auf den Jahresurlaub angerechnet (§ 9 BUrlG). Erforderlich ist also die Vorlage einer Arbeitsunfähigkeitsbescheinigung. Erbringt der Arbeitnehmer den ärztlichen Nachweis, ist der Arbeitgeber zur Nachgewährung der entsprechenden Urlaubstage verpflichtet.

Die Arbeitsunfähigkeitsbescheinigung muss unverzüglich, das heißt ohne schuldhaftes Zögern vorgelegt werden; feste Fristen bestehen hierfür nicht. Der Arbeitgeber muss also den Urlaub auch dann nachgewähren, wenn der Arbeitnehmer die Bescheinigung verspätet vorlegt. Der Urlaub verlängert sich aber nicht automatisch um die Krankheitstage. Das bedeutet, dass der Arbeitnehmer nach Urlaubsende wieder an den Arbeitsplatz zurückkehren muss, wenn nichts anderes vereinbart ist.

Erkrankt der Arbeitnehmer nach Festlegung des Urlaubs, aber vor Urlaubsantritt, ist der Urlaub neu zu beantragen und festzusetzen. Dauert die Erkrankung des Arbeitnehmers bis zum Ende des Übertragungszeitraums, erlischt der Urlaubsanspruch, wenn der Arbeitnehmer den Urlaub infolge Krankheit nicht nehmen konnte.

Ansonsten beeinflusst auch eine lang andauernde Krankheit weder das Entstehen noch die Höhe des Urlaubsanspruchs noch die Dauer der Wartefrist.

Urlaubsentgelt und Urlaubsgeld

Zu unterscheiden ist das während der Urlaubsdauer fortgezahlte Arbeitsentgelt (Urlaubsentgelt) vom so genannten Urlaubsgeld.
Das **Urlaubsentgelt** wird nach dem durchschnittlichen Arbeitsverdienst der letzten 13 Wochen vor Urlaubsbeginn berechnet (→ 7.2.1).
Beim **Urlaubsgeld** handelt es sich dagegen um eine zusätzliche, freiwillige Leistung des Arbeitgebers, die dem Arbeitnehmer für die Zeit des Urlaubs bezahlt wird. Auf Zahlung eines Urlaubsgeldes haben die Mitarbeiter keinen gesetzlichen Anspruch. Dieser ergibt sich aber häufig aus tarifvertraglichen Regelungen oder wird einzelvertraglich vereinbart.
Ein Anspruch auf Urlaubsgeld kann sich auch aus dem Gleichbehandlungsgrundsatz ergeben: Wenn der Arbeitgeber Urlaubsgeld an alle übrigen Arbeitnehmer zahlt, kann der Einzelne eine Gleichbehandlung verlangen, selbst wenn kein tariflicher Anspruch besteht.
Grundsätzlich kann die Zahlung jederzeit gestoppt werden. Hat der Arbeitgeber aber mehrere Jahre lang ohne Vorbehalt Urlaubsgeld an die Mitarbeiter gezahlt, kann sich der Anspruch auch aus einer so genannten betrieblichen Übung ergeben. Arbeitgeber sollten daher solche Zahlungen immer mit einem Freiwilligkeitsvorbehalt versehen, da gerade in kleineren Einrichtungen nicht abzusehen ist, wie sich die Einkommenslage entwickelt (📖 27).

Urlaubsanspruch nach dem Jugendarbeitsschutzgesetz

→ 7.3.1

Urlaubsanspruch nach dem Arbeitsplatzschutzgesetz

Wird ein Arbeitnehmer zum Wehr- oder Zivildienst einberufen, ruht das Arbeitsverhältnis und kann auch aus diesem Grund nicht gekündigt werden. Die Berechnung des Erholungsurlaubs ergibt sich aus § 4 ArbPlSchG Erholungsurlaub.
Danach kann der Arbeitgeber den Erholungsurlaub, der dem Arbeitnehmer für ein Urlaubsjahr aus dem Arbeitsverhältnis zusteht, für jeden vollen Kalendermonat, den der Arbeitnehmer Wehrdienst leistet, um ein Zwölftel kürzen. Dem Arbeitnehmer ist der ihm zustehende Erholungsurlaub auf Verlangen vor Beginn des Wehrdienstes zu gewähren.
Hat der Arbeitnehmer den ihm zustehenden Urlaub vor seiner Einberufung nicht oder nicht vollständig erhalten, so muss der Arbeitgeber den Resturlaub nach dem Wehrdienst im laufenden oder im nächsten Urlaubsjahr gewähren. Endet das Arbeitsverhältnis während des Wehrdienstes oder setzt der Arbeitnehmer im

Anschluss an den Wehrdienst das Arbeitsverhältnis nicht fort, so hat der Arbeitgeber den noch nicht gewährten Urlaub abzugelten. Hat der Arbeitnehmer vor seiner Einberufung mehr Urlaub erhalten, als ihm zustand, so kann der Arbeitgeber den Urlaub, der dem Arbeitnehmer nach seiner Entlassung aus dem Wehrdienst zusteht, um die zu viel gewährten Urlaubstage kürzen. Für die Zeit des Wehrdienstes richtet sich der Urlaub nach den Urlaubsvorschriften für Soldaten. Die Vorschriften werden analog für Zivildienstleistende angewendet.

Urlaubsanspruch nach SGB IX: Gesetz zur Rehabilitation und Teilhabe behinderter Menschen

→ 7.3.1

Urlaubsanspruch unter Anwendung des Tarifvertrags öffentlicher Dienst

Der in einem Tarifvertrag geregelte Urlaubsanspruch ist in der Regel höher als nach dem Bundesurlaubsgesetz. Anders als im BAT ist die Übertragbarkeit des Urlaubsanspruchs im TVöD weitgehend dem Bundesurlaubsgesetz angeglichen worden.

Erholungsurlaub

Nach § 26 TVöD haben Beschäftigte in jedem Kalenderjahr Anspruch auf Erholungsurlaub unter Fortzahlung des Entgelts (§ 21). Die Anzahl der Urlaubstage richtet sich nach dem Alter des Arbeitnehmers. Tab. 7.15 gibt Auskunft über die Zahl der Urlaubstage bei einer Verteilung der wöchentlichen Arbeitszeit auf fünf Tage pro Kalenderwoche.
Maßgebend für die Berechnung der Urlaubsdauer ist das Lebensjahr, das im Laufe des Kalenderjahres vollendet wird. Abweichend von der Verteilung der wöchentlichen Arbeitszeit auf fünf Tage pro Woche erhöht oder vermindert sich der Urlaubsanspruch entsprechend. Verbleibt bei der Berechnung des Urlaubs ein Bruchteil, der mindestens einen halben Urlaubstag ergibt, wird er auf einen vollen Urlaubstag aufgerundet. Bruchteile von weniger als einem halben Urlaubstag

Alter des Mitarbeiters	Bis zum vollendeten 30. Lebensjahr	Bis zum vollendeten 40. Lebensjahr	Nach dem vollendeten 40. Lebensjahr
Zahl der Urlaubstage	26 Arbeitstage	29 Arbeitstage	30 Arbeitstage

Tab. 7.15: Urlaubsanspruch nach dem Tarifvertrag öffentlicher Dienst (TVöD).

bleiben unberücksichtigt. Der Erholungsurlaub muss im laufenden Kalenderjahr gewährt und kann auch in Teilen genommen werden.
Der Urlaub soll grundsätzlich zusammenhängend gewährt werden; dabei soll ein Urlaubsteil von zwei Wochen Dauer angestrebt werden.
Im Übrigen gilt das Bundesurlaubsgesetz mit folgenden Maßgaben:

- Im Falle der Übertragung muss der Erholungsurlaub in den ersten drei Monaten des folgenden Kalenderjahres angetreten werden. Kann der Erholungsurlaub wegen Arbeitsunfähigkeit oder aus betrieblichen/dienstlichen Gründen nicht bis zum 31. März angetreten werden, ist er bis zum 31. Mai anzutreten.
- Beginnt oder endet das Arbeitsverhältnis im Laufe eines Jahres, erhält der Beschäftigte als Erholungsurlaub für jeden vollen Monat des Arbeitsverhältnisses ein Zwölftel des Urlaubsanspruchs nach Abs. 1; § 5 BUrlG bleibt unberührt.
- Ruht das Arbeitsverhältnis, so vermindert sich die Dauer des Erholungsurlaubs einschließlich eines etwaigen Zusatzurlaubs für jeden vollen Kalendermonat um ein Zwölftel.
- Das nach Abs. 1 Satz 1 fortzuzahlende Entgelt wird zu dem in § 24 genannten Zeitpunkt gezahlt.

Zusatzurlaub

Zusätzlich zum Erholungsurlaub erhalten Beschäftigte im öffentlichen Dienst unter bestimmten Voraussetzungen Zusatzurlaub. Einzelheiten sind in § 27 TvöD geregelt.
Anspruch auf Zusatzurlaub haben Beschäftigte, die ständig Wechselschichtarbeit oder Schichtarbeit leisten. Die Anzahl der Tage des Zusatzurlaubs richtet sich danach, in welchem Umfang Wechselschichtarbeit oder Schichtarbeit im Vorjahr geleistet wurde.
Der Gesamturlaub aus Erholungsurlaub und Zusatzurlaub darf im Kalenderjahr 35 Arbeitstage nicht überschreiten. Bei Beschäftigten, die das 50. Lebensjahr vollendet haben, gilt abweichend eine Höchstgrenze von 36 Arbeitstagen, das heißt, Beschäftigten über 50 Jahre, die ständig Schicht- oder Wechselschichtarbeit leisten, steht zusätzlich noch ein Arbeitstag Zusatzurlaub zu.
Ein Zusatzurlaub wird mit Ausnahme von § 125 SGB IX nur bis zu insgesamt fünf beziehungsweise sechs Arbeitstagen im Kalenderjahr gewährt, das bedeutet, Mitarbeiter erhalten nicht mehr als 35 beziehungsweise 36 Gesamturlaubstage im Jahr. Davon ausgenommen sind schwerbehinderte Mitarbeiter (ab 50 % GdB); sie erhalten gemäß § 125 SGB IX fünf Arbeitstage zusätzlichen Urlaub und bei Leistung von Wechselschichtarbeit oder Schichtarbeit den entsprechend erworbenen Anteil an Zusatzurlaubstagen.

Sonderurlaub

→ 7.3.4

Zeugniserteilung

Bei Beendigung des Arbeitsverhältnisses kann der Arbeitnehmer vom Arbeitgeber ein schriftliches Zeugnis verlangen (→ 12.1.2).

7.3 Besondere Rechtsfragen während des Arbeitsverhältnisses

7.3.1 Arbeitsschutz

Das gesamte Arbeitsrecht an sich ist ein Arbeitnehmerschutzrecht, wobei jedoch der konkrete Arbeitsschutz am Arbeitsplatz besonders hervorzuheben ist. Das Arbeitsschutzgesetz legt dem Arbeitgeber Pflichten auf, um die Arbeitnehmer vor Gefahren am Arbeitsplatz zu bewahren. Insbesondere sollen die Arbeitnehmer vor Ausbeutung, sowie vor Gefahren für Leben und Gesundheit geschützt werden. Nach § 2 ArbSchG gehören dazu alle Maßnahmen des Arbeitsschutzes wie Maßnahmen zur Verhütung von Unfällen bei der Arbeit und von arbeitsbedingten Gesundheitsgefahren einschließlich Maßnahmen der menschengerechten Gestaltung der Arbeit. Der Arbeitsschutz lässt sich unterteilen in allgemeinen und besonderen Arbeitsschutz.

Allgemeiner Arbeitsschutz

Nach §§ 3–4 ArbSchG ist der Arbeitgeber verpflichtet,

- die erforderlichen Maßnahmen unter Berücksichtigung der Umstände zu treffen, die die Sicherheit und Gesundheit der Arbeitnehmer beeinflussen
- für eine geeignete Organisation zur Durchführung des Arbeitsschutzes zu sorgen und die erforderlichen Mittel bereitzustellen
- dafür zu sorgen, dass die Maßnahmen von Führungskräften und Arbeitnehmern beachtet werden
- die Arbeit so zu gestalten, dass die Gefährdung von Leben und Gesundheit möglichst vermieden wird
- dafür zu sorgen, dass den Arbeitnehmern geeignete Anweisungen erteilt werden und sie über Sicherheit und Gesundheitsschutz bei der Arbeit ausreichend informiert werden

- Gefahren an ihrer Quelle zu bekämpfen
- den Stand von Technik, Arbeitsmedizin und Hygiene sowie sonstige gesicherte arbeitswissenschaftliche Erkenntnisse zu berücksichtigen
- mittelbar oder unmittelbar geschlechtsspezifisch wirkende Regelungen nur anzuwenden, wenn dies aus biologischen Gründen zwingend geboten ist
- eine Gefahrenbeurteilung im Sinne des § 5 ArbSchG durchzuführen.

Der Arbeitgeber hat die Arbeitsräume, Maschinen und Geräte mit den notwendigen Schutzvorrichtungen zu versehen und Arbeitsabläufe so zu organisieren, dass eine gesundheitliche Schädigung der Mitarbeiter möglichst ausgeschlossen wird. Mitarbeiter in Einrichtungen des Gesundheitswesens sind zudem nach dem Medizinproduktegesetz (MPG) in Verbindung mit der Medizinproduktebetreiberverordnung (MPBetrV) in die Handhabung bestimmter Geräte einzuweisen oder einweisen zu lassen.

Je nach Organisation des zuständigen Bundeslandes haben Mitarbeiter des Gewerbeaufsichtsamts oder Ordnungsamts, des Landesamts für Arbeitssicherheit, des Gesundheitsamts und des für Krankenhäuser zuständigen Überwachungsorgans durch Besichtigung regelmäßig die Betriebe zu kontrollieren.

Gerade im Krankenhausbereich und anderen Einrichtung im Gesundheitswesen ist es zum Schutz der Gesundheit erforderlich, die Einrichtung so zu führen, dass durch die gebotenen hygienischen Maßnahmen keine Gesundheitsgefahren für die Mitarbeiter entstehen (📖 33, S. 86). Das bedeutet, dass der Arbeitgeber entsprechende Schutzkleidung vorhalten und bestimmte Schutzimpfungen, zum Beispiel Hepatitis B, anbieten muss. Unter den Schutz der Sittlichkeit fällt die Verpflichtung für den Arbeitgeber, dass er getrennte Wasch-, Toiletten- und Umkleideräume für Männer und Frauen zur Verfügung stellen muss. Ein Verstoß gegen diese Pflichten kann als Ordnungswidrigkeit mit Bußgeld belegt, in schweren Fällen mit Geld- oder sogar Freiheitsstrafen geahndet werden (§§ 25 – 26 ArbSchG).

Im Falle einer Schädigung des Arbeitnehmers durch Nichteinhaltung von Arbeitsschutzbestimmungen können unter Umständen auch Ansprüche auf Schadensersatz gegenüber dem Arbeitgeber geltend gemacht werden. Eventuelle Schadensersatzansprüche beschränken sich allerdings auf Sachschäden, da für eingetretene Personenschäden grundsätzlich der gesetzliche Unfallversicherungsträger (Berufsgenossenschaft) einstehen muss. Eine privatrechtliche Haftung des Arbeitgebers für Personenschäden eines Versicherten ist ausgeschlossen, wenn nicht ein Vorsatz vorliegt oder sich der Unfall auf einem versicherten Weg ereignet hat (§ 105 Abs. 1 SGB VII).

Besonderer Arbeitsschutz

Besondere Regelungen für den Arbeitsschutz gelten nach dem
- Mutterschutzgesetz (MuSchG)
- Bundeserziehungsgeldgesetz (BErzGG), Bundeselterngeld- und Elternzeitgesetz (BEEG)
- Jugendarbeitsschutzgesetz (JArbSchG)
- Gesetz zur Rehabilitation und Teilhabe behinderter Menschen (SGB IX).

Schwangerschaft und Mutterschutz

Für werdende und stillende Mütter sieht das Mutterschutzgesetz (MuSchG) besondere Schutzvorschriften vor.

Geltungsbereich des Mutterschutzgesetzes

Das Mutterschutzgesetz gilt für
- alle Frauen, die in einem Arbeitsverhältnis stehen – auch mit befristetem Arbeitsvertrag, Probearbeitsvertrag oder für Aushilfen
- Auszubildende
- Heimarbeiterinnen
- Frauen, die einer Heimarbeiterin gleichgestellt sind, wenn sie am Stück arbeiten.

Das Mutterschutzgesetz gilt nicht für
- arbeitnehmerähnliche Personen
- selbstständige Gewerbetreibende
- Freiberuflerinnen
- freie Mitarbeiterinnen
- Organmitglieder von juristischen Personen, zum Beispiel Geschäftsführerinnen der GmbH, wenn nicht gleichzeitig ein Arbeitsvertrag besteht
- mithelfende Familienangehörige
- Frauen in karitativer oder ehrenamtlicher Tätigkeit.

Zeitlicher Rahmen des Mutterschutzes

Die Vorschriften des Mutterschutzgesetzes gelten während der gesamten Schwangerschaft und vier Monate nach der Entbindung.
Für die Feststellung des Vorliegens einer Schwangerschaft ist das Zeugnis eines Arztes oder einer Hebamme maßgeblich. Der Beginn der Schwangerschaft wird

vom ärztlich bescheinigten voraussichtlichen Tag der Niederkunft 280 Tage zurückgerechnet. Ob die Geburt tatsächlich an diesem Tag erfolgt, ist unerheblich. Die Schwangerschaft endet mit der Niederkunft der Frau.
Nach der Geburt des Kindes beginnt die achtwöchige Schutzfrist mit einem absoluten Beschäftigungsverbot für die Mutter (§ 6 Abs. 1 MuSchG). Bei Früh- oder Mehrlingsgeburten erhöht sich die Schutzfrist auf zwölf Wochen. Bei Frühgeburten oder sonstigen vorzeitigen Entbindungen verlängern sich die Fristen zusätzlich um den Zeitraum der Schutzfrist, der nicht in Anspruch genommen werden konnte (§ 6 Abs. 1 Satz 2 MuSchG).
Als Frühgeburten gelten Kinder mit einem Geburtsgewicht von weniger als 2500 Gramm oder mit noch nicht voll ausgebildeten Reifezeichen oder Kinder, die wegen verfrühter Beendigung der Schwangerschaft einer wesentlich erweiterten Pflege bedürfen.
Diese Schutzfristen gelten auch bei Tod des Kindes, wobei die Mutter auf ihr ausdrückliches Verlangen ausnahmsweise schon vor Ablauf dieser Fristen, aber noch nicht in den ersten zwei Wochen nach der Entbindung wieder beschäftigt werden darf, wenn nach ärztlichem Zeugnis nichts dagegenspricht. Die Erklärung kann jederzeit widerrufen werden (§ 6 Abs. 1 Satz 3 MuSchG).

Beispiel

Die Hebamme hat den voraussichtlichen Entbindungstermin für den 16.10. berechnet. Das Kind wird bereits am 6.10. geboren. Die Frist nach der Geburt verlängert sich damit um zehn Tage.

Frauen, die in den ersten Monaten nach der Entbindung nach ärztlichem Attest nicht voll leistungsfähig sind, dürfen nicht zu einer ihre Leistungsfähigkeit übersteigenden Arbeit herangezogen werden (§ 6 Abs. 2 MuSchG).
Sobald die Arbeitnehmerin von ihrer Schwangerschaft weiß, sollte sie den Arbeitgeber hiervon und von dem voraussichtlichen Tag der Entbindung unterrichten. In Ausnahmefällen ist die Arbeitnehmerin jedoch aus ihrer allgemeinen Treuepflicht heraus gehalten, diese Mitteilungen zu machen, damit der Arbeitgeber auch seinen aus diesem Gesetz resultierenden Schutzpflichten nachkommen kann. Eine Pflicht hierzu besteht nach dem MuSchG aber nicht. Auf Verlangen des Arbeitgebers soll die Schwangere das Zeugnis eines Arztes oder einer Hebamme vorlegen (§ 5 Abs. 1 Satz 2 MuSchG). Die Kosten hierfür sind vom Arbeitgeber zu tragen.

Beispiel

Eine Altenpflegerin teilt ihrem Arbeitgeber mit, dass sie schwanger ist. Von diesem Zeitpunkt an darf sie nicht mehr zum Nachtdienst eingeteilt werden und keine Mehrarbeit mehr leisten. Sie kann jedoch in Abweichung von § 8 MuSchG weiterhin an Sonn- und Feiertagen eingesetzt werden, wenn ihr pro Woche einmal eine ununterbrochene Ruhezeit von mindestens 24 Stunden im Anschluss an eine Nachtruhe gewährt wird. Der Dienstplan muss entsprechend umgestellt werden.

Pflichten des Arbeitgebers

Sobald dem Arbeitgeber der Zustand der Schwangeren bekannt ist, ist er verpflichtet, nach der Verordnung zum Schutze der Mutter am Arbeitsplatz (MuSchV), eine Beurteilung der Arbeitsbedingungen der Schwangeren vorzunehmen und gegebenenfalls bestimmte Schutzmaßnahmen zu ergreifen.
Ist die Umgestaltung der Arbeitsbedingungen oder gegebenenfalls der Arbeitszeiten unter Berücksichtigung des Stands von Technik, Arbeitsmedizin und Hygiene sowie sonstiger gesicherter arbeitswissenschaftlicher Erkenntnisse nicht möglich oder wegen des nachweislich unverhältnismäßigen Aufwands nicht zumutbar, so trifft der Arbeitgeber die erforderlichen Maßnahmen für einen Arbeitsplatzwechsel der betroffenen Arbeitnehmerin. Sollte ein Arbeitsplatzwechsel nicht möglich oder nicht zumutbar sein, dürfen werdende oder stillende Mütter so lange nicht beschäftigt werden, wie dies zum Schutz ihrer Sicherheit und Gesundheit erforderlich ist (§§ 3 – 4 MuSchV).
Der Arbeitgeber muss unverzüglich die Aufsichtsbehörde über die Schwangerschaft der Mitarbeiterin informieren (§ 5 Abs. 1 MuSchG). Dies ist in den meisten Bundesländern das Gewerbeaufsichtsamt, für Nürnberg und Südbayern das Gewerbeaufsichtsamt München-Land, für Nordbayern das Gewerbeaufsichtsamt Nürnberg. In Berlin ist das Landesamt für Arbeitsschutz und technische Sicherheit, in Brandenburg, Hamburg und Thüringen das Amt für Arbeitsschutz und in Hessen das Staatliche Amt für Arbeitsschutz und Sicherheit zuständig.

Freistellung für Untersuchungen

Der Arbeitgeber hat die Schwangere zur Durchführung der Untersuchungen freizustellen, die im Rahmen der Leistungen der gesetzlichen Krankenversicherung bei Schwangerschaft und Mutterschaft erforderlich sind. Das Gehalt muss für diese Zeit fortgezahlt werden (§ 16 MuSchG).

Arbeitsplatzgestaltung

Der Arbeitsplatz und die Tätigkeit der Schwangeren sind mit deren besonderen Bedürfnissen in Einklang zu bringen. Dabei sind die Ergebnisse einer eventuell vorher zu erstellenden Gefahrenanalyse zu berücksichtigen.
Nach § 2 und § 3 MuSchG müssen bei Arbeiten, die ständig im Sitzen oder Gehen verrichtet werden, Sitzgelegenheiten zum kurzen Ausruhen zur Verfügung gestellt werden. Bei Arbeiten, die ständig im Sitzen verrichtet werden, muss Gelegenheit für eine kurze Arbeitsunterbrechung gegeben werden.
Darüber hinaus richten sich die Verpflichtungen des Arbeitgebers nach den konkreten Umständen. Der Arbeitgeber ist verpflichtet, insbesondere in Einrichtungen des Gesundheitswesens, die notwendige Schutzkleidung zur Verfügung zu stellen und bei der Arbeitszuteilung Rücksicht auf die geminderte Leistungsfähigkeit der Schwangeren zu nehmen. Im Einzelfall kann auch die Aufsichtsbehörde anordnen, welche Vorkehrungen und Maßnahmen zu treffen sind (§ 2 Abs. 5 MuSchG).
In der Regel darf eine schwangere Gesundheits- und Krankenpflegerin aufgrund erhöhter Infektions- und Unfallgefahr die üblichen Tätigkeiten im Stationsbetrieb oder in Funktionsbereichen nicht mehr ausüben. Sollte für diese Tätigkeiten von einem Arzt ein Beschäftigungsverbot nach § 3 MuSchG ausgesprochen werden, so darf die Schwangere in diesem Bereich nicht mehr beschäftigt werden, jedoch in anderen Bereichen, in denen sie der Gefährdung nicht ausgesetzt ist.

Beschäftigungsverbote für werdende Mütter

Eine schwangere Mitarbeiterin darf nicht beschäftigt werden, wenn aufgrund eines ärztlichen Attests Leben oder Gesundheit von Mutter oder Kind bei Fortdauer der Beschäftigung gefährdet ist (§ 3 MuSchG).
Eine werdende Mutter darf zudem in den letzten sechs Wochen vor der Entbindung nicht beschäftigt werden, es sei denn, dass sie sich zur Arbeitsleistung ausdrücklich bereit erklärt (§ 3 Abs. 2 MuSchG). Diese Zustimmung kann jedoch jederzeit von ihr widerrufen werden. Ob sich Arbeitgeber auf dieses Angebot von Arbeitnehmerinnen im Krankenhaus, in Heimen oder im ambulanten Pflegedienst einlassen sollten, bleibt dahingestellt.
In der Regel wird eine schwangere Mitarbeiterin in Krankenhäusern, ambulanten Pflegediensten, Altenheimen und ähnlichen Einrichtungen aufgrund erhöhter Infektions- und Unfallgefahr die üblichen Tätigkeiten im Stationsbetrieb oder in Funktionsbereichen nicht mehr ausüben dürfen. Der Umfang des Beschäftigungsverbots ergibt sich aus dem ärztlichen Attest, das die Arbeitnehmerin un-

verzüglich vorlegen muss. Der Arzt kann hier sowohl ein völliges Beschäftigungsverbot verhängen als auch ein auf bestimmte Tätigkeiten beschränktes. Er muss dem Arbeitgeber auf dessen Fragen mitteilen, welche behebbaren Arbeitsumstände für das Verbot maßgeblich sind. Eine Entbindung von der ärztlichen Schweigepflicht ist hierfür nicht nötig. Weitere Angaben, etwa über den Gesundheitszustand der Schwangeren oder den Verlauf der Schwangerschaft, darf er ohne Einverständnis seiner Patientin nicht machen. Der Arbeitgeber soll lediglich in die Lage versetzt werden, die Arbeit so zu organisieren oder umzugestalten, dass die Schwangere weiterbeschäftigt werden kann.
Kann eine Arbeitnehmerin wegen eines Beschäftigungsverbots bestimmte Tätigkeiten nicht mehr ausüben, so hat der Arbeitgeber das Recht, ihr eine andere Tätigkeit zuzuweisen oder die Arbeitszeit nach Lage und Dauer zu ändern. Er muss dabei allerdings die Grenzen beachten, die sich aus dem Arbeitsvertrag ergeben; die Beschäftigung muss zumutbar und darf nicht ausbildungsfremd sein (§ 6 Abs. 2 BBiG). Die Grenze der Zumutbarkeit ist von Fall zu Fall zu bestimmen. Stellt die Zuweisung der anderen Arbeit gleichzeitig eine Versetzung im Sinne des § 99 BetrVG dar, muss der Betriebsrat zustimmen.

Zumutbare Tätigkeiten für Schwangere im Stationsalltag

- Aufnahme der Pflegeanamnese / Erstgespräch in der ambulanten Pflege
- Erstellen der Pflegeplanung
- Führen / Kontrolle der Dokumentation
- Gespräche führen mit Patienten, Angehörigen, Betreuern
- Beratung von Patienten / Bewohnern
- Angehörigenarbeit / -schulungen
- Dienstplangestaltung
- Bürotätigkeiten
- Führen dienstlicher Telefonate
- Organisation von oder Teilnahme an Anpassungsweiterbildungen / Fortbildungsveranstaltungen
- Teilnahme an Qualitätszirkeln; Qualitätsmanagement
- Materialkontrolle oder -beschaffung
- Pflegerische Tätigkeiten, soweit keine Infektionsgefahr oder sonstige körperliche Gefährdung der Schwangeren damit verbunden ist.

Welcher Einsatzbereich konkret in Frage kommt, hängt von der jeweiligen Struktur der Einrichtung ab.

Beispiel

Eine Pflegefachkraft, die auf einer Station für Lungenerkrankungen tätig ist, kann während ihrer Schwangerschaft wegen der bestehenden Infektionsgefahr nicht weiter auf ihrer Station beschäftigt werden. Der Arbeitgeber ist berechtigt, ihr für diese Zeit eine andere, weniger gefährliche Tätigkeit je nach Aufgabengebiet und beruflicher Qualifikation zuzuweisen.

Achtung!

Nicht zulässige Tätigkeiten für Schwangere sind Blutabnahmen, Verabreichen von Injektionen, Umgang mit Exkrementen oder Erbrochenem, Körperpflege bei Patienten oder Bewohnern, von denen eine Gefährdung ausgehen kann, wie bei Vorliegen einer Infektion oder bei sehr unruhigen Personen, Heben und Lagern von Patienten / Bewohnern ohne Unterstützung von Kollegen oder ohne entsprechende Hilfsmittel.

Während im Krankenhausbereich und der stationären Pflege durch Umverteilung von Aufgaben oder Versetzung eine werdende Mutter durchaus weiterbeschäftigt werden kann, wird der Einsatz in der ambulanten Pflege einer schwangeren Mitarbeiterin stark eingeschränkt sein, da sie bei den Patienten allein vor Ort ist und den genannten Gefahren ausgesetzt ist.
Hat der Arbeitgeber begründete Zweifel an der Berechtigung des Beschäftigungsverbots, kann er eine Nachuntersuchung verlangen. Er kann das ärztliche Attest widerlegen, indem er der Arbeitnehmerin falsche Angaben zu ihrem Arbeitsumfeld nachweist.

Weitere Beschäftigungsverbote

Eine werdende Mutter darf gem. § 4 MuSchG nicht mit schweren körperlichen Arbeiten und Tätigkeiten, bei denen sie schädlichen Einwirkungen von gesundheitsgefährdenden Stoffen oder Strahlen, von Staub, Gasen oder Dämpfen, von Hitze, Kälte oder Nässe, Erschütterung oder Lärm ausgesetzt ist, beschäftigt werden.
Sie darf insbesondere nicht mit Arbeiten beschäftigt werden,

- bei denen regelmäßig Lasten von mehr als 5 kg Gewicht oder gelegentlich Lasten von 10 kg Gewicht ohne mechanische Hilfsmittel von Hand gehoben, bewegt oder befördert werden
- bei denen sie sich häufig erheblich strecken oder beugen muss oder bei denen sie dauernd hocken oder sich gebückt halten muss

- die mit der Bedienung von Geräten oder Maschinen aller Art mit hoher Fußbeanspruchung, insbesondere solchen mit Fußantrieb, verbunden sind
- bei denen sie infolge der Schwangerschaft in besonderem Maße der Gefahr, an einer Berufskrankheit zu erkranken, ausgesetzt ist oder bei denen durch das Risiko der Entstehung einer Berufskrankheit eine erhöhte Gefährdung für sie oder eine Gefahr für das Kind besteht
- bei denen sie erhöhten Unfallgefahren, insbesondere der Gefahr auszugleiten, zu fallen oder abzustürzen, ausgesetzt ist.

Nach Ablauf des dritten Schwangerschaftsmonats darf die werdende Mutter zudem nicht auf Beförderungsmitteln beschäftigt werden, nach Ablauf des fünften Monats darf sie nicht mit Arbeiten beschäftigt werden, bei denen sie ständig stehen muss, soweit diese Beschäftigung vier Stunden täglich überschreitet.

Mehrarbeit, Nacht- und Sonntagsarbeit

Mit Beginn der Schwangerschaft dürfen werdende Mütter entsprechend § 8 MuSchG nicht beschäftigt werden mit

- Nachtarbeit in der Zeit **von 20 bis 6 Uhr.** Ausnahmen: In den ersten vier Monaten der Schwangerschaft dürfen Schwangere in Gast- und Schankwirtschaften und im übrigen Beherbergungsgewerbe bis 22 Uhr, in der Landwirtschaft für das Melken von Vieh ab 5 Uhr beschäftigt werden; Künstlerinnen dürfen bei Musikaufführungen, Theatervorstellungen und ähnlichen Aufführungen bis 23 Uhr mitwirken
- Mehrarbeit
- Arbeit an Sonn- und Feiertagen. Ausnahmen: Im Verkehrswesen, in Gast- und Schankwirtschaften und im übrigen Beherbergungsgewerbe, in **Krankenpflege- und Badeanstalten,** bei Musikaufführungen, Theatervorstellungen, anderen Schaustellungen, Darbietungen oder Lustbarkeiten gilt das Verbot nicht, wenn in jeder Woche einmal eine ununterbrochene Ruhezeit von mindestens 24 Stunden im Anschluss an eine Nachtruhe gewährt wird; die Aufsichtsbehörde kann in begründeten Einzelfällen Ausnahmen vom Verbot der Mehrarbeit, der Nacht- oder Sonntagsarbeit zulassen (§ 8 Abs. 6 MuSchG).

Stillzeit

Der Arbeitgeber muss stillenden Müttern auf Verlangen für das Stillen die hierfür erforderliche Zeit freigeben (§ 7 Abs. 1 MuSchG):

- mindestens zweimal täglich eine halbe Stunde oder einmal täglich eine Stunde
- bei einer zusammenhängenden Arbeitszeit von mehr als acht Stunden zweimal eine Stillzeit von mindestens 45 Minuten. Ist in der Nähe der Arbeitsstätte

keine Stillgelegenheit vorhanden, muss einmal eine Stillzeit von mindestens 90 Minuten Dauer gewährt werden.

Maßgeblich sind jedoch immer die Umstände des Einzelfalls, insbesondere was die Möglichkeit des Stillens in unmittelbarer Nähe der Arbeitsstätte betrifft. Die Arbeitnehmerin hat jedoch bei der organisatorischen Gestaltung der Stillzeiten auch auf die betrieblichen Belange Rücksicht zu nehmen. Die Stillzeiten dürfen bei der Arbeitnehmerin weder zu einem Verdienstausfall führen noch durch Vor- oder Nacharbeit ausgeglichen noch mit den gesetzlich vorgeschriebenen Ruhepausen verrechnet werden.

Im Mutterschutzgesetz werden keine Angaben gemacht, bis zu welchem Höchstalter des Kindes die Mutter Anspruch auf die im Gesetz vorgegebenen Stillzeiten hat. Sollte der Arbeitgeber im Zweifel sein, ob die Frau noch in der Lage ist, ihr Kind zu stillen, kann er von der Arbeitnehmerin ein amtsärztliches Attest verlangen (📖 33, S. 86).

Mutterschaftsgeld

Während der Schutzfristen von sechs Wochen vor und acht oder zwölf Wochen nach der Entbindung besteht kein Anspruch auf Zahlung der Vergütung, aber Anspruch auf Mutterschaftsgeld. Dazu müssen allerdings bestimmte Voraussetzungen erfüllt sein:

- Frauen, die Mitglied einer gesetzlichen Krankenkasse sind, erhalten für die Zeit der Schutzfristen sowie für den Entbindungstag gemäß §§ 13 – 14 MuSchG Mutterschaftsgeld nach den Vorschriften der Reichsversicherungsordnung (RVO) § 200 Abs. 1, 2 Satz 1 – 4 Abs. 3. Das von der Krankenversicherung gezahlte Mutterschaftsgeld ist auf höchstens 13 Euro pro Kalendertag begrenzt.
- Frauen, die Anspruch auf Mutterschaftsgeld haben, erhalten gemäß § 14 MuSchG einen Zuschuss des Arbeitgebers in Höhe des Unterschiedsbetrags zwischen 13 Euro und dem um die gesetzlichen Abzüge verminderten durchschnittlichen kalendertäglichen Arbeitsentgelt.

Mutterschutzlohn

Wie oben erläutert, ist es nicht ausgeschlossen, dass die Arbeitnehmerin wegen ihrer Schwangerschaft oder Mutterschaft auch außerhalb der normalen Schutzfristen eingeschränkt oder gar nicht beschäftigt werden darf. In diesem Fall erhält die Arbeitnehmerin gemäß § 11 MuSchG ihr Arbeitsentgelt weiter. Der Arbeitgeber muss ihr mindestens den Durchschnittsverdienst der letzten 13 Wochen oder der letzten drei Monate vor Beginn des Monats, in dem die Schwangerschaft eingetreten ist, weitergewähren, wenn sie wegen eines Beschäftigungsverbots nach § 3 Abs. 1, § 4, § 6 Abs. 2 oder 3 MuSchG oder wegen des Mehr-, Nacht- oder Sonntagsarbeitsverbots nach § 8 Abs. 1, 3 oder 5 MuSchG teilweise oder völlig mit der Arbeit aussetzen muss.

Erstattungsanspruch des Arbeitgebers

Arbeitgeber, die regelmäßig nicht mehr als 30 Arbeitnehmer ausgenommen Auszubildende beschäftigen, haben nach dem Gesetz über den Ausgleich der Arbeitgeberaufwendungen für Entgeltfortzahlung (AAG) § 1 Abs. 1 Nr. 1 – 2 einen Erstattungsanspruch von 80 % (U-1) gegenüber der Krankenkasse, in der die Mitarbeiterin versichert ist.
Folgende Aufwendungen sind nach § 1 Abs. 2 AAG (U-2) erstattungsfähig:

- Arbeitgeberzuschuss zum Mutterschaftsgeld während der Schutzfristen (§ 14 MuSchG)
- Weiterzahlung des Arbeitsentgelts für die Dauer von Beschäftigungsverboten (§ 11 MuSchG)
- Arbeitgeberanteil zur Sozialversicherung für das weitergezahlte Arbeitsentgelt.

Die Erstattung dieser Leistungen erfolgt in vollem Umfang.

Urlaub

Gemäß § 17 MuSchG gelten Ausfallzeiten, in denen die werdende Mutter wegen eines Beschäftigungsverbots nicht arbeiten konnte, als Beschäftigungszeiten und dürfen nicht auf den Erholungsurlaub angerechnet werden. Ein Urlaubsanspruch entsteht nach Erfüllung der sechsmonatigen Wartezeit auch dann, wenn in dieser Zeit ein Beschäftigungsverbot bestand.
Schwangere und Mütter können eine Übertragung des Resturlaubs in das nächste Urlaubsjahr beanspruchen, wenn sie ihren Urlaub vor Beginn des Beschäftigungsverbots nicht oder nicht vollständig erhalten haben. Diese Regelung geht damit über die Bestimmungen des § 7 Abs. 3 BUrlG hinaus.

Kündigungsverbot

Vom Beginn der Schwangerschaft an (280 Tage vor dem vom Arzt prognostizierten Entbindungstermin) bis zum Ablauf von vier Monaten nach der Niederkunft besteht ein absolutes Kündigungsverbot, wenn dem Arbeitgeber bei Ausspruch der Kündigung die Schwangerschaft bekannt war oder ihm dies innerhalb von zwei Wochen nach Zugang der Kündigung mitgeteilt wird.

Ausschlaggebend ist das Datum des Zugangs der Kündigung: Wird die Kündigung bei Vorliegen der Schwangerschaft ausgesprochen, besteht der besondere Kündigungsschutz. Dieser Schutz beginnt am ersten Tag des Arbeitsverhältnisses.

Unzulässig ist gemäß § 9 MuSchG jede Form der Kündigung, wie

- Beendigungskündigungen, unerheblich ob ordentlich oder außerordentlich. In besonderen Fällen sind Ausnahmen möglich (→ 10.2.1)
- Änderungskündigungen
- vorsorgliche Kündigungen, auch zum Ablauf der Schutzfrist.

Kündigt die Arbeitnehmerin aus eigener Veranlassung, so ist davon die Aufsichtsbehörde zu benachrichtigen.

Die Beendigung des Arbeitsverhältnisses aus anderen Gründen ist jedoch zulässig. Das Arbeitsverhältnis einer schwangeren Mitarbeiterin **endet** durch

- Ablauf der Befristung des Arbeitsvertrags, es sei denn, die Nichtverlängerung erfolgt nur aufgrund der Schwangerschaft
- Anfechtung des Arbeitsvertrags wegen arglistiger Täuschung oder Irrtum. Davon ausgenommen ist ausdrücklich das Verschweigen oder Verneinen der bestehenden Schwangerschaft vor der Einstellung
- Aufhebungsvertrag. Die Schwangere hat kein Recht zur Anfechtung des Aufhebungsvertrags, wenn ihr ihre Schwangerschaft bei Abschluss noch nicht bekannt war
- Eigenkündigung der schwangeren Mitarbeiterin
- Kündigung, die der Arbeitnehmerin vor dem Eintritt der Schwangerschaft zugegangen ist.

Achtung!

Hat eine Arbeitnehmerin bei ihrer Einstellung eine bestehende Schwangerschaft verschwiegen oder verneint, obwohl der Arbeitgeber ausdrücklich danach gefragt hat, kann dieser das Arbeitsverhältnis nicht mehr wie früher wegen arglistiger Täuschung anfechten. Die Frage nach der Schwangerschaft bei der Einstellung einer Arbeitnehmerin enthält nach der Rechtsprechung des BAG eine unzulässige Benachteiligung wegen des Geschlechts und verstößt damit gegen das Diskriminierungsverbot des § 611 a BGB beziehungsweise § 7 AGG.

Das Kündigungsverbot gilt während der Schwangerschaft und endet vier Monate nach der Entbindung. Bei der Berechnung addiert man zum Entbindungsdatum vier Monate dazu.

Beispiel

Die Entbindung war am 21.1. Das Kündigungsverbot endet danach am 21.5. Die Kündigung darf frühestens am 22.5. zugehen.

Das Kündigungsverbot nach der Entbindung tritt nur ein, wenn das Kind lebend geboren wurde (Lebendgeburt), auch wenn es sich um eine Frühgeburt handelt. Sollte das Kind jedoch tot geboren werden (Totgeburt) endet der Kündigungsschutz mit diesem Ereignis, ebenso nach einem Schwangerschaftsabbruch.
Stirbt das Kind nach der Entbindung, so bleibt der Arbeitnehmerin der Kündigungsschutz vier Monate lang erhalten. Sollte innerhalb dieser Zeit eine neue Schwangerschaft eintreten, wird das Ende der Schutzfrist dementsprechend hinausgeschoben.
Der Kündigungsschutz kann jedoch nur dann wirken, wenn der Arbeitgeber von der Schwangerschaft Kenntnis hat. Dabei reicht es nicht aus, wenn er das Vorliegen der Schwangerschaft lediglich vermutet. Er ist auch nicht verpflichtet, bei Vorliegen von Anhaltspunkten sich danach zu erkundigen.
Die Arbeitnehmerin sollte, aber muss nicht, den Arbeitgeber vor der Kündigung über ihren Zustand in Kenntnis setzen. Sollte ihr die Kündigung bereits zugegangen sein, reicht es aus, wenn sie den Arbeitgeber innerhalb von zwei Wochen über ihren Zustand informiert. Versäumt die Arbeitnehmerin diese Frist zur Mitteilung der Schwangerschaft, so ist die Kündigung trotzdem unwirksam, wenn sie dieses Versäumnis nicht verschuldet hat und die Mitteilung unverzüglich nachholt (§ 9 Abs. 1 MuSchG).
Sollte der Arbeitgeber dennoch gekündigt haben, muss die Arbeitnehmerin Kündigungsschutzklage vor dem Arbeitsgericht erheben. Im Kündigungsschutzprozess muss sie darlegen, dass eine Schwangerschaft vorliegt und der Arbeitgeber hiervon bei Ausspruch der Kündigung Kenntnis gehabt oder sie ihn innerhalb von zwei Wochen nach Zugang der Kündigung informiert hat oder sie ohne ihr Verschulden daran gehindert war, die Frist einzuhalten, und die Mitteilung unverzüglich nachgeholt hat.

Aufhebung des Kündigungsverbots

In besonderen Ausnahmefällen kann auf Antrag des Arbeitgebers die zuständige Aufsichtsbehörde ihre Zustimmung zur Kündigung erteilen (→ 10.2.1) (📖 37, S. 248ff.).

Elternzeit

Zweck der Elternzeit, die sowohl nach dem Bundeserziehungsgeldgesetz (BErzGG) als auch nach dem Bundeselterngeld- und Elternzeitgesetz (BEEG) bei Vorliegen der Voraussetzungen beantragt werden kann, ist es, die Betreuung und Erziehung von Kindern in den ersten Lebensjahren zu fördern. Den Eltern wird die Möglichkeit eingeräumt, sich ohne Fortzahlung der Vergütung von der Arbeit freistellen zu lassen. Dies gilt unabhängig davon, ob die Eltern verheiratet sind oder in einer nicht ehelichen Lebensgemeinschaft leben oder ob der jeweilige Elternteil allein erziehend ist. Der Anspruch auf Elternzeit kann nicht im Arbeitsvertrag ausgeschlossen oder beschränkt werden.
Die Elternzeit ist im **Bundeserziehungsgeldgesetz** geregelt, ebenso wie der Anspruch auf Erziehungsgeld. Danach haben Mütter oder Väter im Anschluss an die Schutzfrist von acht oder zwölf Wochen Anspruch auf Erziehungsgeld und Elternzeit, soweit sie in einem Arbeitsverhältnis stehen und ihre Kinder **bis zum 31.12.2006** geboren wurden.
Nach dem 1.1.2007 gilt das **Bundeselterngeld- und Elternzeitgesetz** für alle Kinder, die nach diesem Zeitpunkt geboren werden (Stichtagsregelung). Bis zum 31.12.2009 werden beide Regelungen nebeneinander angewendet.

Bundeserziehungsgeldgesetz

Im Bundeserziehungsgeldgesetz (BerzGG) sind zwei Bereiche geregelt:
1. der Anspruch auf Erziehungsgeld, der Personensorgeberechtigte persönlich betrifft, und
2. die Elternzeit für Arbeitnehmer, die arbeitsrechtliche Konsequenzen für den Arbeitgeber beinhaltet.

Anspruch auf Erziehungsgeld

Anspruch auf Erziehungsgeld haben Personen, die mit einem Kind, für das ihnen die Personensorge zusteht, in einem Haushalt leben und dieses Kind selbst betreuen und erziehen, ihren Wohnsitz oder gewöhnlichen Aufenthalt in Deutschland haben und keine oder keine volle Erwerbstätigkeit ausüben.
Erziehungsgeld ist schriftlich für jeweils ein Lebensjahr zu beantragen. Der Antrag für das zweite Lebensjahr kann frühestens ab dem neunten Lebensmonat des Kindes gestellt werden. Erziehungsgeld wird unter Berücksichtigung von Einkommensgrenzen (§ 5 Abs. 3 BErzGG) vom Tag der Geburt bis zur Vollendung des zwölften Lebensmonats (Budget) oder bis zur Vollendung des 24. Lebensmonats (Regelbetrag) gezahlt.

Es beträgt bis zur Vollendung des 24. Lebensmonats 300 Euro monatlich (Regelbetrag). Alternativ besteht die Möglichkeit, den Zeitraum von Elterngeldbezug auf zwölf Monate zu beschränken und dafür ein höheres Elterngeld bis zur Vollendung des zwölften Lebensmonats von 450 Euro (Budget) monatlich zu erhalten. Der Anspruch auf den Regelbetrag entfällt in den ersten sechs Lebensmonaten des Kindes, wenn das Einkommen bei Ehegatten, die nicht dauernd getrennt leben, 30 000 Euro, bei anderen Berechtigten 23 000 Euro übersteigt; der Anspruch auf das Budget entfällt, wenn das Einkommen von nicht dauernd getrennt lebenden Ehegatten höher als 22 086 Euro, bei anderen Berechtigten höher als 19 086 Euro ist.

Anspruch auf Elternzeit

Anspruchsberechtigt sind Arbeitnehmerinnen und Arbeitnehmer, wenn sie mit einem Kind im Haushalt leben,

- für das ihnen die Personensorge zusteht oder
- für das dem Ehegatten oder Lebenspartner die Personensorge zusteht oder
- das sie in Vollzeitpflege oder in Adoptionspflege aufgenommen haben oder
- für das sie, ohne ein Sorgerecht zu haben, in einem Härtefall Erziehungsgeld gemäß § 1 Abs. 7 Satz 2 BErzGG beziehen können, dieses Kind selbst betreuen und erziehen und keine volle Erwerbstätigkeit ausüben. Ausnahme: eine wöchentliche Arbeitszeit bis zu 30 Stunden oder eine Beschäftigung zur Berufsausbildung (§ 2 BErzGG).

Der Anspruch auf Elternzeit besteht vom Ende der Mutterschutzfristen bis zur Vollendung des dritten Lebensjahres des Kindes.

Ein Anteil der Elternzeit von bis zu zwölf Monaten ist mit Zustimmung des Arbeitgebers auf die Zeit bis zur Vollendung des achten Lebensjahres übertragbar. Bei angenommenen Kindern sowie bei einem Kind in Vollzeit- oder Adoptionspflege kann eine Elternzeit von insgesamt bis zu drei Jahren ab der Aufnahme bei der berechtigten Person, längstens bis zur Vollendung des achten Lebensjahres des Kindes genommen werden. Der Anspruch kann nicht durch einen Vertrag ausgeschlossen oder beschränkt werden.

Eltern können die Elternzeit ganz oder teilweise gemeinsam nehmen (§ 15 Abs. 3 BErzGG). Jeder Elternteil, der eine Elternzeit nimmt, darf während dieser Zeit eine Teilzeittätigkeit im vereinbarten Umfang von bis zu 30 Wochenstunden ausüben (§ 15 Abs. 3 BErzGG). Arbeitgeber und Arbeitnehmer sollen sich innerhalb von vier Wochen über den Antrag auf Verringerung der Arbeitszeit und ihre Ausgestaltung einigen. Sollte eine Einigung nicht möglich sein, kann der Arbeitnehmer während der Gesamtdauer der Elternzeit zweimal eine Verringerung seiner Arbeitszeit unter folgenden Voraussetzungen beanspruchen:

- Der Arbeitgeber beschäftigt im Unternehmen in der Regel mehr als 15 Arbeitnehmer, ausgenommen Auszubildende.
- Das Arbeitsverhältnis des Arbeitnehmers besteht in demselben Betrieb ohne Unterbrechung länger als sechs Monate.
- Die vertraglich vereinbarte regelmäßige Arbeitszeit soll für mindestens drei Monate auf einen Umfang zwischen 15 und 30 Wochenstunden verringert werden.
- Dem Anspruch stehen keine dringenden betrieblichen Gründe entgegen.
- Der Anspruch wurde dem Arbeitgeber acht Wochen vorher schriftlich mitgeteilt.

Teilzeitarbeit bei einem anderen Arbeitgeber oder als Selbstständiger bedarf der Zustimmung des Arbeitgebers. Der Arbeitgeber kann dies jedoch nur innerhalb von vier Wochen aus dringenden betrieblichen Gründen schriftlich ablehnen (§ 15 Abs. 4 BErzGG). Ablehnungsgründe können sein, dass der Arbeitgeber in seinem Betrieb eine Teilzeitbeschäftigung anbieten kann oder dass der Arbeitnehmer eine Tätigkeit bei einem Konkurrenten aufnehmen will. Sollte der Arbeitgeber dem Anliegen des Arbeitnehmers zustimmen, so ruht für diese Zeit das Arbeitsverhältnis.

Der Arbeitnehmer muss die Elternzeit vom Arbeitgeber rechtzeitig schriftlich verlangen. Soll sich die Elternzeit unmittelbar nach der Geburt des Kindes oder nach der Mutterschutzfrist anschließen, so muss der Antrag dem Arbeitgeber spätestens sechs Wochen vor dem Zeitpunkt, ab dem diese in Anspruch genommen werden soll, vorliegen. Soll die Elternzeit zu einem späteren Zeitpunkt genommen werden, muss der Antrag spätestens acht Wochen vor deren Beginn beim Arbeitgeber eingegangen sein. Gleichzeitig muss mitgeteilt werden, für welche Zeiten innerhalb von zwei Jahren Elternzeit genommen wird. Die Elternzeit kann auf zwei Zeitabschnitte verteilt werden, eine Verteilung auf weitere Zeitabschnitte ist nur mit Zustimmung des Arbeitgebers möglich. Können Arbeitnehmer aus einem von ihnen nicht zu vertretenden Grund eine sich unmittelbar an die Mutterschutzfrist anschließende Elternzeit nicht rechtzeitig beantragen, können sie dies innerhalb einer Woche nach Wegfall des Grundes nachholen.

Die Elternzeit kann vorzeitig beendet oder auch verlängert werden, wenn der Arbeitgeber zustimmt. Die vorzeitige Beendigung wegen der Geburt eines weiteren Kindes oder wegen eines besonderen Härtefalls kann der Arbeitgeber nur innerhalb von vier Wochen aus dringenden betrieblichen Gründen schriftlich ablehnen. Stirbt das Kind während der Elternzeit, endet diese spätestens drei Wochen nach dem Tod des Kindes. Eine Änderung der Anspruchsberechtigung hat der Arbeitnehmer dem Arbeitgeber unverzüglich mitzuteilen.

Urlaub

Der Arbeitgeber kann den Erholungsurlaub für jeden vollen Kalendermonat, den der Arbeitnehmer sich in der Elternzeit befindet, um ein Zwölftel kürzen. Anders als für die Berechnung des Teilurlaubs (→ 7.2.2) ist für die Kürzung des Urlaubs bei Elternzeit der Kalendermonat ausschlaggebend. Eine Kürzungsmöglichkeit besteht nicht, wenn der Arbeitnehmer bei seinem Arbeitgeber während der Elternzeit Teilzeitarbeit leistet (§ 17 Abs. 1 BErzGG).
Hat der Arbeitnehmer den ihm zustehenden Urlaub vor Beginn der Elternzeit nicht oder nicht vollständig erhalten, muss der Arbeitgeber den Resturlaub nach der Elternzeit im laufenden oder im nächsten Urlaubsjahr gewähren (§ 17 Abs. 2 BErzGG) und bei Beendigung des Arbeitsverhältnisses während oder mit Ende der Elternzeit abgelten (§ 17 Abs. 3 BerzGG).

Kündigung

Der Arbeitgeber darf das Arbeitsverhältnis während der Elternzeit nicht kündigen (§ 18 BErzGG). Nur in besonderen Ausnahmefällen kann ausnahmsweise eine Kündigung für zulässig erklärt werden (→ 10.2.2).
Der Arbeitnehmer kann das Arbeitsverhältnis zum Ende der Elternzeit nur unter Einhaltung einer Kündigungsfrist von drei Monaten kündigen (§ 19 BErzGG).

Bundeselterngeld- und Elternzeitgesetz

Am 1.1.2007 trat das Bundeselterngeld- und Elternzeitgesetz (BEEG) in Kraft, das für die Eltern aller Kinder gilt, die nach dem 31.12.2006 geboren werden. Für alle anderen gilt weiterhin das Bundeserziehungsgeldgesetz.
Wie das Bundeserziehungsgeldgesetz (→ oben) sieht auch das Bundeselterngeld- und Elternzeitgesetz zwei Anspruchsbereiche vor: den persönlichen Bereich für den Bezug von Elterngeld und den arbeitsrechtlichen Bereich für den Anspruch auf Freistellung (Elternzeit).

Anspruch auf Elterngeld

Anspruch auf Elterngeld gemäß § 1 Abs. 1 BEEG haben Eltern, die mit ihrem Kind in einem Haushalt leben, es selbst betreuen und erziehen, ihren Wohnsitz oder gewöhnlichen Aufenthalt in Deutschland haben und keine oder keine volle Erwerbstätigkeit ausüben. Weitere Anspruchsberechtigte sind Personen, die ein Kind angenommen haben oder mit einem Kind in einem Haushalt leben, das sie mit dem Ziel der Annahme als Kind aufgenommen haben oder die ein Kind des Ehegatten oder Lebenspartners in ihrem Haushalt aufgenommen haben.

Die Höhe des Elterngeldes beträgt 67 % des in den zwölf Kalendermonaten vor dem Monat der Geburt des Kindes erzielten monatlichen Einkommens aus Erwerbstätigkeit bis zu einem Höchstbetrag von 1800 Euro. Es wird für volle Monate gezahlt, in denen die berechtigte Person kein Erwerbseinkommen erzielt (§ 2 Abs. 1 BEEG). Auch wenn kein Einkommen vor der Geburt des Kindes erzielt wurde, wird das Elterngeld mindestens in Höhe von 300 Euro gezahlt, eine Anrechnung von anderen Leistungen wie Mutterschaftsgeld wird gemäß § 3 Abs. 1 BEEG vorgenommen.

Der Bezugszeitraum gemäß § 4 BEEG ist vom Tag der Geburt bis zur Vollendung des 14. Lebensmonats festgelegt. In dieser Zeit kann Elterngeld bezogen werden. Den Eltern stehen insgesamt zwölf Monatsbeträge zu. Sie haben jedoch Anspruch auf zwei weitere Beträge, wenn eine Minderung des Einkommens aus Erwerbstätigkeit für zwei Monate erfolgt, das heißt, wenn auch der Partner im ersten Lebensjahr des Kindes für mindestens zwei Monate zu Hause bleibt oder beruflich kürzertritt und es dadurch zu einer Erwerbsminderung kommt.

Das Elterngeld ist bei der zuständigen Behörde schriftlich zu beantragen (§ 7 BEEG).

Gemäß § 9 BEEG sieht das Gesetz erweiterte Einkommens- und Arbeitszeitnachweise und Auskunftspflichten für den Arbeitgeber vor. War bisher für den Bezug des Erziehungsgeldes das Bruttoentgelt maßgeblich (§ 12 BErzGG), so muss der Arbeitgeber Beschäftigten nun das Arbeitsentgelt, die abgezogene Lohnsteuer und den Arbeitnehmeranteil an den Sozialversicherungsbeiträgen sowie die Arbeitszeit auf Verlangen bescheinigen (§ 9 BEEG). Diese Bescheinigung muss vollständig und richtig sowie rechtzeitig ausgestellt werden. Versäumt dies der Arbeitgeber vorsätzlich oder fahrlässig, handelt er ordnungswidrig und muss mit einer Geldbuße bis zu 2000 Euro rechnen (§ 14 BEEG).

Anspruch auf Elternzeit

Anspruch auf Elternzeit gemäß § 15 BEEG haben Arbeitnehmer, die mit ihrem Kind oder mit einem Kind, für das die Anspruchsvoraussetzungen für Elterngeld nach § 1 Abs. 3 oder 4 BEEG vorliegen (→ oben), in einem Haushalt leben und dieses selbst betreuen und erziehen.

Der Anspruch auf Elternzeit besteht bis zur Vollendung des dritten Lebensjahres des Kindes. Die Zeit der Mutterschutzfrist nach der Entbindung von acht oder zwölf Wochen wird angerechnet (§ 15 Abs. 2 BEEG). Bei mehreren Kindern besteht der Anspruch auf Elternzeit für jedes Kind. Mit Zustimmung des Arbeitgebers kann ein Anteil der Elternzeit von bis zu zwölf Monaten auf die Zeit bis zur Vollendung des achten Lebensjahres übertragen werden.

Elternzeit kann von jedem Elternteil oder von beiden gemeinsam auch anteilig genommen werden (§ 15 Abs. 3 BEEG). Während der Elternzeit dürfen Arbeitnehmer nicht mehr als 30 Wochenstunden erwerbstätig sein.

Der Arbeitnehmer kann eine Verringerung der Arbeitszeit und ihrer Ausgestaltung beantragen. Innerhalb von vier Wochen sollen sich Arbeitgeber und Arbeitnehmer über den Antrag einigen. Sollte eine Einigung nicht erzielt werden können, kann der Arbeitnehmer gegenüber dem Arbeitgeber unter den in § 15 Abs. 7 BEEG genannten Voraussetzungen eine Verringerung der Arbeitszeit beanspruchen:

- Es müssen in der Regel mehr als 15 Arbeitnehmer im Betrieb beschäftigt sein.
- Das Arbeitsverhältnis in diesem Betrieb oder Unternehmen besteht ohne Unterbrechung länger als sechs Monate.
- Die vertraglich vereinbarte regelmäßige Arbeitszeit soll für mindestens zwei Monate auf einen Umfang zwischen 15 und 30 Wochenstunden verringert werden.
- Es stehen keine dringenden betrieblichen Gründe entgegen.
- Der Anspruch wurde dem Arbeitgeber sieben Wochen vor Beginn der Tätigkeit schriftlich mitgeteilt.

Der Antrag muss den Beginn und den Umfang der verringerten Arbeitszeit enthalten. Die gewünschte Verteilung der Arbeitszeit soll angegeben werden. Im Falle der Ablehnung muss der Arbeitgeber dies innerhalb von vier Wochen mit einer schriftlichen Begründung mitteilen. Stimmt der Arbeitgeber der Verringerung der Arbeitszeit nicht oder nicht rechtzeitig zu, kann der Arbeitnehmer vor dem Arbeitsgericht klagen.

Der Arbeitnehmer muss das Verlangen auf Elternzeit spätestens sieben Wochen vor Beginn schriftlich beim Arbeitgeber einreichen und gleichzeitig erklären, für welche Zeiten innerhalb von zwei Jahren Elternzeit genommen werden soll (§ 16 BEEG).

Wird die Elternzeit von der Mutter im Anschluss an die Mutterschutzfrist genommen, wird die Zeit der Mutterschutzfrist von acht oder zwölf Wochen nach § 6 Abs. 1 MuSchG auf den Zeitraum nach Satz 1 angerechnet. Nimmt die Mutter die Elternzeit im Anschluss an einen auf die Mutterschutzfrist folgenden Erholungsurlaub, werden die Zeiten der Mutterschutzfrist nach § 6 Abs. 1 MuSchG und die Zeit des Erholungsurlaubs auf den Zweijahreszeitraum nach Satz 1 angerechnet.

Die Elternzeit kann auf zwei Abschnitte verteilt werden. Soll die Elternzeit auf weitere Zeiträume verteilt werden, ist dies nur mit Zustimmung des Arbeitgebers möglich. Ebenso bedarf die vorzeitige Beendigung oder Verlängerung der Zustimmung des Arbeitgebers (§ 16 Abs. 3 BEEG).

Verstirbt das Kind während der Elternzeit, endet diese spätestens drei Wochen nach dem Tod des Kindes.

Urlaub

Wie beim Bundeserziehungsgeldgesetz (→ oben) kann der Arbeitgeber den Urlaub für jeden vollen Monat der Elternzeit um ein Zwölftel kürzen, es sei denn, dass der Arbeitnehmer während der Elternzeit beim Arbeitgeber Teilzeit leistet. Sollte der Arbeitnehmer den ihm zustehenden Urlaub nicht genommen haben, muss der Arbeitgeber den Resturlaub nach der Elternzeit im laufenden nächsten Kalenderjahr gewähren und bei Beendigung des Arbeitsverhältnisses während oder mit Ende der Elternzeit abgelten (§ 17 Abs. 3 BEEG).

Kündigung

Die Regelungen zum Kündigungsschutz (§ 18 KSchG) und der Kündigung zum Ende der Elternzeit (§ 19 BEEG) gelten entsprechend dem Bundeserziehungsgeldgesetz (→ oben).

Vertretung eines Arbeitnehmers in Mutterschutz oder Elternzeit

Gemäß § 21 BErzGG und § 21 BEEG ist die Befristung eines Arbeitsverhältnisses zur Vertretung eines Arbeitnehmers für Zeiten der Beschäftigungsverbote nach dem Mutterschutzgesetz oder dem Elternzeitgesetz zulässig (→ 6.2.3). Die Dauer der Befristung des Arbeitsverhältnisses muss kalendermäßig bestimmt oder bestimmbar oder den zugrunde liegenden Vertretungszwecken zu entnehmen sein. Bei vorzeitiger Beendigung der Elternzeit kann der Arbeitgeber den befristeten Arbeitsvertrag mit der Vertretung unter Einhaltung einer Frist von mindestens drei Wochen, jedoch frühestens zum Ende der Elternzeit kündigen. In diesem Fall gilt das Kündigungsschutzgesetz nicht. Dies kann aber vor Beginn des befristeten Arbeitsverhältnisses vertraglich ausgeschlossen werden.

Auszubildende und Jugendarbeitsschutzgesetz

Das Gesetz zum Schutz der arbeitenden Jugend (JArbSchG) gilt für die Beschäftigung von Personen, die noch nicht 18 Jahre alt sind

- in der Berufsausbildung
- als Arbeitnehmer
- in sonstigen Dienstleistungen, die der Arbeitsleistung von Arbeitnehmern ähnlich sind
- in einem der Berufsausbildung ähnlichen Ausbildungsverhältnis.

Es gilt nicht:

- für geringfügige Hilfeleistungen, soweit sie gelegentlich, aus Gefälligkeit, aufgrund familienrechtlicher Vorschriften, in Einrichtungen der Jugendhilfe und in Einrichtungen zur Eingliederung Behinderter erbracht werden
- sowie für die Beschäftigung durch die Personensorgeberechtigten im Familienhaushalt.

Kind ist, wer noch nicht 15 Jahre alt ist; Jugendlicher ist, wer 15, aber noch nicht 18 Jahre alt ist. Auf Jugendliche, die der Vollzeitschulpflicht unterliegen, finden die für Kinder geltenden Vorschriften Anwendung.

Gemäß § 5 Abs. 1 JArbSchG ist die Beschäftigung von Kindern verboten. Die Beschäftigung von Jugendlichen ist unter bestimmten Voraussetzungen und Beschränkungen erlaubt.

Arbeitszeit

Die tägliche Arbeitszeit von Jugendlichen darf nicht mehr als acht Stunden und nicht mehr als 40 Stunden wöchentlich betragen. Ausnahme: Um am Freitag früher ins Wochenende gehen zu können, dürfen sie an den übrigen Werktagen bis zu je 8,5 Stunden arbeiten. Gleiches gilt auch bei gleitender Arbeitszeit.

Ruhepausen

Zur Erholung haben Jugendliche das Recht auf geregelte, im Voraus feststehende Pausen. Bei einer Arbeitszeit von über 4,5 bis sechs Stunden müssen diese 30 Minuten, bei einer Arbeitszeit von über sechs Stunden insgesamt 60 Minuten andauern. Die erste Pause darf frühestens eine Stunde nach Arbeitsbeginn und spätestens eine Stunde vor Ende der Arbeitszeit gemacht werden. Keine Pause darf kürzer als 15 Minuten sein (§ 11 JarbSchG).

Nachtruhe

Zwischen Feierabend und Arbeitsbeginn am nächsten Tag müssen immer zwölf Stunden liegen (§ 13 JarbSchG). Eine Verkürzung dieser Ruhezeit ist nur in Notfällen möglich. Jugendliche dürfen außerdem nicht in der Zeit zwischen 20 und 6 Uhr arbeiten. Ausnahmen bestehen nur für Jugendliche über 16 Jahren, die

- im Gaststätten- und Schaustellergewerbe bis 22 Uhr
- in mehrschichtigen Betrieben bis 23 Uhr
- in der Landwirtschaft ab 5 oder bis 21 Uhr
- in Bäckereien und Konditoreien ab 5 Uhr (über 17-Jährige ab 4 Uhr)

beschäftigt werden dürfen.

Fünf-Tage-Woche

Für Jugendliche gilt die Fünf-Tage-Woche. Nach Möglichkeit sollen die beiden wöchentlichen Ruhetage aufeinanderfolgen (§ 15 JarbSchG).
Samstag und Sonntag sind für Jugendliche arbeitsfrei. Zulässig ist jedoch die Beschäftigung Jugendlicher an Samstagen und Sonntagen in Krankenanstalten sowie in Alten-, Pflege- und Kinderheimen usw. (§§ 16 – 17 JarbSchG). Mindestens zwei Wochenenden im Monat sollen beschäftigungsfrei bleiben.
Werden Jugendliche am Wochenende beschäftigt, ist ihnen die Fünf-Tage-Woche durch Freistellung an anderen berufsschulfreien Arbeitstagen derselben Woche sicherzustellen.

Feiertagsruhe

Jugendliche dürfen nicht am 24. (Heiligabend) und 31. Dezember (Silvester) nach 14 Uhr und an gesetzlichen Feiertagen beschäftigt werden. Abweichend davon ist die Beschäftigung Jugendlicher an gesetzlichen Feiertagen in Krankenanstalten sowie in Alten-, Pflege- und Kinderheimen gestattet. Davon ausgenommen sind jedoch der 25. Dezember, 1. Januar, Ostersonntag und 1. Mai. Bei Beschäftigung an einem gesetzlichen Feiertag, der auf einen Werktag fällt, ist der Jugendliche an einem anderen berufsschulfreien Arbeitstag derselben oder der folgenden Woche freizustellen (§ 18 JarbSchG).

Urlaub

Für jedes Kalenderjahr hat der Arbeitgeber Jugendlichen bezahlten Erholungsurlaub zu gewähren. Der Anspruch Jugendlicher auf Jahresurlaub ist gemäß § 19 JarbSchG nach Alter gestaffelt (→ Tab. 7.16).
Stichtag ist jeweils der 1. Januar. Wer also am 1. Januar oder früher 18 Jahre alt wird, hat für dieses Urlaubsjahr keinen Anspruch nach dem JArbSchG mehr.

Der Jugendliche ist zu Beginn des Kalenderjahres noch nicht	16 Jahre	17 Jahre	18 Jahre
Urlaubsanspruch mindestens	30 Werktage	27 Werktage	25 Werktage

Tab. 7.16: Gesetzlicher Urlaubsanspruch Jugendlicher.

Der Urlaub soll Berufsschülern in der Zeit der Berufsschulferien gegeben werden, andernfalls ist für jeden Tag, an dem die Berufsschule während des Urlaubs nicht besucht wird, ein weiterer Urlaubstag zu gewähren. Im Übrigen gelten auch für Jugendliche die Vorschriften des BUrlG (→ 7.2.2) mit der Besonderheit, dass in Tarifverträgen hiervon nicht zum Nachteil der Jugendlichen abgewichen werden kann (§ 19 JarbSchG).

Berufsschule

Für die Teilnahme am Unterricht der Berufsschule sind Jugendliche grundsätzlich freigestellt. Das heißt, sie brauchen nicht mehr in ihren Ausbildungsbetrieb zurückzukehren, sondern können zu Hause den Unterricht aufarbeiten, wenn die Berufsschule länger als fünf Unterrichtsstunden à 45 Minuten dauert. Die völlige Freistellung von der Arbeit im Betrieb gilt aber nur für einen Berufsschultag pro Woche. Wer zweimal wöchentlich je sechs Stunden Berufsschule hat, muss an einem dieser Tage wieder an seinen Ausbildungsplatz zurückkehren. Zusätzliche betriebliche Ausbildungsveranstaltungen sind bis zu zwei Stunden pro Woche zulässig. Freigestellt werden müssen Auszubildende auch für die Zeit vor Unterrichtsbeginn, wenn die Berufsschule vor 9 Uhr beginnt. Gleiches trifft zu, wenn die Berufsschule zwar erst um 9 Uhr oder später anfängt, aber vorher nur eine kurze Anwesenheit am Ausbildungsplatz möglich ist. Für die Prüfungen und den Tag vor der schriftlichen Abschlussprüfung sind die jugendlichen Auszubildenden ebenfalls von der Arbeit freizustellen (§§ 9–10 JarbSchG).

Gesundheitliche Betreuung

Jugendliche bedürfen eines besonderen Schutzes, wenn sie in das Berufsleben eintreten. Es darf kein Jugendlicher beschäftigt werden, der nicht innerhalb der letzten 14 Monate von einem Arzt untersucht worden ist (Erstuntersuchung) und dem Arbeitgeber eine von diesem Arzt ausgestellte Bescheinigung vorlegt (§§ 32 ff. JarbSchG).

Generelle Beschäftigungsverbote für Jugendliche

Jugendliche dürfen nicht mit gefährlichen Arbeiten (§ 22 JarbSchG) beschäftigt werden,

- die ihre physische und psychische Leistungsfähigkeit übersteigen
- bei denen sie sittlichen Gefahren ausgesetzt sind
- die mit Unfallgefahren verbunden sind

- bei denen ihre Gesundheit durch außergewöhnliche Hitze, Kälte oder starke Nässe gefährdet wird
- bei denen sie schädlichen Wirkungen von Lärm, Erschütterungen, Strahlen ausgesetzt sind
- bei denen sie schädlichen Einwirkungen von Gefahrstoffen im Sinne des Chemikaliengesetzes ausgesetzt sind
- bei denen sie schädlichen Einwirkungen von biologischen Arbeitsstoffen ausgesetzt sind.

Jugendliche dürfen nicht beschäftigt werden

- mit Akkordarbeit und sonstigen Arbeiten, bei denen durch ein gesteigertes Arbeitstempo ein höheres Entgelt erzielt werden kann
- in einer Arbeitsgruppe mit erwachsenen Arbeitnehmern, die mit den vorstehenden Arbeiten beschäftigt werden
- mit Arbeiten unter Tage.

Schutz von schwerbehinderten Menschen

Schwerbehinderte Menschen bedürfen eines besonderen Schutzes im Arbeitsleben. Dies ist geregelt im SGB IX Rehabilitation und Teilhabe behinderter Menschen. In diesem Gesetz ist eine Vielzahl von Pflichten für den Arbeitgeber zur Förderung und zum Schutz schwerbehinderter Menschen im Arbeitsleben vorgesehen.

Betroffener Personenkreis

Menschen sind behindert, wenn ihre körperliche Funktion, geistige Fähigkeit oder seelische Gesundheit mit hoher Wahrscheinlichkeit länger als sechs Monate von dem für das Lebensalter typischen Zustand abweichen und daher ihre Teilhabe am Leben in der Gesellschaft beeinträchtigt ist. Als schwerbehindert gilt, wer einen Grad der Behinderung (GdB) von mindestens 50 aufweist und seinen Wohnsitz, seinen gewöhnlichen Aufenthalt oder seine Beschäftigung auf einem Arbeitsplatz im Sinne des § 73 rechtmäßig im Geltungsbereich dieses Gesetzbuches hat (§ 2 SGB IX).

Die Feststellung erfolgt auf Antrag durch die Versorgungsämter. Behinderte Menschen mit einem GdB von weniger als 50, aber mindestens 30 können unter bestimmten Voraussetzungen Schwerbehinderten gleichgestellt werden. Anträge sind an die zuständige Arbeitsagentur zu richten. Gleichgestellte erhalten keinen Schwerbehindertenausweis. Sie haben nach der Gleichstellung die gleiche

Rechtsstellung wie schwerbehinderte Menschen, jedoch keinen Anspruch auf Zusatzurlaub (→ unten).

In folgenden Bereichen bestehen im Arbeitsleben für schwerbehinderte Menschen besondere Rechte:

Arbeitszeit und Arbeitsplatz

Bei der Regelung der Arbeitszeit und der Gestaltung des Arbeitsplatzes müssen die Bedürfnisse eines schwerbehinderten Menschen seinen Fähigkeiten und Kenntnissen entsprechend berücksichtigt werden. Abgesehen von Notfällen kann der schwerbehinderte Mitarbeiter ohne Angabe von Gründen Mehrarbeit ablehnen (§ 124 SGB IX).

Benachteiligungsverbot

Der Arbeitgeber darf einen Schwerbehinderten wegen seiner Behinderung nicht benachteiligen, ausgenommen die Art der Tätigkeit und die Behinderung stehen im Wesentlichen den beruflichen Anforderungen entgegen (§ 81 Abs. 2 SGB IX). Mithilfe der Integrationsämter hat der Arbeitgeber eine dauerhafte und behindertengerechte Beschäftigung der in § 71 SGB IX vorgeschriebenen Zahl schwerbehinderter Menschen sicherzustellen (§ 81 Abs. 3 SGB IX) und die Einrichtung von Teilzeitarbeitsplätzen zu fördern (§ 81 Abs. 5 SGB IX).

Integrationsvereinbarung

Der Arbeitgeber hat eine so genannte Integrationsvereinbarung mit der Schwerbehindertenvertretung zu treffen. In der Integrationsvereinbarung sollen Regelungen zur Eingliederung schwerbehinderter Menschen festgelegt werden (§ 83 SGB IX).

Anzeigepflicht des Arbeitgebers

Der Arbeitgeber hat dem Integrationsamt sowohl die Einstellung schwerbehinderter Menschen auf Probe als auch eine Beendigung des Arbeitsverhältnisses innerhalb der ersten sechs Monate innerhalb von vier Tagen anzuzeigen (§ 90 Abs. 3 SGB IX).

Besondere Rechte schwerbehinderter Menschen

Soweit es dem Arbeitgeber zumutbar und nicht mit unverhältnismäßig hohen Aufwendungen verbunden ist, wird schwerbehinderten Menschen ein individueller Anspruch (§ 81 Abs. 4 SGB IX) gewährt auf

- Beschäftigung, bei der sie ihre Fähigkeiten und Kenntnisse möglich voll verwerten und weiterentwickeln können
- bevorzugte Berücksichtigung bei innerbetrieblichen Maßnahmen der beruflichen Bildung zur Förderung ihres beruflichen Fortkommens
- Erleichterungen im zumutbaren Umfang zur Teilnahme an außerbetrieblichen Maßnahmen der beruflichen Bildung
- behinderungsgerechte Einrichtung und Unterhaltung der Arbeitsstätten
- Ausstattung ihres Arbeitsplatzes mit den erforderlichen technischen Arbeitshilfen
- Teilzeitbeschäftigung, wenn die Kürzung der Arbeitszeit wegen Art oder Schwere der Behinderung notwendig ist (§ 81 Abs. 5 SGB IX).

Zusatzurlaub

Schwerbehinderte Menschen mit einem GdB von 50 und mehr, jedoch nicht Gleichgestellte haben neben ihrem Anspruch auf Erholungsurlaub zusätzlich nach § 125 SGB IX einen Anspruch auf bezahlten Zusatzurlaub in Höhe von fünf Arbeitstagen im Urlaubsjahr, sofern sie das gesamte Jahr beschäftigt waren und die Schwerbehinderteneigenschaft vorlag.
Besteht die Schwerbehinderteneigenschaft nicht während des gesamten Kalenderjahres, wird gemäß § 125 Abs. 2 Satz 1 SGB IX eine anteilige Berechnung vorgenommen. Danach haben Schwerbehinderte für jeden vollen Monat, in dem während der Beschäftigung die Schwerbehinderteneigenschaft vorgelegen hat, einen Anspruch auf ein Zwölftel des Zusatzurlaubs.
Besteht die Schwerbehinderteneigenschaft während des gesamten Kalenderjahres, nicht jedoch das Beschäftigungsverhältnis, so wird der Zusatzurlaub entsprechend der Beschäftigungszeit gekürzt. Bei der Berechnung werden Bruchteile von Urlaubstagen, die mindestens einen halben Urlaubstag ergeben, aufgerundet. Abrundungen finden nicht statt. Der Zusatzurlaub muss im Kalenderjahr genommen werden.

Kündigungsschutz und bevorzugte Einstellung

Die Kündigung des Arbeitsverhältnisses eines Schwerbehinderten durch den Arbeitgeber bedarf der vorherigen Zustimmung des Integrationsamts (→ 10.2.3).

Der Schutz des schwerbehinderten Menschen nach SGB IX beginnt schon mit dem objektiven Vorliegen der Schwerbehinderung, nicht erst, wenn die Schwerbehinderung amtlich, in Form eines Schwerbehindertenausweises, vorliegt. Der Arbeitnehmer muss jedoch dem Arbeitgeber nachweisen, dass er schwerbehindert ist, und tut dies in der Regel durch Vorlage des Ausweises.
Geschützt sind nicht nur schwerbehinderte Menschen, die bereits in einem Arbeitsverhältnis stehen. Vielmehr können auch dem erfolglosen Bewerber Ansprüche zustehen, wenn der Arbeitgeber seine Pflicht zur bevorzugten Einstellung schwerbehinderter Menschen nicht genügt. Hier kann gegen ihn ein gesetzlicher Entschädigungsanspruch erhoben werden (§ 81 Abs. 2 SGB IX).

Schwerbehindertenvertretung

Sind in einem Betrieb fünf oder mehr Schwerbehinderte ständig beschäftigt, sind aus diesen eine Vertrauensperson und ein stellvertretendes Mitglied zu wählen (§ 94 Abs. 1 SGB IX). In großen Unternehmen mit Gesamt- oder Konzernbetriebsrat ist eine Gesamt- oder Konzernschwerbehindertenvertretung zu wählen (§ 97 SGB IX). Vertrauensleute haben die gleiche persönliche Rechtsstellung wie Betriebsrats- oder Personalratsmitglieder und dürfen in der Ausübung ihres Amtes nicht behindert oder wegen ihres Amtes benachteiligt oder begünstigt werden.
Die Vertrauensperson ist auf ihren Wunsch freizustellen, wenn im Betrieb wenigstens 200 schwerbehinderte Menschen beschäftigt sind (§ 96 SGB IX).

Beschäftigungspflicht

Jeder Arbeitgeber ist verpflichtet zu prüfen, ob freie Arbeitsplätze mit schwerbehinderten Menschen, insbesondere mit solchen, die bei der Arbeitsagentur gemeldet sind, besetzt werden können. Diese hat dem Arbeitgeber geeignete schwerbehinderte Arbeitnehmer vorzuschlagen.
Arbeitgeber sind gemäß § 71 SGB IX verpflichtet, schwerbehinderte Menschen zu beschäftigen, wenn sie im Jahresdurchschnitt monatlich wenigstens 20 Arbeitsplätze haben. Mindestens 5 % der Arbeitsplätze sind mit schwerbehinderten Menschen zu besetzen, dabei sind schwerbehinderte Frauen besonders zu berücksichtigen (§ 71 SGB IX).

Ausgleichsabgabe

Erfüllt der Arbeitgeber die Beschäftigungspflicht nicht, hat er eine Ausgleichsabgabe (§ 77 SGB IX) zu zahlen.

Die Ausgleichsabgabe beträgt pro Monat und unbesetztem Pflichtplatz

- 105 Euro bei einer jahresdurchschnittlichen Beschäftigungsquote von 3 % bis weniger als 5 %
- 180 Euro bei einer jahresdurchschnittlichen Beschäftigungsquote von weniger als 3 %
- 260 Euro bei einer jahresdurchschnittlichen Beschäftigungsquote von weniger als 2 % (📖 50).

7.3.2 Personalakte

Der Begriff der Personalakte ist gesetzlich nicht definiert. Unter einer Personalakte versteht man im Allgemeinen eine Sammlung der unterschiedlichsten Unterlagen. Dazu gehören:

- Dokumente
- Urkunden
- Personalbögen
- Leistungsberichte
- Beurteilungen
- Fort- und Weiterbildungsnachweise
- Zwischenzeugnisse
- Zeugnisse
- Arbeitsunfähigkeitsbescheinigungen
- Arbeitsbefreiungen
- Abmahnungen
- Gegendarstellungen
- Kündigung
- Zusatzvereinbarungen zum Arbeitsvertrag
- Zielvereinbarungen
- Aufzeichnungen über Mitarbeitergespräche (Rückkehrgespräche)
- Aufhebungsverträge.

Dem Arbeitgeber ist es grundsätzlich selbst überlassen, welche Unterlagen er in die Personalakten aufnimmt. Sie müssen jedoch im Zusammenhang mit dem Arbeitsverhältnis stehen. Durch die Aufbewahrung soll der Werdegang des Arbeitnehmers in der Einrichtung möglichst aussagekräftig, detailliert nachvollziehbar und abrufbar gemacht werden.

Wird eine Abmahnung Bestandteil der Personalakte, haben Arbeitnehmer einen Anspruch auf Aufnahme einer Gegendarstellung, die ebenfalls zur Personalakte zu nehmen ist. Enthält die Personalakte unrichtige Tatsachen oder Darstellungen,

zum Beispiel eine unberechtigte Abmahnung, kann der Arbeitnehmer die Berichtigung der Personalakte oder die Entfernung entsprechender Dokumente verlangen. Diese Ansprüche sind gerichtlich einklagbar.
Eine Verpflichtung des Arbeitgebers zur Führung einer Personalakte besteht nicht. Wird jedoch eine angelegt, ergeben sich Rechte und Pflichten im Umgang mit derselben. So sind die Personalakten so aufzubewahren, dass Unbefugte keinen Zugriff erhalten oder Einblick nehmen können. Das gilt sowohl für die papiergebundene Form als auch für die elektronische Personalakte. Bei Letzterer finden die entsprechenden Datenschutzgesetze Anwendung.
Sollte der Arbeitgeber unberechtigterweise persönliche Informationen über einen Mitarbeiter an Dritte weitergeleitet oder auch nur deren Zugriff geduldet haben, kann der Arbeitnehmer sowohl Schadensersatz- als auch Schmerzensgeldansprüche geltend machen.

Einsichtsrecht des Arbeitnehmers

Arbeitnehmer sind berechtigt, jederzeit auch ohne besonderen Anlass Einsicht in ihre Personalakte zu nehmen sowie Abschriften und Fotokopien daraus zu fertigen (§ 83 Abs. 1 BetrVG, § 3 Abs. 5 TVöD). Dies kann während der Arbeitszeit geschehen, wobei jedoch auf dienstliche Belange Rücksicht zu nehmen ist. Der Arbeitgeber ist verpflichtet, die Personalakte vollständig vorzulegen. Das betrifft auch eventuell bestehende Nebenakten. Auch die Anfertigung von Abschriften und Kopien ist zulässig.
Arbeitnehmer können auch Dritte, zum Beispiel Kollegen oder ein Betriebsratsmitglied, hinzuziehen und ihnen ein Einsichtsrecht gewähren. Ohne Zustimmung des Arbeitnehmers hat der Betriebsrat kein Recht auf Einsicht in die Personalakte. Das Einsichtsrecht kann auch von einem Bevollmächtigten durch die Vorlage einer Vollmacht ausgeübt werden (📖 8, S. 17ff.).

7.3.3 Nebenbeschäftigung des Arbeitnehmers

Bei einer Nebenbeschäftigung setzt der Arbeitnehmer seine Arbeitskraft außerhalb des Hauptarbeitsverhältnisses ein weiteres Mal zu Erwerbszwecken ein. Das ist grundsätzlich zulässig, soweit es nicht zur Verletzung zwingender Arbeitnehmerschutzvorschriften wie die Überschreitung der Höchstarbeitszeit führt und die vertragliche Arbeitspflicht beim ersten (Haupt-)Arbeitgeber nicht in unzulässiger Weise (Wettbewerbsverbot) beeinträchtigt wird. Im Einzelfall kann durch Arbeits-, Tarifvertrag oder Betriebsvereinbarung eine Nebenbeschäftigung untersagt werden.

Geht ein erkrankter Arbeitnehmer während seiner Arbeitsunfähigkeit im Hauptarbeitsverhältnis einer Nebenbeschäftigung nach, ist eine Kündigung nur gerechtfertigt, wenn durch die Nebenbeschäftigung der Krankheitsverlauf negativ beeinträchtigt wird.

7.3.4 Sonderurlaub

Beschäftigte können bei Vorliegen eines wichtigen Grunds unter Verzicht auf die Fortzahlung des Entgelts Sonderurlaub erhalten (§ 28 TVöD). Dabei besteht das Arbeitsverhältnis weiter, aber alle Ansprüche daraus ruhen während dieser Zeit. Sonderurlaub kann gewährt werden, um einen Angehörigen nach SGB IX zu pflegen, während einer Weiterbildungsmaßnahme oder eines Studiums. Nach Rückkehr aus dem Sonderurlaub steht dem Arbeitnehmer ein Arbeitsplatz in der Einrichtung zu, nicht aber zwingend im vorherigen Einsatzbereich.

7.3.5 Versetzung

Der Arbeitnehmer hat die geschuldete Arbeitsleistung an der vereinbarten Arbeitsstelle oder Arbeitsort zu erbringen. Dies umfasst in der Regel den gesamten Betrieb. In den wenigsten Fällen wird im Arbeitsvertrag ein konkreter Arbeitsplatz vereinbart. Üblicherweise wird ein Arbeitsvertrag mit der Einrichtung geschlossen, so dass Mitarbeiter im Rahmen der vertraglich vereinbarten Arbeitsleistung auch innerhalb dieser Einrichtung aufgrund des Direktionsrechts des Arbeitgebers versetzt werden können. Zulässig ist auch eine Versetzung in eine Filiale desselben Unternehmens.
Unter einer Versetzung wird die Zuweisung eines anderen Arbeitsbereichs von über einmonatiger Dauer oder unter erheblicher Änderung der Arbeitsumstände verstanden. Die sonstige Zuweisung eines anderen Arbeitsplatzes, vor allem wenn sie nach der Eigenart der Einrichtung üblich ist, gilt nicht als Versetzung (§ 95 Abs. 3 BetrVG).
Bei einer Versetzung, die nicht aus disziplinarischen Gründen erfolgt, müssen alle Mitarbeiter nach dem Grundsatz der Gleichbehandlung berücksichtigt werden. Auf berechtigte Interessen der Arbeitnehmer ist Rücksicht zu nehmen.

Mitbestimmungspflicht

In Einrichtungen mit mehr als 20 wahlberechtigten Arbeitnehmern unterliegen personelle Einzelmaßnahmen des Arbeitgebers wie Einstellung, Eingruppierung, Umgruppierung und Versetzung dem Mitbestimmungsrecht des Betriebsrats (§ 99 BetrVG). Über beabsichtigte Maßnahmen dieser Art hat der Arbeitgeber den Betriebsrat zu unterrichten, ihm die erforderlichen Unterlagen vorzulegen und Auskunft über den vorgesehenen Arbeitsplatz, die beabsichtigte Eingruppierung und über die Person des zu versetzenden Mitarbeiters zu geben sowie die Auswirkungen der Versetzung auf den Betrieb zu nennen. Der Arbeitgeber muss umfassend über die fachliche und persönliche Eignung des Arbeitnehmers Auskunft geben. Er ist aber nicht verpflichtet, Informationen zu beschaffen, die er selbst nicht hat (📖 31, S. 69ff.).

7.3.6 Ermahnung

Mit einer Ermahnung, Beanstandung oder Vorhaltung weist der Arbeitgeber auf eine Pflichtverletzung hin. Die Ermahnung enthält zwar ebenfalls eine Rüge, aber anders als die Abmahnung (→ 7.3.7) keine Androhung von Rechtsfolgen für die Zukunft, wie eine Versetzung, Änderungs- oder Beendigungskündigung.
Auch der Vorgang einer Ermahnung wird in der Regel schriftlich aufgezeichnet, meist in Form einer Protokollnotiz.

7.3.7 Abmahnung

Bevor eine verhaltensbedingte Kündigung (→ 10.1.2) ausgesprochen werden kann, muss eine ordnungsgemäße Abmahnung erfolgen, die das zu missbilligende Verhalten des Arbeitnehmers konkretisiert. Eine Abmahnung kann sowohl aus Gründen, die im Bereich der vertraglichen betrieblichen Störungen liegen, als auch in den Fällen, in denen das Vertrauensverhältnis beeinträchtigt wird, ausgesprochen werden.
Bei solchen Verletzungen ist nach der Rechtsprechung des Bundesarbeitsgerichts (BAG) grundsätzlich eine Abmahnung erforderlich, sofern ein steuerbares Verhalten vorliegt und damit gerechnet werden kann, dass das nun gestörte Vertrauensverhältnis durch eine Verhaltensänderung aufgrund der Abmahnung wiederhergestellt wird (BAG v. 12.8.1999, AZ 2 AZR 923/98).
Eine Abmahnung kann grundsätzlich formfrei erfolgen, sofern nicht in Tarifverträgen vorgesehen ist, dass eine Abmahnung schriftlich zu erklären ist. Die Abmahnung sollte jedoch aus Beweisgründen tunlichst schriftlich erfolgen, da im Fall einer späteren Kündigung oder bei weiteren Abmahnungen der Inhalt der vorangegangenen Abmahnung vom Arbeitgeber nachgewiesen werden muss, aber

auch um der Dokumentationsfunktion der Abmahnung Rechnung zu tragen. Damit eine Abmahnung zum Tragen kommen kann, muss sie Folgendes enthalten:
- konkrete Beschreibung des missbilligten Verhaltens (Rügefunktion)
- Aufforderung, dass der Arbeitnehmer sein Verhalten ändern muss (Warnfunktion)
- Androhung von Rechtsfolgen, zum Beispiel der Kündigung, für den Fall, dass der Arbeitnehmer sein Verhalten nicht ändert (Warnfunktion).

Beispiele, wie Abmahnungen formuliert werden können, finden sich im Anhang.
Um Arbeitnehmer nicht mit einer plötzlichen Kündigung zu überraschen, entwickelte sich die Rechtsprechung dahin, dass vor Ausspruch einer Kündigung der Arbeitnehmer auf sein Fehlverhalten aufmerksam gemacht werden muss. Die Abmahnung gibt dem Arbeitnehmer Gelegenheit und Zeit, sein Verhalten zu korrigieren. Sie hat immer eine Warnfunktion, dass das bestehende Arbeitsverhältnis gefährdet ist, und sollte von Arbeitnehmerseite nicht unterschätzt werden.
Arbeitgeber können für eine verhaltensbedingte Kündigung nur Gründe heranziehen, die vorher durch eine Abmahnung gerügt wurden. Kündigungsgrund und Gegenstand der vorhergehenden, vergeblichen Abmahnung müssen sich auf denselben Sachverhalt beziehen. Zwei bis drei Abmahnungen innerhalb von zwei Jahren wegen desselben Grundes berechtigen zur Kündigung. Eine Abmahnung hat auch eine Dokumentationsfunktion. Nicht abgemahnte Ereignisse können bis auf Ausnahmen nicht zur Begründung einer Kündigung herangezogen werden.
Eine Abmahnung ist immer die Vorstufe einer Kündigung und ist zu unterscheiden von
- Ermahnungen
- Vorhaltungen
- Beanstandungen
- Protokollnotizen.

Diese enthalten ebenfalls eine Rüge, ziehen aber keine Rechtsfolgen nach sich.
Eine Abmahnung ist an keine Frist gebunden, sollte aber, um die gewollten Wirkungen zu erreichen, zeitnah ausgesprochen werden, das heißt möglichst bald nach Bekanntwerden des Fehlverhaltens des Arbeitnehmers. Liegt ein Grund für eine verhaltensbedingte Kündigung vor, der den Arbeitgeber auch zu einer außerordentlichen Kündigung berechtigen würde, muss dieser innerhalb von 14 Tagen nach Bekanntwerden des Grundes abmahnen oder die Kündigung aussprechen. Reagiert der Arbeitgeber auf ein Fehlverhalten des Arbeitnehmers nicht oder überzogen verspätet, so ist es rechtsmissbräuchlich, wenn der Arbeitgeber diesen Vorfall dem Arbeitnehmer in der Zukunft vorwirft.

Durch eine Abmahnung soll dem Arbeitnehmer Gelegenheit gegeben werden, sein beanstandetes Verhalten zu ändern. Daher muss eine Abmahnung auch wirken können, was bedeutet, dass der Arbeitgeber nicht drei Abmahnungen aus demselben Grund kurz nacheinander aussprechen kann (📖 5, S. 10ff.).

Anlass

Eine Abmahnung ist möglich bei
- Arbeitsverweigerung
- Bummelei
- häufiger Unpünktlichkeit
- nicht rechtzeitig angezeigter Arbeitsunfähigkeit
- verspätetem Vorlegen einer Arbeitsunfähigkeitsbescheinigung
- Nichtbeachten von Arbeitsschutz- oder Unfallverhütungsvorschriften
- nicht angezeigter Nebentätigkeit
- eigenmächtigem Urlaubsantritt
- privaten Telefongesprächen, privater Nutzung von Internet und E-Mail ohne Genehmigung
- Verletzung der Verschwiegenheitspflicht
- Beleidigung von Kollegen oder Vorgesetzten
- Weigerung, zulässige Mehrarbeit oder Überstunden zu leisten
- Verstoß gegen den Datenschutz
- Verstoß gegen ein Rauch- oder Alkoholverbot
- Ablehnung von vorgeschriebenen ärztlichen Untersuchungen
- Beteiligung an einem rechtswidrigen Streik
- Teilnahme an Demonstrationen während der Arbeitszeit.

Abmahnberechtigte Personen

Nicht jeder Vorgesetzte im Betrieb ist berechtigt, eine Abmahnung auszusprechen. Deshalb ist beim Ausspruch einer Abmahnung darauf zu achten, dass die unterzeichnende oder erklärende Person befugt ist, das vertragliche Rügerecht des Arbeitgebers wahrzunehmen.
Nach der – umstrittenen – Auffassung des Bundesarbeitsgerichts sind Mitarbeiter, die bezüglich Ort, Zeit, Art und Weise der arbeitsvertraglich geschuldeten Leistung Weisungen erteilen können, auch abmahnungsberechtigt, unabhängig davon, ob diese auch zu einer Kündigung befugt wären. Somit können auch Fachvorgesetzte eine Abmahnung rechtswirksam aussprechen, auch wenn sie keine Einstellungs- oder Kündigungsbefugnis haben. An anderer Stelle wird die

Auffassung vertreten, dass die Warnfunktion einer Abmahnung nur durch kündigungsberechtigte Personen herbeigeführt werden kann. Letztendlich ist es ausschlaggebend, wie zuvor im Betrieb verfahren wurde.
Eine Abmahnung sollte mit dem Hinweis verbunden sein, dass im Wiederholungsfall das Arbeitsverhältnis gekündigt wird.

Anhörungspflicht und Mitbestimmungsrecht

Grundsätzlich kann die Abmahnung ohne vorherige Anhörung des Arbeitnehmers ausgesprochen werden, wenn nichts Gegenteiliges im Arbeits- oder Tarifvertrag vorgesehen ist. Die Abmahnung muss dem Arbeitnehmer zur Kenntnis gelangen, so dass für diesen die Möglichkeit besteht, zu dem Vorwurf des Arbeitgebers Stellung zu nehmen beziehungsweise die Angelegenheit aus seiner Sicht darzulegen. Ebenso wie die Abmahnung muss auch die Gegendarstellung in die Personalakte aufgenommen werden.
Anders als bei der Kündigung (§ 102 Abs. 1 BetrVG) muss der Betriebsrat der Abmahnung nicht zustimmen und hat auch keinen Anspruch auf Vorlage einer Abschrift der Abmahnung (§ 87 Abs. 1 BetrVG). Dies gilt auch dann, wenn der Mitarbeiter selbst Mitglied des Betriebsrats ist. Der Betriebsrat hat bei Abmahnungen kein Mitbestimmungsrecht.

Rechte des Arbeitnehmers

Arbeitnehmer sind berechtigt, objektiv unberechtigte Abmahnungen, nicht aber Wertungen des Arbeitgebers aus der Personalakte entfernen zu lassen. Aufgrund der arbeitsrechtlichen Fürsorgepflicht des Arbeitgebers ist dieser verpflichtet, dafür zu sorgen, dass durch die Personalakte ein zutreffendes Bild des Arbeitnehmers in seinen vertraglichen und persönlichen Beziehungen zum Arbeitgeber vermittelt wird. Nach erfolgter Abmahnung kann der Mitarbeiter nach § 83 Abs. 2 BetrVG eine Erklärung zu dem ihm vorgeworfenen Sachverhalt abgeben. Diese Gegendarstellung ist ebenfalls in die Personalakte aufzunehmen.
Mitarbeiter können sich mit einer Beschwerde an die zuständigen Stellen des Betriebs und an den Betriebs-, Personalrat oder die Mitarbeitervertretung (§§ 84–85 BetrVG) wenden, wenn sie sich durch die Abmahnung ungerecht behandelt fühlen. Der Betriebsrat wird dann die Beschwerde prüfen. Hält er diese für berechtigt, wird er sich an den Arbeitgeber wenden und darauf hinwirken, dass der Beschwerde abgeholfen wird. Sollte trotz Vermittlung des Betriebsrats keine Einigung erzielt werden, haben Arbeitnehmer das Recht, eine Änderung oder Entfernung der Abmahnung aus der Personalakte beim zuständigen Arbeitsgericht einzuklagen.

Aufbewahrungspflichten

Zur Personalakte genommen werden sollte:
- die schriftlich erteilte Abmahnung in Kopie
- Zeugenaussagen, sonstige Beweismittel, zum Beispiel eine Kopie der Zeiterfassungskarte
- Empfangsbestätigungen
- Übergabebestätigungen
- Bestätigung einer Übersetzung (falls notwendig)
- Dokumente der Post wie Rückschein eines Einschreibens
- Zustellungsart der Abmahnung, zum Beispiel per Boten
- Protokolle
- Notizen, insbesondere bei mündlich erfolgten Abmahnungen.

Umstritten ist, wie lange die Abmahnung in der Personalakte aufzubewahren ist, da es dafür keine gesetzlichen Vorschriften gibt. Eine berechtigt ausgesprochene Abmahnung kann im Lauf der Zeit ihre Wirkung verlieren und somit einen Anspruch auf Entfernung aus der Personalakte begründen. Maßgebend bei dieser Frage ist die Schwere des Fehlverhaltens. In der Regel werden Abmahnungen nach zwei Jahren aus der Personalakte entfernt, wenn sich der Mitarbeiter seitdem korrekt verhalten hat. Bei schweren Verfehlungen, die auch eine außerordentliche Kündigung gerechtfertigt hätten, sollten Abmahnungen fünf bis sechs Jahre in der Personalakte verbleiben.

Entbehrlichkeit der Abmahnung

In folgenden Fällen kann eine Abmahnung unterbleiben, da entweder der Arbeitnehmer die Kündigungsgründe nicht beeinflussen kann oder will oder das Fehlverhalten so schwerwiegend ist, dass aus diesen Gründen dem Arbeitgeber eine Fortsetzung des Arbeitsverhältnisses nicht mehr zumutbar ist (BAG v. 10.2.1999, AZ 2 ABR 31/98). Dies ist zum Beispiel der Fall, wenn
- der Arbeitnehmer krankheitsbedingt Schlechtleistungen (→ 8.1.1) erbringt, die er nicht beeinflussen kann
- der Arbeitnehmer damit rechnen muss, dass der Arbeitgeber sein Verhalten missbilligen wird
- durch Hinweise in Rundschreiben, Dienstanweisungen oder Ähnlichem auf die Befolgung der vom Arbeitnehmer verletzten Vorschriften aufmerksam gemacht wurde, zum Beispiel der Nichtbeachtung von Unfallverhütungsvorschriften

- der Arbeitnehmer Straftaten wie Beleidigungen sowie tätliche Angriffe auf Patienten, Mitarbeiter oder Vorgesetzte begeht
- eine nachhaltige Störung des Vertrauens vorliegt, so dass auch durch eine Abmahnung eine Wiederherstellung des Vertrauensverhältnisses ausgeschlossen ist, zum Beispiel nach Diebstahl, Unterschlagung oder Betrug (📖 27).

Achtung!

Die Frage, ob ein Mitarbeiter bereit oder nicht bereit ist, sein Verhalten zu ändern, muss besonders vorsichtig beurteilt werden. Es ist unbedingt zu vermeiden, pauschal eine mangelnde Bereitschaft zur Änderung und Besserung zu unterstellen. Erst wenn sich der Mitarbeiter hartnäckig weigert oder wenn er von vornherein zu erkennen gibt, dass ihn nur eine Kündigung von einem bestimmten Verhalten abbringen kann, verspricht eine Abmahnung keinen Erfolg.

7.3.8 Mitbestimmung im Betrieb

Besteht ein Betriebsrat in der Einrichtung, so kann er nach dem Betriebsverfassungsgesetz (BetrVG) bei einer Vielzahl von innerbetrieblichen personellen oder sozialen Angelegenheiten mitbestimmen.
Die dem Betriebsrat zustehenden wichtigsten gesetzlichen Mitbestimmungsrechte:

- soziale Angelegenheiten (§ 87 BetrVG)
- Änderungen der Arbeitsplätze, des Arbeitsablaufs oder der Arbeitsumgebung (§ 91 BetrVG)
- Personalplanung (§ 92 BetrVG)
- Beurteilungsgrundsätze, Personalfragebogen (§ 94 BetrVG)
- Auswahlrichtlinien (§ 95 BetrVG)
- Berufsbildung (§§ 97–98 BetrVG)
- personelle Einzelmaßnahmen (§ 99 BetrVG)
- Mitbestimmung bei Kündigungen (§ 102 BetrVG).

Wird der Betriebsrat seinen Rechten nicht entsprechend beteiligt, kann er seine Rechte vor dem Arbeitsgericht einklagen.

7.3.9 Betriebsvereinbarung

Eine Betriebsvereinbarung ist ein privatrechtlicher kollektiver Normenvertrag zwischen Arbeitgeber und Betriebsrat. Mit Betriebsvereinbarungen regeln und gestalten die Betriebspartner die betriebliche und betriebsverfassungsrechtliche Ordnung sowie die individuellen Rechtsbeziehungen zwischen Arbeitgeber und Arbeitnehmern. Die Betriebsvereinbarung wirkt unmittelbar und zwingend auf die einzelnen Arbeitsverhältnisse und macht Einzelvereinbarungen mit den Arbeitnehmern überflüssig, somit gelten für alle einheitliche Arbeitsbedingungen (📖 31, S. 72ff.).

7.3.10 Dienstanweisung

Im Rahmen seines Direktions- oder Weisungsrechts kann der Arbeitgeber Einzelanweisungen an den Arbeitnehmer erteilen, er kann aber auch, wenn es sich um wichtige Belange im Betrieb handelt, eine so genannte Dienstanweisung erlassen. Diese regelt bestimmte Verfahrensabläufe für ausgewählte Bereiche. Dienstanweisungen können zum Beispiel im Bereich der Delegation von ärztlichen und pflegerischen Maßnahmen ergehen. Insbesondere Injektionen oder auch andere Bereiche können per Dienstanweisung konkretisiert werden, u. a. die Verpflichtung zum Tragen von Dienstkleidung oder die private Nutzung des Internets am Arbeitsplatz.

8 Leistungsstörungen

Wie bei jedem anderen Vertrag ist es auch beim Arbeitsvertrag wichtig, dass dieser von beiden Vertragspartnern ordnungsgemäß eingehalten wird. In der Praxis sieht die Realität jedoch oft anders aus. Ein Grund dafür sind Leistungsstörungen, bei denen zwischen Nichtleistung und Schlechtleistung unterschieden wird. Bei der Nichtleistung wird eine Leistung, die als Haupt- oder Nebenpflicht vertraglich vereinbart ist, nicht oder verspätet erbracht. Bei der Schlechtleistung wird die Leistung zwar erbracht, jedoch mit Mängeln. In beiden Fällen können unter Umständen Schadensersatzansprüche gegenüber der anderen Vertragspartei geltend gemacht werden.

8.1 Leistungsstörungen auf Seiten des Arbeitnehmers

8.1.1 Verletzung der Hauptpflicht

Eine schuldhafte Verletzung seiner arbeitsvertraglichen Pflichten kann nachteilige Konsequenzen für den Arbeitnehmer haben. Der Arbeitgeber ist in Fällen, in denen der Arbeitnehmer seiner Hauptpflicht, der Arbeitsleistung (→ 7.1.1), nicht nachkommt, berechtigt, eine Gehaltsminderung, die Kürzung von Zulagen oder anderen Vergünstigungen vorzunehmen, eine Kündigung auszusprechen und gegebenenfalls Schadensersatz zu fordern (📖 31, S. 53).

Nichtleistung

Von einer Unmöglichkeit der Arbeitsleistung ist auszugehen, wenn der Arbeitnehmer unentschuldigt fehlt. Eine Nachleistung der Arbeit scheidet in der Regel aus, da diese zu einer bestimmten Zeit geschuldet wurde. Damit hat der Mitarbeiter keinen Anspruch auf Vergütung (→ 7.2.1).
Hat der Arbeitgeber die Nichtleistung zu vertreten, behält der Arbeitnehmer jedoch seinen Anspruch auf Arbeitsentgelt.

Ist die Unmöglichkeit der Arbeitsleistung weder vom Arbeitgeber noch vom Arbeitnehmer verschuldet, verliert der Arbeitnehmer den Vergütungsanspruch, es sei denn, es handelt sich um einen Fall, der in das so genannte Betriebsrisiko des Arbeitgebers fällt, wie fehlende Versorgungsaufträge oder Bettenleerstand (📖 36, S. 60 Rz 205ff.).

Schlechtleistung

Eine Schlechtleistung liegt vor, wenn der Arbeitnehmer die geforderte Arbeitsleistung zwar erbringt, diese jedoch mit Mängeln behaftet ist und dem Arbeitgeber dadurch ein Schaden entsteht. Der Arbeitnehmer muss seine Arbeitsleistung vertragsgemäß im Interesse des Arbeitgebers erbringen, dabei sind die Grundsätze von Treu und Glauben sowie allgemeine Verkehrssitten zu beachten (§ 242 BGB). Von Arbeitnehmern kann berechtigterweise verlangt werden, dass der Einzelne am Arbeitsplatz subjektiv sein Leistungsvermögen ausschöpft und die Leistung gewissen Mindestanforderungen genügt.

Als Schlechtleistungen gelten

- zu langsames Arbeiten (Low Performer)
- fehlerhafte Arbeitsergebnisse
- Beschädigung von Geräten, Fahrzeugen, Maschinen, Werkzeugen oder sonstigem Eigentum des Arbeitgebers
- Verletzung von Patienten, Bewohnern, Arbeitskollegen oder Kunden.

Arbeitet ein Mitarbeiter aus anderen als alters- oder krankheitsbedingten Gründen zu langsam und erbringt er nicht die erwartete Arbeitsleistung, liegt eine Vertragsstörung vor. Unter bestimmten Voraussetzungen kann der Arbeitgeber eine Kündigung wegen Schlechtleistung aussprechen. In diesen Fällen obliegt es dem Arbeitgeber, den Leistungsmangel genau zu beschreiben, sowie seine Beanstandung zu begründen. Eine pauschale Aussage reicht im Arbeitsgerichtsverfahren üblicherweise nicht aus (📖 27).

Kann von Arbeitgeberseite ein dauerhaftes Leistungsdefizit des Mitarbeiters nachgewiesen werden, kommen als arbeitsrechtliche Konsequenzen eine Abmahnung (→ 7.3.7), eine verhaltensbedingte Kündigung oder eine personenbezogene Kündigung (→ 10.1.2) in Betracht. Eine verhaltensbedingte Kündigung wegen Leistungsmängel setzt grundsätzlich eine Abmahnung voraus (📖 5,

S. 22ff., Rz 19ff.). Der Arbeitgeber darf jedoch nicht mit Gehaltskürzungen auf eine mangelhafte Arbeitsleistung reagieren.
Soll wegen einer Schlechtleistung eine Kündigung ausgesprochen werden, muss der Arbeitgeber nachweisen, dass die Leistung auf Dauer und nicht nur unerheblich unter der als Normalwert anzusehenden Leistung liegt und/oder eine nicht mehr zu tolerierende Fehlerquote vorliegt. Dies ist nach der Rechtsprechung bei einer Unterschreitung der betriebsüblichen Arbeitsleistung von 40 bis 50 % anzunehmen (BAG v. 11.12.2003, AZ 2 AZR 667/02).

8.1.2 Verletzung von Nebenpflichten

Liegt die schuldhafte Verfehlung des Arbeitnehmers in der Verletzung einer Nebenpflicht (→ 7.1.2), so haftet er gegenüber dem Arbeitgeber nur bei grober Fahrlässigkeit oder Vorsatz für den daraus entstehenden Schaden (📖 28, S. 84).
Aus der Treue- oder Loyalitätspflicht, einer der Nebenpflichten des Arbeitnehmers, ergeben sich Unterlassungs- und Verhaltenspflichten. Zu den Unterlassungspflichten gehört vor allem die Verschwiegenheitspflicht, das heißt, der Arbeitnehmer muss über alle Geschäfts- und Betriebsgeheimnisse Stillschweigen bewahren. Bei einem Verstoß ist der Arbeitgeber berechtigt, Schadensersatz vom Arbeitnehmer zu verlangen. Er kann zudem den Arbeitnehmer abmahnen und sogar eine Kündigung aussprechen (📖 37, S. 27).

8.1.3 Haftung

Bei Ausübung der beruflichen Tätigkeit lässt es sich nicht immer vermeiden, dass auch Fehler gemacht werden. Diese können zum Teil nicht unerheblich sein, so dass der Arbeitgeber in seinem Vermögen, aber auch Dritte geschädigt werden können. Eine Haftung des Arbeitnehmers kann immer dann eintreten, wenn er bei Ausübung seiner betrieblichen Tätigkeit eine Pflichtverletzung begeht, die zu Schäden führt.
Die Verantwortung für einen eingetretenen Schaden richtet sich in diesen Fällen nach den allgemeinen Grundsätzen des Haftungsrechts, das heißt, der Mitarbeiter haftet grundsätzlich für den von ihm verursachten Schaden wegen einer unerlaubten Handlung (§ 823 BGB) sowohl bei Personen als auch bei Sachen.

Personenschäden

Personenschäden bei Patienten/Bewohnern

Personenschäden können in ihrer Auswirkung sehr unterschiedlich sein, von Bagatellverletzungen bis zu schwerwiegenden Beeinträchtigungen. Dabei kommt es in erster Linie nicht auf die Höhe des eingetretenen Schadens, sondern auf das Verschulden an.
Beispiele für häufige Fehler sind u. a.

- Schädigung durch eine falsche Dosierung eines Medikaments oder eine fehlerhafte Applikation von Injektionen
- Verwechseln von Patienten, Körperteilen
- Fehler bei der Medikamentengabe
- Verletzung von Obhutspflichten, zum Beispiel unbemerktes Verschwinden eines demenzkranken Patienten aus dem Krankenhaus
- Stürze
- fehlerhafte Wärme- oder Kälteanwendung.

Die Frage, wer bei Personenschäden in der ambulanten Pflege haftet, die bei der Mitnahme von Patienten im Dienstwagen entstehen, stellt sich nur, wenn auf Veranlassung des Arbeitgebers Patienten befördert werden. Diese Schäden sind von der Kraftfahrzeug-Haftpflichtversicherung des Arbeitgebers gedeckt. Normalerweise ist es jedoch in der ambulanten Pflege nicht üblich, Patienten zu transportieren.

Personenschäden bei Kollegen

Kommt ein Kollege körperlich zu Schaden, liegt ein Arbeitsunfall vor. Hier tritt die Unfallversicherung des Arbeitgebers ein (§ 105 SGB VII).

Sachschäden

Schäden am Eigentum von Patienten/Bewohnern

Während eines stationären Aufenthalts kommt es öfter vor, dass Sachen eines Patienten/Bewohners abhanden kommen oder durch Unachtsamkeit von Pflegepersonen versehentlich zerstört werden. In der häuslichen Pflege geht nicht selten Geschirr zu Bruch. In jedem Fall muss das Schadensereignis, auch in den Fällen, in denen noch kein Schaden eingetreten ist, unverzüglich angezeigt werden. In der Regel existieren in den Einrichtungen entsprechende Dienstanweisungen, wie eine Schadensmeldung zu erfolgen hat und an wen sie zu schicken ist (📖 7, S. 330ff., Rz 813ff.). Immer ist zu prüfen, ob die Pflegefachkraft dafür haftbar zu machen ist oder ob der Patient/Bewohner selbst dafür verantwortlich ist.

Schäden am Eigentum von Kollegen

Schäden am privaten Eigentum eines Mitarbeiters muss der Verursacher diesem ersetzen oder eine Erstattung des Schadens durch seine private Haftpflichtversicherung beantragen.

Schäden am Arbeitgebereigentum

Ein Schadensersatzanspruch des Arbeitgebers für Sachschäden setzt voraus:

- eine Pflichtverletzung des Arbeitnehmers
- ein Verschulden des Arbeitnehmers (Vorsatz oder Fahrlässigkeit)
- den Eintritt eines Schadens beim Arbeitgeber
- einen ursächlichen Zusammenhang zwischen der Pflichtverletzung und dem Eintritt des Schadens.

Nach den Vorschriften des BGB würde der Arbeitnehmer für Sachschäden bereits dann voll haften, wenn ihm auch nur leichteste Fahrlässigkeit zur Last gelegt werden könnte. Im Arbeitsrecht jedoch gelten bei der Frage des Verschuldens besondere Maßstäbe, da der Arbeitnehmer häufig mit Arbeitsmaterialien umgehen muss, deren Wert in keinem Verhältnis zum Einkommen steht, und er der Gefahr ausgesetzt wäre, selbst bei einer leichten Pflichtverletzung in seiner Existenz bedroht zu werden.

In der Rechtsprechung wurden daher **Haftungserleichterungen** für Arbeitnehmer entwickelt, da auch sehr sorgfältig arbeitenden Beschäftigten Fehler unterlaufen können. Dabei muss es sich jedoch immer um Tätigkeiten handeln, die durch den Betrieb veranlasst und aufgrund des Arbeitsverhältnisses ausgeführt werden. Das sind in Einrichtungen wie Krankenhäusern, Heimen und ambulanten Diensten alle Tätigkeiten, die üblicherweise das Aufgabengebiet der entsprechenden Pflegepersonen umfassen.

Im ambulanten Pflegebereich gehören neben den üblichen Aufgaben auch sämtliche Fahrten zum und vom Patienten dazu sowie betriebsnotwendige Fahrten wie Besorgungen für den Patienten oder den Betrieb, nicht jedoch Fahrten zur Arbeit und nach Hause sowie Privatfahrten.

In der ambulanten Pflege kommt es häufig zu Unstimmigkeiten, wenn vom Arbeitnehmer Schäden am Dienstfahrzeug verursacht wurden. Einige Arbeitgeber fordern unter Umständen unberechtigterweise die Übernahme des Schadens oder eine Beteiligung daran. Der Arbeitgeber ist zwar nicht verpflichtet, eine Vollkaskoversicherung für das Kraftfahrzeug abzuschließen, hat er jedoch den Abschluss einer üblichen und zumutbaren Kaskoversicherung unterlassen, kann dies nicht zulasten des Arbeitnehmers gehen. Eine fehlende Versicherung wirkt

sich dahingehend aus, dass der Arbeitnehmer nur **in Höhe der Selbstbeteiligung** haften muss, die bei einer solchen Versicherung vereinbart worden wäre, nicht jedoch für den verursachten Schaden.
Wie bei allen Schäden muss ermittelt werden, wie weit das Vermögen des Arbeitgebers durch die schädigende Handlung vermindert worden ist. Zu berücksichtigen sind dabei u. a.

- Reparaturkosten des Kraftfahrzeugs
- Wertminderung trotz Reparatur
- Kosten für Gutachten
- Ausfall
- Mietwagen.

Haftung nach dem Dreistufenmodell

Nach der herrschenden Rechtsprechung kann der Arbeitgeber die Haftung nicht allein auf den Arbeitnehmer abwälzen oder dieses in einer Nebenabrede zum Arbeitsvertrag verlangen.
Vielmehr richtet sich die Haftung bei einem Fehler durch betriebliche Tätigkeiten nach dem Dreistufenmodell:

- Bei leichtester Fahrlässigkeit haftet der Arbeitnehmer überhaupt nicht.
- Bei normaler oder mittlerer Fahrlässigkeit wird der Schaden geteilt.
- Bei grober Fahrlässigkeit sowie bei Vorsatz haftet der Arbeitnehmer grundsätzlich allein und in voller Höhe (📖 36, S. 62 Rz 211ff.).

Leichteste Fahrlässigkeit

Unter leichtester Fahrlässigkeit versteht man eine geringfügige Pflichtwidrigkeit, die leicht entschuldbar ist und jedem unterlaufen kann, zum Beispiel die Beschädigung von (auch sehr teuren) Instrumenten oder das Verursachen einer Beule oder von Lackschäden beim Einparken eines Autos bei engem Parkraum.

Normale oder mittlere Fahrlässigkeit

Bei der mittleren Fahrlässigkeit liegt das Verschulden des Arbeitnehmers zwischen grober und leichter Fahrlässigkeit. Dabei wird in der Regel eine Aufteilung des Schadens zwischen Arbeitgeber und Arbeitnehmer vorgenommen. Dabei muss die Teilung jedoch keineswegs zu gleichen Teilen erfolgen, sondern richtet sich nach einer Vielzahl von Faktoren. Insbesondere ist zu berücksichtigen, wie groß die Gefahr ist, dass einem Mitarbeiter bei der konkreten Tätigkeit ein Fehler unterlaufen kann (Gefahrgeneigtheit). Im Allgemeinen wird beim Führen eines

Kraftfahrzeugs, noch dazu unter dem zumeist bestehenden Zeitdruck in den ambulanten Pflegeeinrichtungen, eine größere Gefahrgeneigtheit vorausgesetzt. Weitere zu berücksichtigende Faktoren sind
- Position des Mitarbeiters im Betrieb aufgrund der Vorbildfunktion
- Höhe des Gehalts
- Risikozuschläge
- Lebensalter
- Familienverhältnisse
- bisheriges Verhalten des Arbeitnehmers.

Grobe Fahrlässigkeit

Eine grobe Fahrlässigkeit liegt in der Regel bei einer besonders schwerwiegenden Pflichtverletzung vor, die nicht zu entschuldigen ist. Dabei muss der Arbeitnehmer elementare Sorgfaltspflichten außer Acht gelassen haben, deren Bedeutung jedem verständigen Menschen ohne Weiteres klar ist. Dazu zählen zum Beispiel das Nichtbeachten von Dienst- oder Verfahrensanweisungen, das Ausführen von Pflegemaßnahmen und Bedienen von Geräten oder Maschinen unter Alkoholeinfluss.

Beispiel

Eine Gesundheits- und Krankenpflegerin beauftragt eine Altenpflegeschülerin, einem Patienten selbstständig eine i. m. Injektion zu verabreichen, da sie der Auffassung ist, die Schülerin müsse nach Abschluss ihrer Ausbildung in einigen Tagen diese sowieso ohne die entsprechende Überwachung einer Pflegefachkraft ausführen. Sie selbst widmet sich derweil anderen Dingen. Durch einen Fehler der Schülerin, der bei Anwesenheit und Kontrolle durch die Pflegefachkraft zu vermeiden gewesen wäre, erleidet der Patient einen Schaden und stellt Schadensersatzforderungen an die Einrichtung. In diesem Fall haften beide Pflegekräfte für den Schaden. Sie handelten grob fahrlässig, da es eine Dienstanweisung im Hause gibt, die besagt, dass Injektionen durch Auszubildende nicht ohne Aufsicht einer Pflegefachkraft oder eines Arztes vorgenommen werden dürfen. Obwohl diese Anweisung beiden bekannt war, setzen sie sich wider besseren Wissen darüber hinweg (📖 1).
Hätte die Schülerin eigenmächtig die Injektion vorgenommen, wäre nur sie verantwortlich zu machen.
Kommt es zu einer Schädigung des Patienten in einer Anleitungssituation, sind beide Personen aufgrund der Dienstanweisung abgesichert (📖 2).

In der ambulanten Pflege fällt unter grobe Fahrlässigkeit außerdem noch das
- Zurücklassen von Patientenunterlagen oder Schlüsseln im Auto
- Autofahren unter Alkoholeinfluss
- Überfahren einer roten Ampel
- Überholen an unübersichtlichen Strecken
- Telefonieren oder Rauchen während der Fahrt.

Bei grober Fahrlässigkeit sowie bei Vorsatz haftet der Arbeitnehmer allein für den vollen Schadensersatz. Sollte ein erhebliches Missverhältnis zwischen dem eingetretenen Schaden und der Höhe des Verdiensts des Arbeitnehmers vorliegen, so dass die Existenz des Arbeitnehmers durch die Schadensersatzforderung bedroht ist, kann auch in diesen Fällen eine Haftungsminderung vorgenommen werden (📖 10).

Schadensersatzanspruch

Die Höhe des Schadensersatzanspruchs gegenüber dem anderen Vertragspartner kann variieren. Je nach Umständen des Einzelfalls können zwischen ein bis drei Monatsgehälter, in Ausnahmefällen auch bis zu einem Jahresgehalt berechnet werden.

Bei der Berechnung des Schadens ist auch zu prüfen, ob der Arbeitgeber den eingetretenen Schaden nicht hätte versichern können. Die meisten Krankenhäuser und Pflegeeinrichtungen haben eine Betriebshaftpflichtversicherung abgeschlossen, die bei der Schadensverursachung durch Mitarbeiter den Versicherungsbedingungen entsprechend zum Tragen kommt.

Achtung!

Hat eine Pflegeeinrichtung keine Betriebshaftpflichtversicherung abgeschlossen oder ist unklar, wie hoch die Deckungssummen vereinbart sind, ist jedem Mitarbeiter zu empfehlen, eine eigene Berufshaftpflichtversicherung abzuschließen.

Beweislast

Nach § 619 a BGB hat der Arbeitgeber die volle Beweislast zu tragen. Er muss sowohl beweisen, dass der Arbeitnehmer durch sein Verhalten einen Schaden verursacht hat, als auch in welchem Maße er dies schuldhaft getan hat.

Durchsetzung des Schadensersatzanspruchs

Für den Arbeitgeber ist die einfachste Art, Schadensersatzansprüche durchzusetzen, den entsprechenden Betrag von der Vergütung abzuziehen. Dies kann jedoch nicht willkürlich geschehen, sondern nur unter Beachtung der Pfändungsfreigrenzen nach der Lohnpfändungstabelle. Unter Umständen kann so nur ein geringer Betrag pro Monat zurückbehalten werden. Ist der Abzug der betreffenden Summe vom Lohn nicht möglich, muss der Arbeitgeber ein gerichtliches Mahnverfahren einleiten, um seine berechtigten Forderungen vollstrecken zu können.

8.2 Leistungsstörungen auf Seiten des Arbeitgebers

Auch auf Seiten des Arbeitgebers kann es zu Leistungsstörungen kommen. Die häufigste ist der Verzug der Entgeltzahlung, was gleichzeitig eine Verletzung der Hauptpflicht bedeutet.

8.2.1 Verletzung der Hauptpflicht

Verzug der Entgeltzahlung

Der Arbeitgeber gerät in Verzug, wenn er das Entgelt nicht zum vereinbarten Zeitpunkt zahlt. Ist er mit der Entgeltzahlung in Verzug, so ist dieses gemäß § 288 BGB ab Verzugsbeginn mit 5 % über dem jeweiligen Basiszinssatz zu verzinsen.
Der im Verzug befindliche Schuldner haftet gemäß § 280 BGB für alle durch den Verzug entstandenen Schäden beziehungsweise Kosten des Gläubigers. Dies gilt jedoch nicht im Arbeitsrecht, da aufgrund einer entsprechenden Anwendung des § 12 a ArbGG der Schuldner nicht für die Kosten einer vorprozessualen anwaltlichen Vertretung aufkommen muss. Der Arbeitnehmer muss also die Kosten eines eventuell von ihm eingeschalteten Rechtsanwalts selbst bezahlen und kann trotz des Verzugs keine Erstattung vom Arbeitgeber verlangen.
Sollte der Arbeitgeber für einen längeren Zeitraum (ab zirka zwei Monaten) in Verzug geraten, so kann der Arbeitnehmer nach vorheriger Ankündigung seine Arbeitsleistung zurückbehalten. Obwohl der Arbeitgeber weiterhin zur fortlaufenden Entgeltzahlung verpflichtet ist, muss der Arbeitnehmer diese Zeit nicht nacharbeiten (📖 32, S. 56).

Der Arbeitnehmer ist darüber hinaus berechtigt, bei andauerndem erheblichem Zahlungsverzug des Arbeitgebers eine außerordentliche Kündigung auszusprechen. In diesem Fall ist der Arbeitgeber dem Arbeitnehmer zum Ersatz des durch die fristlose Kündigung bedingten Verdienstausfalls bis zum Ablauf der ordentlichen Kündigungsfrist verpflichtet. Wie weit der Arbeitnehmer jedoch den Anspruch auf Entgeltzahlung durchsetzen kann, bleibt dahingestellt, insbesondere in Fällen der drohenden Insolvenz des Arbeitgebers. Sollte der Arbeitnehmer eine außerordentliche Kündigung mit dieser Begründung aussprechen, so ist er gleichwohl verpflichtet, sich bei der Arbeitsagentur arbeitsuchend zu melden. Die übliche Sperrzeit von zwölf Wochen bei einer Eigenkündigung entfällt in diesen Fällen.

Annahmeverzug

Der Arbeitgeber gerät in Annahmeverzug, wenn er das Arbeitsangebot des Arbeitnehmers nicht annimmt oder ablehnt. Gemäß § 615 BGB bleibt der Arbeitgeber weiterhin zur Zahlung des Gehalts verpflichtet, ohne dass der Arbeitnehmer die durch den Annahmeverzug verlorene Arbeitszeit nacharbeiten muss.
Ein konkretes Arbeitsangebot des Arbeitnehmers ist entbehrlich, wenn der Arbeitgeber zu erkennen gegeben hat, dass er die Arbeitsleistung des Arbeitnehmers entweder durch eine Suspendierung oder Kündigung ablehnen wird.

8.2.2 Verletzung von Nebenpflichten

Verletzt der Arbeitgeber schuldhaft seine Nebenpflichten, insbesondere seine Schutzpflichten aus dem Arbeitsverhältnis, so haftet er gegenüber dem Arbeitnehmer auf Ersatz des Schadens gemäß § 280 Abs. 1 BGB Schadensersatz wegen Pflichtverletzung.
Eine Haftungsprivilegierung des Arbeitgebers liegt für den Fall eines Arbeits- und Wegeunfalls des Arbeitnehmers vor. In diesen Fällen hat der Arbeitnehmer einen verschuldensunabhängigen Anspruch auf Ersatz der ihm entstandenen gesundheitlichen Schäden gegen die zuständige Berufsgenossenschaft. Im Gesundheitswesen ist dies die Berufsgenossenschaft für Gesundheit und Wohlfahrtspflege.
Ein Anspruch des Arbeitnehmers gegenüber dem Arbeitgeber oder gegenüber einem Mitarbeiter wegen einer Verletzung aufgrund eines schuldhaften, aber nicht vorsätzlich herbeigeführten Arbeitsunfalls ist gemäß § 104 SGB VII ausgeschlossen.

9 Beendigung von Arbeitsverhältnissen

Arbeitsverhältnisse können auf unterschiedliche Weise beendet werden (→ Abb. 9.1). Das Arbeitsverhältnis kann enden durch:

- Zeitablauf oder Zweckerreichung
- Vereinbarung in Aufhebungs- oder Auflösungsvertrag
- ordentliche und außerordentliche Kündigung
- Tod des Arbeitnehmers
- Eintritt eines als Beendigungsgrund vereinbarten Ereignisses wie Altersrente oder Rente wegen verminderter Erwerbsfähigkeit (📖 33, S. 99ff.).

9.1 Zeitablauf oder Zweckerreichung

Das befristete Arbeitsverhältnis endet, ohne dass es einer Kündigung bedarf, mit Fristablauf (§ 15 Abs. 1 TzBfG) oder der vereinbarten Zweckerreichung, zum Beispiel dem Ende der Urlaubs-, Krankheits- oder Mutterschutzvertretung (→ 6.2.6). Kündigungsschutzbestimmungen wie das Mutterschutzgesetz (→ 7.3.1) oder das Kündigungsschutzgesetz (→ 10) finden in diesen Fällen keine Anwendung.

Bei einem Arbeitsverhältnis mit einer **Zweckbefristung** muss der Arbeitgeber spätestens zwei Wochen vor der bestehenden Beendigung des Arbeitsverhältnisses auf den Zeitpunkt der Zweckerreichung schriftlich hinweisen (§ 15 Abs. 2 TzBfG). Erfolgt dies nicht, endet das Arbeitsverhältnis erst mit Ablauf der Zwei-

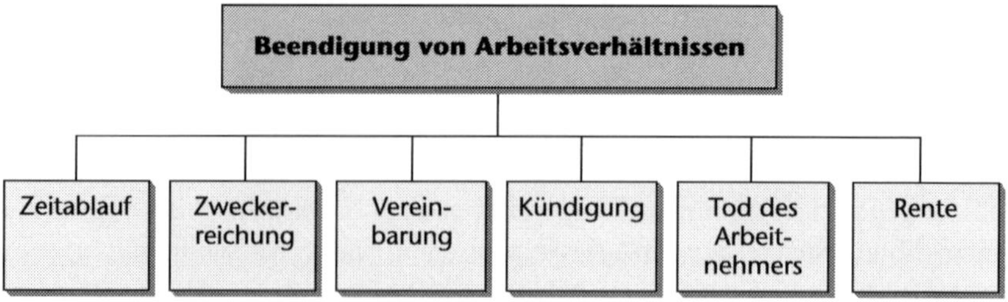

Abb. 9.1: Gründe für die Beendigung von Arbeitsverhältnissen.

wochenfrist, beginnend mit dem Zugang der schriftlichen Mitteilung (📖 10). Um Unklarheiten zu vermeiden, sollte dem Arbeitnehmer auch bei Arbeitsverhältnissen mit einer **Zeitbefristung** 14 Tage vor Ablauf mitgeteilt werden, dass das Arbeitsverhältnis endet und dass von Arbeitgeberseite nach diesem Termin keine Arbeitsleistung vom Arbeitnehmer angenommen wird (📖 36, S. 95, Rz 345).

Achtung!

Wird das Arbeitsverhältnis nach dem Fristablauf oder der Zweckerreichung fortgesetzt, ohne dass der Arbeitgeber widerspricht oder dem Arbeitnehmer die Zweckerreichung oder den Eintritt der auflösenden Bedingung unverzüglich schriftlich mitteilt, entsteht ein unbefristetes Arbeitsverhältnis (§ 15 Abs. 5 TzBfG).

Eine Kündigung des befristeten Arbeitsverhältnisses ist nur zulässig, wenn dies zwischen Arbeitgeber und Arbeitnehmer ausdrücklich vereinbart wurde oder dieses in dem auf das Arbeitsverhältnis anwendbaren Tarifvertrag vorgesehen ist (§ 15 Abs. 3 TzBfG). Ist das befristete Arbeitsverhältnis für einen längeren Zeitraum als fünf Jahre eingegangen, so kann es vom Arbeitnehmer nach Ablauf von fünf Jahren gekündigt werden (§ 15 Abs. 4 TzBfG). Eine außerordentliche Kündigung aus wichtigem Grund ist dessen ungeachtet immer möglich (📖 37, S. 71 ff.).

9.2 Aufhebungsvertrag/Auflösungsvertrag

Ein Aufhebungs- oder Auflösungsvertrag ist eine Vereinbarung, durch die das Arbeitsverhältnis im gegenseitigen Einvernehmen beendet wird. Er setzt also die übereinstimmenden Erklärungen beider Vertragsparteien voraus. Ein Aufhebungsvertrag ist an keine Frist gebunden und kann jederzeit geschlossen werden. Nach dem Grundsatz der Vertragsfreiheit stehen einer einvernehmlichen Beendigung des Arbeitsverhältnisses durch Arbeitnehmer und Arbeitgeber keinerlei gesetzliche Verbots- oder Schutzgesetze entgegen; selbst wenn das Arbeitsverhältnis einem besonderen Schutzgesetz wie Mutterschutzgesetz, Elternzeitgesetz, Schwerbehindertengesetz unterliegt, kann es jederzeit durch einen Vertrag vorzeitig beendet werden.

Werden Arbeitsverhältnisse durch Aufhebungs- oder Auflösungsverträge beendet, so bedürfen sie gemäß § 623 BGB der Schriftform. Zu beachten ist dabei, dass der Aufhebungsvertrag in mindestens **einer Urkunde** sowohl vom Arbeitgeber als auch vom Arbeitnehmer eigenhändig unterzeichnet sein muss. Unzureichend und damit nicht zulässig sind Kopien, E-Mails und Faxe. Auch ein Schriftwechsel, auf dem jeweils nur eine Unterschrift der Parteien vorliegt, ist nicht ausreichend. Ein gerichtlich protokollierter Vergleich, der die Erklärungen beider Parteien beinhaltet, ersetzt die gesetzliche Schriftform (§ 126 Abs. 4, § 127 a BGB).

Achtung!

Wird die Formvorschrift nicht beachtet, so endet das Arbeitsverhältnis auch bei übereinstimmendem Willen der Parteien nicht!

Ein Aufhebungsvertrag kann im Gegensatz zur Kündigung grundsätzlich ohne Mitwirkung des Betriebsrats geschlossen werden.
Arbeitnehmer, die einen Aufhebungsvertrag schließen, haben keinen Anspruch auf Zahlung einer Abfindung, wenn dies nicht im Aufhebungsvertrag ausdrücklich vereinbart wird oder ein Sozialplan existiert.

Fürsorge- und Belehrungspflichten des Arbeitgebers

Obwohl den Arbeitgeber beim Abschluss eines Aufhebungsvertrags keine besonderen Fürsorgepflichten treffen, kann es im Zweifel doch notwendig sein, Arbeitnehmer auf rechtliche Konsequenzen hinzuweisen.
Eine Aufklärung kommt dann in Frage, wenn

- der Abschluss des Aufhebungsvertrags von Arbeitgeberseite veranlasst wurde und beim Arbeitnehmer der Eindruck erweckt wird, der Arbeitgeber werde bei der Beendigung des Arbeitsvertrags auch dessen Interessen wahrnehmen
- der Arbeitgeber erkennt, dass der Arbeitnehmer sich über die möglichen Folgen des Abschlusses eines Aufhebungsvertrags nicht im Klaren ist, zum Beispiel über das Eintreten einer dreimonatigen Sperrfrist bei der Arbeitsagentur bei anschließender Arbeitslosigkeit
- der Arbeitnehmer über die möglichen Folgen eines Aufhebungsvertrags Fragen stellt, die der Arbeitgeber zutreffend beantworten muss.

Der Arbeitgeber hat nach der Rechtsprechung des BAG seine Hinweispflicht augenscheinlich dann erfüllt, wenn er dem Arbeitnehmer mitteilt, dass er mit der Verhängung einer Sperrzeit zu rechnen habe, und ihn auffordert, sich hierüber selbst bei der Arbeitsagentur zu erkundigen. Unterlässt der Arbeitgeber diesen Hinweis, bleibt der Aufhebungsvertrag zwar wirksam, jedoch kann der Arbeitnehmer gegebenenfalls Schadensersatz in Höhe des entgangenen Arbeitslosengelds beanspruchen.

Aus Beweisgründen sollte sich der Arbeitgeber die Belehrung vom Arbeitnehmer auf einem gesonderten Schriftstück oder im Aufhebungsvertrag bestätigen lassen.

9.3 Kündigung

Eine Kündigung ist eine einseitige, jedoch empfangsbedürftige Willenserklärung, die dem Kündigungsempfänger zugegangen sein muss (§ 130 Abs. 1 BGB) (→ 9.3.1). In der Kündigungserklärung muss eindeutig zum Ausdruck kommenden, dass es sich um die Beendigung des Arbeitsverhältnisses handelt, wobei das Wort Kündigung nicht unbedingt verwendet werden muss. Die Kündigung darf grundsätzlich nicht von Bedingungen abhängig gemacht werden, eine Ausnahme besteht jedoch für Bedingungen, deren Eintritt vom Willen des Erklärungsempfängers abhängen. Diese liegen häufig bei einer Änderungskündigung gemäß § 2 KSchG vor (→ 9.3.4). Eine Änderungskündigung zielt auf die Beendigung des Arbeitsverhältnisses mit dem gleichzeitigen Angebot der Fortsetzung des Arbeitsverhältnisses unter geänderten Arbeitsbedingungen (📖 28, S. 144f.).

Beispiel

In einer Klinik werden einschneidende Umstrukturierungsmaßnahmen durchgeführt, die betriebsbedingte Kündigungen nach sich ziehen. Den betroffenen, bisher vollzeitbeschäftigten Mitarbeitern bietet die Klinikleitung im Kündigungsschreiben an, das Arbeitsverhältnis mit einer reduzierten Stundenzahl und entsprechender Gehaltskürzung fortzusetzen.
Nehmen die Mitarbeiter das Angebot an, ist die Kündigung hinfällig. Lehnen sie dagegen ab, das Arbeitsverhältnis zu den neuen Konditionen fortzusetzen, tritt die Kündigung in Kraft. ■

9.3.1 Formalitäten

Schriftform der Kündigung

Die Kündigungserklärung muss schriftlich erfolgen (§ 623, § 125 BGB) und unmissverständlich sein. Sie kann weder per Fax noch per E-Mail ausgesprochen werden, da dem Empfänger hiermit nur eine Kopie und nicht die unterzeichnete Originalurkunde zugeht.

Achtung!

Liegt eine Kündigung nicht in Schriftform vor, ist sie als nichtig zu betrachten.

Beispiele für Kündigungsschreiben finden sich im Anhang.

Zugang der Kündigung

Mit dem Zugang der Kündigungserklärung wird die Kündigung wirksam, ohne dass der Vertragspartner einverstanden sein muss. Die Kündigungserklärung muss in den Machtbereich des Kündigungsempfängers gelangen. Dies geschieht in der Regel, in dem die Kündigungserklärung

- in den Briefkasten des Kündigungsempfängers geworfen wird
- dem Kündigungsempfänger selbst ausgehändigt wird
- an Familienangehörige übergeben wird
- an dem Kündigungsempfänger unterstelltes Personal übergeben wird.

Die Kündigung muss innerhalb der Kündigungsfristen zu einem betriebsüblichen Zeitpunkt zugegangen sein. Das Datum des Poststempels ist nicht ausreichend, wenn nichts anderes vereinbart wurde.

Probleme können sich ergeben, wenn die Kündigungserklärung als einfacher Postbrief aufgegeben wird, da keine Möglichkeit des Nachweises besteht, dass der Brief auch tatsächlich beim Kündigungsempfänger eingegangen ist. Wird die Kündigung per Einschreibebrief aufgegeben, ist der Zugang erst erfolgt, wenn der Brief dem Empfänger oder einem Bevollmächtigten ausgehändigt wird. Die postalische Benachrichtigung reicht nicht aus. Wird die Kündigung dem Empfänger als Einwurf-Einschreiben zugestellt, so gilt sie mit Einwurf in den Briefkasten als zugegangen. Will der Arbeitgeber ganz sichergehen, kann die Zustellung auch mittels Boten erfolgen.

Verweigert der Empfänger rechtsmissbräuchlich die Annahme, das heißt, er weiß, dass es sich um eine Kündigung handelt, gilt die Kündigung trotzdem als zugegangen. Ist der rechtzeitige Zugang vom Empfänger vereitelt worden, zum Beispiel durch eine absichtlich falsche Angabe seiner Adresse, muss der Kündigende die Kündigung unverzüglich nachholen, sobald er Kenntnis von der fehlgeschlagenen Zustellung bekommen hat.

Zugangsprobleme können auch entstehen, wenn sich der Kündigungsempfänger wegen Krankheit, Kur, Urlaub oder Umzug nicht an seinem gewöhnlichen Aufenthaltsort befindet. Die Kündigungserklärung ist mit ihrem Zugang bindend. Ohne die Zustimmung des Kündigungsempfängers kann sie nicht zurückgenommen werden.

Grundsätzlich kann eine Kündigung grundlos erklärt werden. Eine Vielzahl von gesetzlichen und tarifvertraglichen Regelungen setzt jedoch das Vorliegen eines Kündigungsgrundes voraus. Wenn das Kündigungschutzgesetz (→ 10) Anwendung findet, kann nur aus betriebsbedingten, verhaltensbedingten oder personenbedingten Gründen gekündigt werden. Eine außerordentliche Kündigung kann nur aus wichtigem Grund erfolgen. Eine Kündigung wegen Betriebsübergang gemäß § 613 a BGB, also wegen eines Eigentümerwechsels, ist hingegen immer unwirksam (→ 10.2.7). Deshalb ist dringend zu empfehlen, jede beabsichtigte Kündigung bereits im Vorfeld darauf hin zu überprüfen, ob ein Kündigungsgrund vorliegt und wie dieser nachgewiesen werden kann.
Die Angabe von Kündigungsgründen im Kündigungsschreiben selbst ist nur bei der Kündigung eines Auszubildenden nach Ablauf der Probezeit (§ 15 Abs. 3 BBiG) notwendig. Auf Wunsch des Arbeitnehmers können bei einer außerordentlichen oder betriebsbedingten Kündigung die Mitteilung der Gründe, die zur Sozialauswahl führten, mitgeteilt werden.

Beteiligung des Betriebsrats

Grundsätzlich ist vor jeder Kündigung gemäß § 102 BetrVG der Betriebsrat anzuhören, wenn in der Einrichtung ein solcher besteht. Die Anhörung gilt auch für Änderungskündigungen sowie für Kündigungen während der Probezeit. Der Arbeitgeber ist verpflichtet, dem Betriebsrat die Kündigungsgründe mitzuteilen; dies hat ausführlich und unter Angabe konkreter Fakten zu erfolgen. Nur die angegebenen Gründe können zum Gegenstand der Kündigung gemacht werden. Die Anhörung ist Wirksamkeitsvoraussetzung. Eine Kündigung ohne Anhörung oder ohne ordnungsgemäße Anhörung des Betriebsrats ist unwirksam (📖 41, S. 130).
Die Anhörung des Betriebsrats muss vor Ausspruch der Kündigung mündlich oder schriftlich erfolgen. Der Arbeitgeber ist verpflichtet, den Betriebsrat vor Ausspruch einer beabsichtigten Kündigung über deren Art und Gründe sowie die Personaldaten des betroffenen Mitarbeiters zu unterrichten und ihm die im Betriebsverfassungsgesetz vorgesehene Zeit zur Stellungnahme nach erfolgter Betriebsratssitzung – die Anhörung nur eines Mitglieds des Betriebsrats genügt grundsätzlich nicht – einzuräumen. Berechtigt zur Entgegennahme der Mitteilungen ist der Betriebsratsvorsitzende, im Verhinderungsfall der Stellvertreter (§ 26 Abs. 2 BetrVG). Diese Frist beträgt bei einer ordentlichen Kündigung eine Woche und bei einer außerordentlichen Kündigung drei Tage.

Der Betriebsrat kann
- der Kündigung zustimmen
- schweigen, was gemäß § 102 Abs. S. 2 BetrVG als Zustimmung gilt
- Bedenken äußern
- widersprechen.

Widerspruchsgründe des Betriebsrats bei einer ordentlichen Kündigung

- Bei der Auswahl des zu kündigenden Arbeitnehmers hat der Arbeitgeber soziale Gesichtspunkte nicht oder nicht ausreichend berücksichtigt.
- Die Kündigung verstößt gegen eine mit dem Betriebsrat vereinbarte personelle Auswahlrichtlinie.
- Es besteht die Möglichkeit, den zu kündigenden Arbeitnehmer an einem anderen Arbeitsplatz in der Einrichtung oder in einem anderen Betrieb des Unternehmens weiterzubeschäftigen.
- Die Weiterbeschäftigung des Mitarbeiters ist nach einer zumutbaren Umschulung oder Fortbildung möglich.
- Es besteht die Möglichkeit, den Mitarbeiter unter geänderten Vertragsbedingungen weiterzubeschäftigen, und dessen Einverständnis liegt vor.

Trotz Widerspruchs des Betriebsrats kann der Arbeitgeber das Arbeitsverhältnis kündigen; die Kündigung ist wirksam. Der Betriebsrat hat bei einer Kündigung nur ein Anhörungsrecht. Mit Ausspruch der Kündigung muss dem Arbeitnehmer zugleich eine Abschrift des Widerspruchs des Betriebsrats zugeleitet werden. Erhebt der Arbeitnehmer daraufhin Kündigungsschutzklage, so kann er einen Weiterbeschäftigungsanspruch gemäß § 102 Abs. 5 BetrVG geltend machen.
Äußert der Betriebsrat gegen eine außerordentliche Kündigung Bedenken, sind diese unter Angabe der Gründe dem Arbeitgeber unverzüglich, jedoch spätestens innerhalb von drei Tagen schriftlich mitzuteilen. Im Gegensatz zur ordentlichen Kündigung besteht im Kündigungsschutzverfahren in diesem Fall kein Weiterbeschäftigungsanspruch für den Arbeitnehmer.
Der Betriebsrat sollte bei einer ordentlichen oder außerordentlichen Kündigung den betroffenen Arbeitnehmer selbst hören, soweit dies notwendig ist, bevor er gegenüber dem Arbeitgeber seine Stellungnahme abgibt (📖 36, S. 103, Rz 372).

9.3.2 Ordentliche Kündigung

Eine ordentliche Kündigung beendet das Arbeitsverhältnis nicht sofort, sondern nach Ablauf der Kündigungsfrist. In der Regel kommt die ordentliche Kündigung bei Arbeitsverhältnissen auf unbestimmte Zeit in Frage, bei befristeten Arbeitsverhältnissen nur, wenn das Recht zur ordentlichen Kündigung besonders vereinbart wurde (→ 9.1). Eine ordentliche Kündigung kann auch gesetzlich, tariflich oder einzelvertraglich ausgeschlossen sein. Sie stellt den Normalfall der Beendigung eines Arbeitsverhältnisses dar. Beide Vertragspartner, Arbeitgeber und Arbeitnehmer, müssen sich an bestimmte Kündigungsfristen halten.

Kündigungsfristen

Die Kündigungsfrist ist die Zeitspanne zwischen dem Zugang der Kündigung und dem Tag der Beendigung des Arbeitsverhältnisses. Erfolgt der Zugang verspätet, ist die Frist verpasst und es muss erneut unter Einhaltung der Kündigungsfrist gekündigt werden.

Achtung!

Ist der letzte Tag, an dem eine Kündigung ausgesprochen werden kann, ein Sonn- oder Feiertag, muss die Kündigung an diesem Tage zugehen oder schon zugegangen sein. Die Frist verlängert sich nicht bis zum folgenden Werktag.

Gemäß § 622 BGB kann das Arbeitsverhältnis eines Arbeiters oder eines Angestellten mit einer Frist von vier Wochen zum 15. oder zum Ende eines Kalendermonats gekündigt werden (Grundkündigungsfrist). Die Fristen für Arbeitnehmer oder Arbeitgeber sind einheitlich. Während der Probezeit, längstens jedoch für die Dauer von sechs Monaten kann das Arbeitsverhältnis mit einer Frist von zwei Wochen gekündigt werden (§ 622 Abs. 3 BGB). Besteht das Arbeitsverhältnis länger, so gelten gemäß § 622 Abs. 2 BGB einheitlich gestaffelte Fristen (→ Tab. 9.2). Die verlängerten Fristen gelten zunächst nur für die Kündigung durch den Arbeitgeber und jeweils zum Ende eines Kalendermonats (§ 622 Abs. 2 BGB). Bei der Berechnung werden die Zeiten, die vor der Vollendung des 25. Lebensjahres des Arbeitnehmers liegen, nicht berücksichtigt (📖 24, S. 282, Rz 948ff.).

Dauer des Arbeitsverhältnisses	Kündigungsfrist
2 Jahre	1 Monat
5 Jahre	2 Monate
8 Jahre	3 Monate
10 Jahre	4 Monate
12 Jahre	5 Monate
15 Jahre	6 Monate
20 Jahre	7 Monate

Tab. 9.2: Gesetzliche Kündigungsfristen.

Für Arbeitnehmer ist grundsätzlich die Vier-Wochen-Frist maßgebend, wobei die Vertragsparteien auch für Arbeitnehmer längere Kündigungsfristen vereinbaren können, die aber nicht länger sein dürfen als die für den Arbeitgeber geltenden (📖 18, S. 75f.).
Von diesen zwingend geltenden Mindestkündigungsfristen kann nur zugunsten des Arbeitnehmers abgewichen werden. Sollte dagegen verstoßen werden, gilt die gesetzliche Kündigungsfrist. Gemäß § 622 Abs. 4 und 5 BGB sind folgende Ausnahmen zuungunsten des Arbeitnehmers zulässig:

- durch Tarifvertrag (§ 622 Abs. 4 BGB)
- im Probearbeitsverhältnis (§ 622 Abs. 3 BGB)
- im Aushilfsarbeitsverhältnis (§ 622 Abs. 5 Nr. 1 BGB)
- in Kleinbetrieben (§ 622 Abs. 5 Nr. 2 BGB).

Kündigungsfristen im Tarifvertrag öffentlicher Dienst

Nach § 34 TVöD sind die Kündigungsfristen wie in Tabelle 9.3 dargestellt gestaffelt:
Arbeitsverhältnisse von Beschäftigten, die das 40. Lebensjahr vollendet haben und für die die Regelungen des Tarifgebiets West Anwendung finden, können nach einer Beschäftigungszeit (Abs. 3) von mehr als 15 Jahren durch den Arbeitgeber nur aus einem wichtigen Grund gekündigt werden. Soweit Beschäftigte nach den bis zum 30.9.2005 geltenden Tarifregelungen unkündbar waren, bleibt es dabei.

Dauer des Arbeitsverhältnisses	Kündigungsfrist
Bis zu 6 Monaten	2 Wochen zum Monatsende
Bis zu 1 Jahr	4 Wochen zum Monatsende
Von mehr als 1 Jahr	6 Wochen zum Quartalsende
Von mindestens 5 Jahren	3 Monate zum Quartalsende
Von mindestens 8 Jahren	4 Monate zum Quartalsende
Von mindestens 10 Jahren	5 Monate zum Quartalsende
Von mindestens 12 Jahren	6 Monate zum Quartalsende

Tab. 9.3: Kündigungsfristen im Tarifvertrag öffentlicher Dienst (TVöD).

Beschäftigungszeit ist die bei demselben Arbeitgeber im Arbeitsverhältnis zurückgelegte Zeit, auch wenn sie unterbrochen ist. Unberücksichtigt bleibt die Zeit eines Sonderurlaubs gemäß § 28 TVöD, es sei denn, der Arbeitgeber hat vor Antritt des Sonderurlaubs schriftlich ein dienstliches oder betriebliches Interesse anerkannt. Wechseln Beschäftigte zwischen Arbeitgebern, die vom Geltungsbereich dieses Tarifvertrags erfasst werden, werden die Zeiten bei dem anderen Arbeitgeber als Beschäftigungszeit anerkannt (📖 17, S. 159ff.).

9.3.3 Außerordentliche Kündigung

Durch den Arbeitgeber

Eine außerordentliche Kündigung, auch fristlose Kündigung genannt, kann aus wichtigem Grund ohne Einhaltung einer Kündigungsfrist erfolgen. Ein wichtiger Grund für eine außerordentliche Kündigung ist immer dann gegeben, wenn Tatsachen vorliegen, aufgrund derer dem Arbeitgeber unter Berücksichtigung aller Umstände des Einzelfalls und unter Abwägung der Interessen beider Vertragsteile die Fortsetzung des Arbeitsverhältnisses mit dem Arbeitnehmer bis zum Ablauf der Kündigungsfrist oder bis zur vereinbarten Beendigung des Arbeitsverhältnisses nicht zugemutet werden kann. Die außerordentliche Kündigung kann tatsächlich fristlos erfolgen, ausnahmsweise auch mit einer Auslauffrist. In diesem Fall muss zum Ausdruck gebracht werden, dass der Kündigende von seinem Recht zur außerordentlichen Kündigung Gebrauch machen will.

Gründe für eine außerordentliche Kündigung durch den Arbeitgeber

- strafbare Handlungen, zum Beispiel Diebstahl
- Misshandeln von Patienten
- Androhung einer Erkrankung
- Arbeitsverweigerung
- eigenmächtiger Urlaubsantritt
- ...

Die Kündigungsgründe müssen auf Tatsachen beruhen, nicht auf Verdächtigungen, Mutmaßungen oder Unterstellungen. In Ausnahmefällen jedoch braucht der Grund für die außerordentliche Kündigung noch nicht tatsächlich festzustehen, sondern kann schon allein auf einem Verdacht beruhen. Dies ist immer dann der Fall, wenn ein durch objektive Tatsachen begründeter dringender Verdacht auf eine strafbare Handlung oder eine schwerwiegende Vertragsverletzung besteht, der das zur Fortsetzung des Arbeitsverhältnisses notwendige Vertrauen zerstört oder zu einer unerträglichen Belastung des Arbeitsverhältnisses geführt hat. Der Arbeitgeber muss alles Zumutbare zur Aufklärung des Tatvorwurfs unternehmen und insbesondere den Arbeitnehmer vor Ausspruch der Kündigung zu den Vorwürfen angehört haben. Im Anhörungsverfahren des Betriebsrats muss deutlich werden, dass der Verdacht zum Kündigungsgrund erhoben wird. Gemäß § 626 Abs. 2 BGB kann die fristlose Kündigung nur innerhalb einer Frist von zwei Wochen ausgesprochen werden. Die Frist beginnt mit dem Zeitpunkt, zu dem der Arbeitgeber von den für die Kündigung maßgebenden Tatsachen erfahren hat.
Auf Kündigungsgründe, von denen der Arbeitgeber länger als zwei Wochen Kenntnis hat, kann sich nicht mehr berufen werden, auch dann nicht, wenn diese als außerordentliche Kündigungsgründe anerkannt gewesen wären. Es besteht dann nur noch die Möglichkeit, eine ordentliche Kündigung unter Einhaltung der Kündigungsfrist auszusprechen.
Soll die außerordentliche Kündigung gegenüber einem schwerbehinderten Mitarbeiter erfolgen, so muss neben der Zustimmung des Betriebsrats die vorherige Zustimmung des Integrationsamts eingeholt werden.

Beispiel

Ein Krankenpflegehelfer versetzte einem ihm anvertrauten Patienten eine heftige Ohrfeige. Nach § 54 Abs. 1 BAT stellt dieses einen wichtigen Grund für eine fristlose Kündigung dar (LAG Schleswig-Holstein v. 13.7.2000, AZ 5 Sa 240/00).

Durch den Arbeitnehmer

Eine außerordentliche Kündigung durch den Arbeitnehmer ist relativ selten und setzt – wie bei der außerordentlichen Kündigung durch den Arbeitgeber – das Vorliegen eines wichtigen Grundes voraus. Ein wichtiger Grund kann in einer wiederholten erheblichen Vertragsverletzung durch den Arbeitgeber liegen, zum Beispiel wenn der Arbeitgeber seinen Pflichten aus dem Arbeitsverhältnis nicht nachkommt. Dann kann der Arbeitnehmer, in der Regel nach einer vorherigen Abmahnung, die außerordentliche Kündigung aussprechen.

Gründe für eine außerordentliche Kündigung durch den Arbeitnehmer

- Nichterfüllung der Beschäftigungspflicht
- unberechtigte Suspendierung von der Arbeit
- Entzug von vertraglich vereinbarten Aufgaben
- Lohn- und Gehaltsrückstände, wenn der Arbeitgeber entweder über einen längeren Zeitraum wiederholt oder mit einem erheblichen Betrag in Verzug kommt (📖 37, S. 200).

9.3.4 Änderungskündigung

Eine Änderungskündigung kommt immer dann in Betracht, wenn der Arbeitgeber das Arbeitsverhältnis nicht insgesamt beenden, sondern nur einzelne Arbeitsbedingungen ändern will. Änderungskündigungen werden in der Regel dann ausgesprochen, wenn der Arbeitgeber weder durch einvernehmliche Vereinbarung mit dem Arbeitnehmer noch durch sein Weisungsrecht eine Änderung des Arbeitsorts, der Tätigkeitsart, der Eingruppierung oder der Vergütung herbeiführen kann. Grundsätzlich wird die Änderungskündigung in Form einer ordentlichen Kündigung ausgesprochen. Sie hat Vorrang vor einer Beendigungskündigung. Dazu wird das Arbeitsverhältnis gekündigt, gleichzeitig jedoch die Fortsetzung des Arbeitsverhältnisses zu geänderten Bedingungen angeboten.
Der Arbeitnehmer kann die Kündigung annehmen, ablehnen oder unter Vorbehalt annehmen (📖 36, S. 108, Rz 395).

Annahme

Nimmt der Arbeitnehmer die geänderten Arbeitsbedingungen vorbehaltlos an, wird das Arbeitsverhältnis vom vereinbarten Zeitpunkt an zu den geänderten Bedingungen weitergeführt. Die Annahme kann ausdrücklich erklärt werden, aber auch stillschweigend durch Weiterarbeit zu den geänderten Vertragsbedingungen erfolgen.

Ablehnung

Lehnt der Arbeitnehmer das Änderungsangebot ab, kann die Beendigungskündigung ausgesprochen werden. Wie bei jeder anderen Beendigungskündigung kann der Arbeitnehmer innerhalb von drei Wochen Kündigungsschutzklage vor dem Arbeitsgericht erheben (→ 11.1) und geltend machen, dass die Kündigung sozial ungerechtfertigt ist und das Arbeitsverhältnis nicht aufgelöst hat. Im Falle des Obsiegens vor dem Arbeitsgericht muss der Arbeitnehmer zu den alten Arbeitsbedingungen weiterbeschäftigt werden. Verliert er den Prozess, ist das Arbeitsverhältnis mit Ablauf der Kündigungsfrist beendet.

Annahme unter Vorbehalt

Der Arbeitnehmer hat gemäß § 2 KSchG auch die Möglichkeit, das Änderungsangebot unter dem Vorbehalt anzunehmen, dass die Änderung der Arbeitsbedingungen nicht sozial gerechtfertigt ist. Eine Annahmeerklärung unter Vorbehalt muss innerhalb der Kündigungsfrist, spätestens jedoch innerhalb von drei Wochen nach Zugang der Kündigung gegenüber dem Arbeitgeber erklärt werden (§ 2 KSchG). Im Falle einer außerordentlichen Änderungskündigung ist der Vorbehalt unverzüglich zu erklären.

Sowohl bei der ordentlichen als auch bei der außerordentlichen Änderungskündigung muss der Arbeitnehmer innerhalb von drei Wochen nach Zugang der Änderungskündigung Klage vor dem Arbeitsgericht erheben. Wird die Frist versäumt, erlischt der Vorbehalt und es gelten die neuen Bedingungen.

Im Prozess vor dem Arbeitsgericht geht es darum, festzustellen, ob die Änderung der Arbeitsbedingungen durch die Änderungskündigung sozial ungerechtfertigt ist. Das Arbeitsverhältnis besteht ungeachtet des Ausgangs des Rechtsstreits zu den geänderten oder zu den bisherigen Bedingungen in jedem Fall fort, während der Dauer des Prozesses gelten allerdings die neuen Arbeitsbedingungen.

Für Änderungskündigungen gelten im Übrigen dieselben Grundsätze wie für die ordentliche Kündigung, das heißt, der Arbeitgeber muss das gesetzliche Kündigungsverbot beachten, Kündigungsfristen einhalten und den Betriebsrat anhören.

9.4 Tod des Arbeitnehmers

Das Arbeitsverhältnis endet automatisch mit dem Tod des Arbeitnehmers. Bestehen noch Ansprüche aus dem Arbeitsverhältnis, wie Gehalt oder Zuwendungen, so gehen diese an die Erben über. Ausgenommen davon sind höchstpersönliche Ansprüche wie Urlaub, diese verfallen, falls sie nicht vor dem Tod schon gerichtlich geltend gemacht wurden.
Die Erben sind aufgrund der Erbhaftung verpflichtet, bei der Abwicklung des Arbeitsverhältnisses mitzuwirken und müssen zum Beispiel Arbeitsunterlagen, die sich im Besitz des Verstorbenen befinden, aushändigen.

9.5 Berentung

In vielen Tarifverträgen ist vorgesehen, dass das Arbeitsverhältnis mit Erreichen der Altersgrenze automatisch endet. Bisher wurde das meist so gehandhabt, dass mit Ablauf des Monats, in dem der Arbeitnehmer das 65. Lebensjahr vollendete oder eine Erwerbsminderungsrente erhielt, das Arbeitsverhältnis beendet war. Ob das zukünftig für die Altersrente noch zutrifft, bleibt abzuwarten, da geplant ist, das Rentenalter sukzessive bis zum 67. Lebensjahr anzuheben.

9.6 Keine Beendigungsgründe

Das Arbeitsverhältnis wird nicht beendet bei
- Tod des Arbeitgebers
- Wehr- oder Zivildienst des Arbeitnehmers
- Betriebsübergang
- Insolvenz des Arbeitgebers.

9.6.1 Tod des Arbeitgebers

Anders als beim Tod des Arbeitnehmers wird das Arbeitsverhältnis beim Tod des Arbeitgebers nicht beendet. In diesem Fall treten die Erben als Gesamtrechtsnachfolger als neuer Arbeitgeber an die Stelle des Erblassers in das bestehende Arbeitsverhältnis mit allen Rechten und Pflichten ein (§ 1922 BGB). Die Erben können das Arbeitsverhältnis somit nur ordentlich kündigen.

9.6.2 Wehr- oder Zivildienst des Arbeitnehmers

Werden Arbeitnehmer zum Wehr- oder Zivildienst einberufen, genießen sie aufgrund des Arbeitsplatzschutzgesetzes (→ 10.2.6) einen bedingten Kündigungsschutz. So ist die ordentliche Kündigung während des Grundwehrdiensts und bei einer Wehr- oder Eignungsübung ausgeschlossen (§ 2 ArbPlSchG). Auch davor oder danach darf der Arbeitgeber nicht aus Anlass des Wehrdienstes kündigen.

9.6.3 Betriebsübergang

Wird der Betrieb veräußert oder auf andere Weise auf einen Rechtsnachfolger übertragen, so geht der Betrieb als Ganzes über und der neue Inhaber tritt in alle Rechte und Pflichten aus den zum Zeitpunkt des Übergangs bestehenden Arbeitsverhältnissen der Mitarbeiter ein (§ 613 a Abs. 1 BGB). Das Arbeitsverhältnis endet nicht und darf nicht vor Ablauf eines Jahres zum Nachteil der Arbeitnehmer geändert werden, wenn diese Rechte durch Rechtsnormen eines Tarifvertrags oder durch eine Betriebsvereinbarung geregelt sind. Gemäß § 613 a Abs. 4 BGB ist eine Kündigung aus diesem Grund unzulässig. Das Recht zur Kündigung aus anderen Gründen bleibt unberührt. Die Arbeitnehmer können dem Betriebsübergang innerhalb eines Monats nach Zugang der Unterrichtung schriftlich widersprechen (§ 613 a Abs. 6 BGB). Nimmt ein Arbeitnehmer sein Widerspruchsrecht wahr, so bleibt er weiterhin Mitarbeiter des alten Betriebs, muss jedoch das Risiko einer betriebsbedingten Kündigung einkalkulieren, wenn der bisherige Arbeitgeber nachweisen kann, dass der Arbeitsplatz des Arbeitnehmers durch den Betriebsübergang weggefallen ist und keine anderweitige Beschäftigungsmöglichkeit besteht (📖 23, S. 21ff.).

9.6.4 Insolvenz des Arbeitgebers

Ist ein Arbeitgeber zahlungsunfähig und muss Insolvenz anmelden, besteht in diesem Fall kein Grund zu einer außerordentlichen Kündigung. Nach § 113 S. 1 InsO besteht für Arbeitnehmer und für Insolvenzverwalter ein besonderes Recht zur Kündigung des Arbeitsverhältnisses, selbst in den Fällen, wo dies vertraglich oder tarifvertraglich ausgeschlossen ist. Der Insolvenzverwalter muss dabei den allgemeinen und besonderen Kündigungsschutz beachten. Gemäß § 113 S. 2 InsO beträgt die Kündigungsfrist drei Monate zum Monatsende, sofern nicht eine kürzere Frist für das Arbeitsverhältnis gilt.

10 Kündigungsschutzgesetz

Da Arbeitnehmer im Arbeitsleben in einem Abhängigkeitsverhältnis stehen, bedürfen sie eines speziellen Schutzes. Von größter Bedeutung ist dabei das Kündigungsschutzgesetz. Dieses bewahrt Arbeitnehmer vor sitten- oder treuwidriger Kündigung, da es die Wirksamkeit einer Kündigung nur bei sozialer Rechtfertigung anerkennt. Das Arbeitsrecht kennt den allgemeinen und den besonderen Kündigungsschutz. Der allgemeine Kündigungsschutz gilt für alle Arbeitnehmer, der besondere Kündigungsschutz betrifft bestimmte Personengruppen zum Beispiel Schwangere und Mütter, Schwerbehinderte, Mitglieder des Betriebsrats usw.

10.1 Allgemeiner Kündigungsschutz

10.1.1 Anwendungsbereiche

Der allgemeine Kündigungsschutz ist im Kündigungsschutzgesetz (KSchG) geregelt. Er kommt nur dann zur Anwendung, wenn das Kündigungsschutzgesetz auf das Arbeitsverhältnis anwendbar ist. Es wird unterschieden zwischen dem sachlichen, persönlichen und betrieblichen Anwendungsbereich.

Sachlicher Anwendungsbereich

Das Kündigungsschutzgesetz findet nur Anwendung auf die ordentliche Kündigung des Arbeitsverhältnisses durch den Arbeitgeber (§ 1 Abs. 1 S. 1 KSchG). Das Recht zur außerordentlichen Kündigung bleibt bis auf die Klagefrist unberührt. Eine Kündigung durch Arbeitnehmer unterliegt nur den gesetzlichen Vorschriften im BGB.

Persönlicher Anwendungsbereich

Durch das Kündigungsschutzgesetz sind grundsätzlich alle Arbeitnehmer, auch befristet und geringfügig Beschäftigte sowie Teilzeitbeschäftigte vor einer ordentlichen Kündigung des Arbeitgebers geschützt. In den Kündigungsschutz sind gemäß § 14 Abs. 2 KSchG auch leitende Angestellte wie Pflegedienstleiter,

Heimleiter und bedingt Geschäftsführer miteinbezogen. Für diese, soweit sie zur selbstständigen Einstellung oder Entlassung von Arbeitnehmern berechtigt sind, gelten die Vorschriften des ersten Abschnitts des Kündigungsschutzgesetzes mit der Besonderheit, dass diese gegen die Kündigung keinen Einspruch beim Betriebsrat einlegen können und dass das Arbeitsverhältnis im Rahmen einer Kündigungsschutzklage auf Antrag des Arbeitgebers ohne Begründung gegen Zahlung einer angemessenen Abfindung aufgelöst werden kann (§ 14 Abs. 2, § 9 KSchG).

Das Kündigungsschutzgesetz findet keine Anwendung:

- auf die gesetzlichen Vertreter oder Organmitglieder einer juristischen Person, wie Vorstandsmitglieder einer AG oder Geschäftsführer einer GmbH (§ 14 Abs. 1 Nr. 1 KSchG)
- vertretungsberechtigte Gesellschafter einer OHG, KG oder GbR (§ 14 Abs. 1 Nr. 2 KSchG)
- freie Mitarbeiter
- arbeitnehmerähnliche Personen
- Beamte, Richter, Soldaten, Wehr- und Zivildienstleistende
- Personen im Rahmen einer Arbeitstherapie, Wiedereingliederung oder Erziehungsmaßnahme
- ehrenamtliche Mitarbeiter.

Zeitliche Voraussetzung

Damit das Kündigungsschutzgesetz zur Anwendung kommen kann, muss das Arbeitsverhältnis in demselben Betrieb ohne Unterbrechung länger als sechs Monate bestanden haben (§ 1 Abs. 1 KSchG). Maßgebend dabei ist nicht die Dauer der tatsächlichen Beschäftigung, sondern der rechtliche Bestand des Arbeitsverhältnisses. Der Arbeitgeber kann während der sechsmonatigen Wartezeit jederzeit und ohne Angabe eines Kündigungsgrundes kündigen. Nach Ablauf der Sechsmonatsfrist tritt der allgemeine Kündigungsschutz automatisch ein, unabhängig von der Dauer und der Lage der Arbeitszeit. Dabei kommt es nicht darauf an, ob der Arbeitnehmer in dieser Zeit tatsächlich gearbeitet hat. Unterbrechungen wie Urlaub, Krankheit, Elternzeit, Streik oder Freistellung verlängern die Wartezeit nicht.

Werden Auszubildende nach Beendigung des Ausbildungsverhältnisses anschließend in ein Arbeitsverhältnis übernommen und liegt dazwischen keine rechtliche Unterbrechung von mehr als drei Wochen, wird die zurückgelegte Ausbildungszeit auf die Wartezeit angerechnet.

Eine rechtliche Unterbrechung der Wartezeit liegt nicht vor bei Betriebsübergang oder Umwandlung eines Betriebs.

Betrieblicher Anwendungsbereich

Das Kündigungsschutzgesetz kommt seit dem 1.1.2004 in Betrieben zur Anwendung, in denen in der Regel mehr als zehn Arbeitnehmer beschäftigt sind (§ 23 Abs. 1 Satz 2 KSchG). Diese Zahl der Beschäftigten bildet den so genannten Schwellenwert, der bis zum 31.12.2003 bei fünf Arbeitnehmern lag. Im Rahmen der Besitzstandswahrung wurde vom Gesetzgeber festgelegt, dass der allgemeine Kündigungsschutz für Arbeitsverhältnisse, die vor dem 1.1.2004 begründet wurden, anwendbar bleibt, wenn in dem Betrieb zum Kündigungszeitpunkt regelmäßig mehr als fünf Arbeitnehmer beschäftigt werden (📖 24, S. 273, Rz 920ff.).
Zukünftig ist bei Kündigungen darauf zu achten, welche Arbeitnehmer unter den alten und welche unter den neuen Kündigungsschutz fallen (→ Tab 10.1).

Regelung bis 31.12.2003	Regelung ab 1.1.2004	Regelung für bereits beschäftigte Arbeitnehmer	Kündigungsschutz für neu eingestellte Arbeitnehmer
Das Kündigungsschutzgesetz findet keine Anwendung in Betrieben, in denen fünf oder weniger Arbeitnehmer beschäftigt sind (§ 23 Abs. 1 Satz 2 KSchG)	Seit dem 1.1.2004 gilt, dass das Kündigungsschutzgesetz nicht in Betrieben mit zehn oder weniger Arbeitnehmern für die **neu eingestellten** Mitarbeiter zur Anwendung kommt (§ 23 Abs. 1 Satz 3 1. Halbsatz KSchG)	Für bereits beschäftigte Arbeitnehmer in Betrieben mit mehr als fünf Mitarbeitern ändert sich durch die Neuregelung nichts. Hier findet nach wie vor das Kündigungsschutzgesetz a. F. Anwendung	Für neue Arbeitnehmer, deren Arbeitsverhältnis nach dem 1.1.2004 begründet wurde, gilt gemäß § 23 Abs. 1 Satz 3, Halbsatz 1 KSchG der Kündigungsschutz nur dann, wenn in der Einrichtung regelmäßig zehn oder mehr Arbeitnehmer beschäftigt werden, den zu kündigenden Arbeitnehmer mit eingeschlossen

Tab. 10.1: Geltungsbereich des alten und des neuen Kündigungsschutzes.

Bei der Berechnung der Anzahl der Arbeitnehmer werden Auszubildende und Aushilfskräfte nicht mitgezählt. Teilzeitbeschäftigte werden entsprechend dem Umfang ihrer Arbeitszeit eingerechnet: Bei einer regelmäßigen wöchentlichen Arbeitszeit von bis zu 20 Stunden wird der Arbeitnehmer mit 0,5 berechnet, bei einer Arbeitszeit zwischen 20 und 30 Stunden mit 0,75 und bei einer Arbeitszeit von mehr als 30 Stunden voll.

Kündigungsschutzklage

Ein Arbeitnehmer kann eine ihm erklärte Kündigung mittels einer Kündigungsschutzklage angreifen. Die Klage muss innerhalb von drei Wochen ab Zugang der Kündigung beim zuständigen Arbeitsgericht erhoben werden (→ 11.4). Wird die Klagefrist versäumt, so wird die Kündigung rechtswirksam, das heißt, das Gericht ist nicht mehr befugt, die Rechtfertigung der Kündigung nachzuprüfen.

10.1.2 Kündigungsgründe

Eine Kündigung muss **sozial gerechtfertigt** sein, wenn sie durchgreifen sein soll. Nach § 1 Abs. 2 Satz 1 KSchG ist eine Kündigung sozial ungerechtfertigt, wenn sie nicht durch Gründe, die in der Person oder in dem Verhalten des Arbeitnehmers liegen, oder durch dringende betriebliche Gründe, die einer Weiterbeschäftigung des Arbeitnehmers in diesem Betrieb entgegenstehen, bedingt ist.

Anders ausgedrückt: Eine Kündigung ist sozial gerechtfertigt, wenn sie personenbedingt, verhaltensbedingt oder betriebsbedingt erfolgt (→ Abb. 10.2).

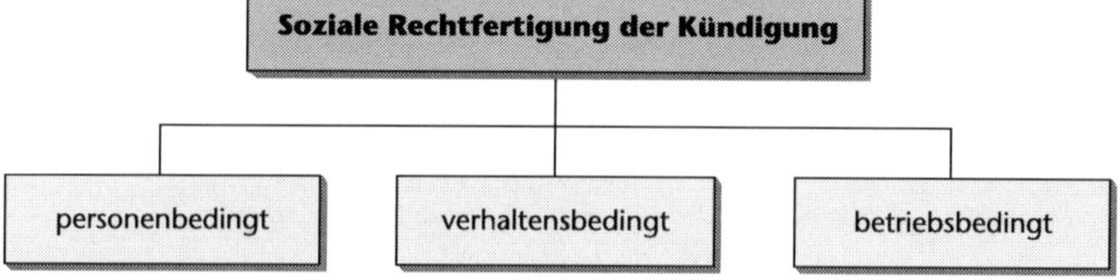

Abb. 10.2: Gründe für eine sozial gerechtfertigte Kündigung.

Personenbedingte Kündigung

Personenbedingte Gründe liegen in der Person des Arbeitnehmers, die von diesem nicht beeinflusst werden können. Diese Gründe müssen so erheblich sein, dass sie für den Arbeitgeber zu unzumutbaren betrieblichen Beeinträchtigungen führen. In diesen Fällen scheidet eine Abmahnung aus, da die Gründe in der Person des Arbeitnehmers liegen und nicht von ihm zu steuern sind. Bei einer personenbedingten Kündigung ist stets eine besonders sorgfältige Abwägung der beiderseitigen Interessen vorzunehmen.

Gründe für eine personenbedingte Kündigung

- fehlende berufliche Kenntnisse und Fähigkeiten
- fehlende körperliche, charakterliche oder geistige Eignung
- nicht bestandene vorgeschriebene Prüfungen
- fehlende Arbeitserlaubnis (§§ 285–286 SGB III)
- Wegfall einer für die Berufsausübung erforderlichen Erlaubnis (Entzug der Berufsbezeichnung bei Pflegepersonal, der Approbation bei Ärzten, der Fahrerlaubnis bei Kraftfahrern)
- Sicherheitsbedenken
- lang andauernde oder häufige Krankheiten.

Fachliche oder persönliche Eignungsmängel

Gründe in der Person des Arbeitnehmers sind **Eignungsmängel fachlicher oder persönlicher Art,** zum Beispiel eine mangelnde Anpassungsfähigkeit an neue Anforderungen, die mit der Einführung von neuen Technologien oder einer Änderung der Arbeitsbedingungen (Dokumentation per EDV, Ablehnung der zulässigen Übernahme von ärztlichen Tätigkeiten usw.) einhergehen.
Obwohl die **körperliche Eignung** schon bei Einstellung mit einem ärztlichen Attest oder per Untersuchung durch den Betriebsarzt nachgewiesen werden muss, können sich nach Aufnahme der Tätigkeit Tatsachen ergeben, die zuvor nicht unbedingt erkennbar waren und die einer Weiterbeschäftigung entgegenstehen, zum Beispiel Rückenleiden bei Pflegepersonen, beruflich ausgelöste Allergien usw. (→ unten). Der Nachweis, ob jemand charakterlich oder geistig für die Ausübung der Tätigkeit geeignet ist, wird im Einzelfall nicht ohne Weiteres zu erbringen sein (📖 33, S. 112ff.).

In allen Fällen bedarf es einer sorgfältigen Prüfung, ob es sich wirklich um unabänderbare Eigenschaften des Mitarbeiters handelt und die damit verbundenen betrieblichen Auswirkungen tatsächlich unzumutbar sind. Zu berücksichtigen ist dabei, dass allein eine altersbedingt nachlassende Leistungsfähigkeit, soweit sie das normale Maß nicht beträchtlich übersteigt, eine Kündigung nicht rechtfertigen kann. Zudem muss der Arbeitgeber abwägen, ob der betreffende Mitarbeiter nicht an einem anderen Arbeitsplatz innerhalb des Betriebs weiterbeschäftigt werden kann. Gegebenenfalls muss der Arbeitgeber hierfür sogar eine Umschulung des Mitarbeiters in Betracht ziehen, wenn ihm dies unter Abwägung aller Umstände zumutbar ist.
Die **Nichterteilung** oder der **Entzug** einer notwendigen behördlichen **Erlaubnis zur Berufsausübung** kann eine personenbedingte Kündigung rechtfertigen, wenn der Arbeitnehmer ohne diese Erlaubnis die vertraglich vereinbarte Tätigkeit nicht ausüben kann und der Arbeitgeber den Arbeitnehmer auch nicht unter veränderten Arbeitsbedingungen auf einer anderen Stelle im Betrieb einsetzen kann.
Eine personenbedingte Kündigung kann auch dann gerechtfertigt sein, wenn sie sich nicht nur auf die Arbeitsleistung bezieht, sondern auch auf das im Arbeitsleben nötige Sozialverhalten wie die Umgangsweise mit Patienten, Kollegen und Vorgesetzten.

Sicherheitsbedenken

Sicherheitsbedenken können bei Mitarbeitern im öffentlichen Dienst, die zum Beispiel einer rechts- oder linksextremen Vereinigung oder einer Sekte, zum Beispiel Scientology, angehören, zu einer personenbedingten Kündigung berechtigen. Insbesondere dann, wenn die Mitgliedschaft zu einer möglichen Gefährdung oder Beeinflussung von Arbeitskollegen und Patienten führt.
In Tendenzbetrieben kann sich auch die private Lebensführung auf die Eignung des Arbeitnehmers auswirken, zum Beispiel der Austritt aus der Kirche, wenn die Mitgliedschaft in einer Religionsgemeinschaft Vorbedingung für die Einstellung war, oder die Kündigung der Partei- oder Gewerkschaftszugehörigkeit in entsprechenden Betrieben.

Krankheit

Grundsätzlich ist eine Erkrankung des Arbeitnehmers kein Kündigungsgrund. Problematisch kann es werden, wenn aufgrund von Krankheiten die Fehlzeiten erheblich sind. Entgegen der oft vertretenen Auffassung kann sowohl wegen als

auch während der Krankheit eines Arbeitnehmers gekündigt werden. Es muss jedoch eine sorgfältige Abwägung zwischen der Dauer der Betriebszugehörigkeit, Dauer der Erkrankung und der Prognose für die Zukunft erfolgen. Eine Kündigung aufgrund von Krankheit ist nur zulässig, wenn die betrieblichen Interessen unzumutbar beeinträchtigt werden. Dabei ist ein sehr strenger Beurteilungsmaßstab anzuwenden.
In der Regel werden drei Gründe für krankheitsbedingte Kündigungsmöglichkeiten unterschieden:

- lang andauernde Erkrankung des Arbeitnehmers
- häufige Kurzerkrankungen
- krankheitsbedingte andauernde Leistungsminderung.

Unter einer **lang andauernden Erkrankung** versteht man im Allgemeinen einen Zeitraum von einem halben Jahr und darüber. Grundsätzlich richtet sich die Bewertung nach den Umständen des Einzelfalls, so dass der Zeitraum auch darunter- oder darüberliegen kann. Maßgeblich ist auch die Krankheitsursache; es werden Unterschiede zwischen verschuldeter Krankheit, unverschuldeter Krankheit, Arbeitsunfall und Berufskrankheit gemacht. Weiterhin ist das Alter des Arbeitnehmers zu berücksichtigen, ebenso die Dauer der Beschäftigungszeit sowie Art, Dauer und Häufigkeit von früheren Erkrankungen.
Für einen Kündigungsgrund muss zudem eine negative Zukunftsprognose vorliegen, das heißt, bei Zugang der Kündigung muss der Arbeitnehmer arbeitsunfähig erkrankt und die Wiederherstellung der Gesundheit nicht absehbar sein. Zumindest muss zukünftig mit großer Wahrscheinlichkeit mit wiederholten Ausfällen zu rechnen sein. Der Arbeitsplatz muss aus betrieblichen Gründen wieder besetzt werden, da eine Einstellung von Aushilfskräften oder eine Umorganisation im Betrieb nicht möglich oder zumutbar ist.
Obwohl normalerweise keine Verpflichtung besteht, dem Arbeitgeber die Art der Erkrankung anzugeben, können Arbeitnehmer verpflichtet sein, an der Feststellung ihres Gesundheitszustands mitzuwirken und dem Arbeitgeber die notwendigen Informationen mitzuteilen, damit dieser disponieren kann. Die Dauer der Erkrankung muss dem Arbeitgeber in jedem Fall mitgeteilt werden.
Arbeitgeber sind im Rahmen ihrer Fürsorgepflicht verpflichtet, mit den Betroffenen Krankengespräche zu führen und Vorsorge- und Rehabilitationsmaßnahmen, gegebenenfalls auch eine Änderung der Arbeitsplatzbedingungen in Erwägung zu ziehen.

Alkoholismus und Drogensucht

Besondere Probleme am Arbeitsplatz ergeben sich immer wieder bei Mitarbeitern, die alkohol- oder drogenabhängig sind. Hierbei handelt es sich in der Regel um behandlungsbedürftige Krankheiten, die von einem nicht krankheitsbedingten Alkoholmissbrauch abzugrenzen sind. Bei nicht krankheitsbedingtem Alkoholmissbrauch kann eine verhaltensbedingte Kündigung gerechtfertigt sein, anders jedoch bei einer vorliegenden Suchterkrankung. Eine krankheitsbedingte Sucht ist durch einen weitgehenden Ausschluss der Selbstkontrolle gekennzeichnet und kommt somit für eine verhaltensbedingte Kündigung nicht infrage.
Ebenso wie bei anderen Erkrankungen müssen Tatsachen vorliegen, die eine negative Gesundheitsprognose, zum Beispiel fortdauernden Alkoholismus, voraussetzen. Diese müssen zu einer erheblichen Beeinträchtigung der betrieblichen Interessen führen, die sich auch nicht durch geeignete andere, mildere Mittel vermeiden lassen.
Um eine Kündigung aus personenbedingten Gründen wegen einer Suchtkrankheit zu vermeiden, müssen die betroffenen Arbeitnehmer bereit sein, die Suchtkrankheit zu überwinden. So sollte von Arbeitgeberseite darauf hingewirkt werden, dass sich die Betroffenen einer Therapie unterziehen. Wird die Erziehungsmaßnahme angetreten und beendet, ist eine Kündigung von Arbeitgeberseite zu diesem Zeitpunkt – auch in Wiederholungsfällen – nicht möglich. Wird die Therapie abgebrochen oder kommt es kurz nach Beendigung zu einem Rückfall, so ergibt sich daraus eine negative Gesundheitsprognose. Fehlt es den Betroffenen an Therapiebereitschaft oder wird diese durch Äußerungen oder Verhalten unmissverständlich zum Ausdruck gebracht, ist der Arbeitgeber unter Abwägung aller Interessen berechtigt, eine personenbedingte Kündigung auszusprechen (📖 37, S. 193).

Häufige Kurzerkrankungen liegen dann vor, wenn ein Arbeitnehmer wiederholt ein bis drei Tage der Arbeit fernbleibt. Erschwerend kommt hinzu, wenn die Fehltage vor oder nach arbeitsfreien Wochenenden, Feiertagen oder freien Tagen liegen.
Bei zehn bis 15 Kurzerkrankungen pro Jahr kann eine Kündigung gerechtfertigt sein, jedoch müssen auch in diesen Fällen die konkreten Umstände des Einzelfalls berücksichtigt werden. Bei Frauen können starke Menstruationsbeschwerden in Verbindung mit Migräneanfällen zu Ausfällen führen. Aber auch gravierende persönliche Ereignisse wie Todesfälle in der Familie, Partnerschaftskonflikte u.a. können Arbeitnehmer, die in der vorangegangenen Zeit kaum Ausfälle hatten,

stark beeinträchtigen. In diesen Fällen tragen Mitarbeitergespräche sehr oft zur Klärung bei. Eine Kündigung des Arbeitgebers ist berechtigt, wenn auch weiterhin mit häufigen Ausfallzeiten, die den Betriebsablauf empfindlich beeinträchtigen, zu rechnen sein wird.

In Einrichtungen des Gesundheitswesens erfordert der Betriebsablauf eine kontinuierliche Stellenbesetzung, so dass wiederholte Umplanungen des Arbeitsablaufs auf Dauer nicht zumutbar sind. Während von Arbeitgeberseite nur die bisherigen Fehlzeiten dargelegt werden müssen, wird vom Arbeitnehmer erwartet, dass er die Vermutung des Arbeitgebers, dass weitere Erkrankungen zu erwarten sind, widerlegt.

Eine Kündigung ist auch gerechtfertigt, wenn die **andauernde Minderung der Arbeitsleistung** unter den Durchschnitt gesunken ist und die Beschäftigung des Arbeitnehmers auf einer anderen Stelle im Betrieb nicht möglich ist. Sollte aufgrund der krankheitsbedingten dauernden Leistungsminderung der Arbeitnehmer schwerbehindert sein oder werden, so unterliegen diese Arbeitnehmer dem besonderen Kündigungsschutz des SGB IX Gesetz zur Teilhabe und Rehabilitation Behinderter (→ 10.2.3).

Verhaltensbedingte Kündigung

Eine verhaltensbedingte Kündigung durch den Arbeitgeber kommt dann in Betracht, wenn sie durch Gründe, die im Verhalten des Arbeitnehmers liegen, bestimmt ist (§ 1 Abs. 2 Satz 1 KSchG). Voraussetzung dafür ist eine schuldhafte Vertragspflichtverletzung, sowohl aus dem Bereich der Haupt- als auch der Nebenpflichten. Dies kann unter Umständen auch ein außerdienstliches Verhalten sein, soweit dieses direkt oder indirekt auf das Arbeitsverhältnis zurückwirkt.

Gründe für eine verhaltensbedingte Kündigung

- Vertragsverletzung im Leistungsbereich:
  - Arbeitsverweigerung
  - Arbeitsunterbrechung ohne rechtfertigenden Grund
  - Bummelei während der Arbeitszeit
  - wiederholte Unpünktlichkeit
  - vorzeitiges Verlassen des Arbeitsplatzes
  - Überziehen der Pausenzeiten
  - Nichtbefolgen von Arbeitsanweisungen
  - unterdurchschnittliche Arbeitsleistung

- mangelhafte Arbeitsleistung (Schlecht- oder Minderleistung)
- unentschuldigtes Fehlen
- verspätete Krankmeldungen
- Nichtvorlage von Arbeitsunfähigkeitsbescheinigung
- verspätete Vorlage der Arbeitsunfähigkeitsbescheinigung
- unterbliebene oder verspätete Anzeige der Fortdauer der Arbeitsunfähigkeit
- Verstöße gegen die betriebliche Ordnung
- eigenmächtiger Urlaubsantritt oder Urlaubsverlängerung
- Alkoholgenuss während des Dienstes
- mangelhafte Qualifikation

■ Vertragsverletzungen im Betriebsbereich:
- Verweigerung der Arbeit aus Gewissensgründen
- politische Meinungsäußerung
- parteipolitische Betätigung im Betrieb
- Nichteinhaltung von Arbeitsschutzvorschriften
- Nichttragen von Schutzkleidung oder Sicherheitsausrüstung
- Nichtbeachtung von Unfallverhütungsvorschriften, Dienstanweisungen
- Verweigerung einer gesetzlich vorgeschriebenen ärztlichen Untersuchung
- Teilnahme an politischen Demonstrationen
- Verstoß gegen betriebliche Rauch- und Alkoholverbote
- Verstoß gegen die Autorität von Vorgesetzten
- Beleidigungen und/oder Tätlichkeiten gegenüber Mitarbeitern/Vorgesetzten
- sexuelle Belästigung
- Mobbing
- Stalking

■ Vertragsverletzungen im Vertrauensbereich:
- Verletzung von Auskunftspflichten bei der Einstellungsverhandlung
- Verletzung der Treue- und Verschwiegenheitspflicht
- unerlaubte Nebentätigkeit
- unterlassene Anzeige einer Nebentätigkeit
- Weitergabe von Betriebsgeheimnissen
- Tätlichkeiten, Verleumdung oder Beleidigung von Vorgesetzten und Arbeitskollegen
- Annahme von Geschenken und Schmiergeldern
- Straftaten (Körperverletzungsdelikte, Diebstahl, Unterschlagung, Betrug, Untreue)
- Störung des Betriebsfriedens

- unpassendes außerdienstliches Auftreten, das den Arbeitgeber in seinem Ansehen in der Öffentlichkeit beeinträchtigen kann
- Vortäuschen von Krankheiten
- Fälschung einer Arbeitsunfähigkeitsbescheinigung
- Missbrauch von Diensttelefon, Internet, Postwegen.

Abwägung der Interessen

Eine verhaltensbedingte Kündigung wird nur dann gerechtfertigt sein, wenn sich das Verhalten des Arbeitnehmers auf den Betrieb negativ auswirkt. In jedem Fall ist eine Abwägung der wechselseitigen Interessen vorzunehmen.

Auf **Arbeitgeberseite** kommen in Betracht:

- Aufrechterhaltung der Funktionsfähigkeit des Betriebs oder Unternehmens
- Arbeitsdisziplin
- Wiederholung- oder Nachahmungsgefahr
- Vermögensschaden
- Schädigung des Ansehens des Arbeitgebers oder der Einrichtung
- Schutz der übrigen Mitarbeiter.

Auf **Arbeitnehmerseite** sind in Erwägung zu ziehen:

- Art, Schwere und Häufigkeit der Pflichtverletzung
- Verhalten in der Vergangenheit
- Dauer der Betriebszugehörigkeit
- Lebensalter des Arbeitnehmers
- Umfang der Unterhaltsverpflichtungen gegenüber Familienangehörigen
- Lage auf dem Arbeitsmarkt, Vermittelbarkeit des Arbeitnehmers
- Versetzungsmöglichkeiten innerhalb des Betriebs
- eventuelles Mitverschulden des Arbeitgebers (📖 27).

Abmahnung

Bevor eine verhaltensbedingte Kündigung ausgesprochen werden kann, muss eine ordnungsgemäße Abmahnung (→ 7.3.7) erfolgen, die das zu missbilligende Verhalten des Arbeitnehmers konkretisiert (📖 18, S. 24ff.).

Betriebsbedingte Kündigung

Eine betriebsbedingte Kündigung ist dann sozial gerechtfertigt, wenn

- sie durch dringende betriebliche Erfordernisse bedingt ist und
- keine Weiterbeschäftigungsmöglichkeit im Betrieb des Arbeitgebers besteht und

- der Arbeitgeber bei der Auswahl des zu kündigenden Arbeitnehmers soziale Aspekte hinreichend berücksichtigt hat.

Betriebliche Gründe können sich aus innerbetrieblichen Umständen oder aus außerbetrieblichen Gründen ergeben.

Gründe für eine betriebsbedingte Kündigung

- außerbetriebliche Ursachen
  - Umsatzrückgang
  - Auftragsmangel
  - Wegfall einer Drittmittelfinanzierung
  - Stelleneinsparung im Haushaltsplan
- innerbetriebliche Ursachen
  - Rationalisierungsmaßnahmen
  - Betriebsstilllegung
  - Vergabe von Arbeiten an Fremdunternehmen (Outsourcing)
  - Verselbstständigung.

Diese Ursachen an sich rechtfertigen aber nur dann eine Kündigung, wenn sie sich konkret auf die Einsatzmöglichkeiten des Arbeitnehmers auswirken. Ein dringendes betriebliches Erfordernis für eine betriebsbedingte Kündigung liegt nicht vor, wenn der Arbeitnehmer auf einem anderen freien gleichwertigen Arbeitsplatz in der Einrichtung weiterbeschäftigt werden kann. Besteht noch eine anderweitige Beschäftigungsmöglichkeit innerhalb des Betriebs, ist die Kündigung sozial ungerechtfertigt. Bei der Prüfung, ob eine Weiterbeschäftigungsmöglichkeit im Betrieb besteht, sind alle vergleichbaren freien Arbeitsplätze im selben Betrieb mit einzubeziehen. Der Arbeitgeber ist weder verpflichtet, einen höherwertigen Arbeitsplatz anzubieten noch einen neuen Arbeitsplatz zu schaffen, um eine Kündigung zu vermeiden. Als frei sind auch solche Arbeitsplätze anzusehen, bei denen zum Zeitpunkt der Kündigung bereits klar ist, dass diese in absehbarer Zeit nach Ablauf der Kündigungsfrist frei werden und dem Arbeitgeber die Überbrückung dieses Zeitraums zuzumuten ist. Nach Auffassung des BAG wird als zumutbarer Zeitraum für den Arbeitgeber die Zeit angesehen, die ein anderer Stellenbewerber zur Einarbeitung benötigen würde (BAG v. 15.12.1994, AZ 2 AZR 327/94).

Ist der Arbeitnehmer nicht bereit, den angebotenen Arbeitsplatz anzunehmen und ist die Versetzung auf einen anderen Arbeitsplatz nicht mehr vom Direktionsrecht des Arbeitgebers gedeckt, zum Beispiel bei der Versetzung in einen Filialbetrieb in einer anderen Stadt, kann die Umsetzung des Arbeitnehmers nur in Form einer Änderungskündigung (→ 9.3.4) erfolgen. Eine Änderungskündigung hat immer Vorrang vor einer Beendigungskündigung, so dass der Arbeitgeber vor Ausspruch einer Beendigungskündigung stets prüfen muss, ob er den Mitarbeiter auch auf einem schlechteren Arbeitsplatz einsetzen kann. Sollte der Mitarbeiter auf dem bisherigen Arbeitsplatz zukünftig nur noch in Teilzeit weiterbeschäftigt werden können, muss ihm dies ebenfalls angeboten werden. Unter Umständen muss der Arbeitgeber auch einen Arbeitsplatz anbieten, der nur nach einer Einarbeitung und Umschulung ausgefüllt werden kann, wenn der Arbeitnehmer umschulungsfähig und -willig ist (📖 28, S. 155).

Sozialauswahl

Besteht eine anderweitige Beschäftigungsmöglichkeit nicht und führen die inner- und/oder außerbetrieblichen Umstände zum Wegfall des Arbeitsplatzes, so müssen vom Arbeitgeber bei der Kündigung soziale Gesichtspunkte beachtet werden. Dadurch sollen Arbeitnehmer geschützt werden, die von einer Kündigung unter Berücksichtigung ihrer persönlichen Umstände und Belange besonders stark betroffen wären. Trotz des Vorliegens von dringenden betrieblichen Erfordernissen kann die betriebsbedingte Kündigung sozial ungerechtfertigt sein, wenn vom Arbeitgeber bei der Auswahl des Arbeitnehmers soziale Gesichtspunkte nicht oder nicht ausreichend berücksichtigt wurden (§ 1 Abs. 3 Satz 1 KSchG).

Personenkreis

In die Sozialauswahl einzubeziehen sind jeweils nur die vergleichbaren Arbeitnehmer. Nicht zu berücksichtigen sind Arbeitnehmer, deren Arbeitsverhältnis nicht ordentlich aus betrieblichen Gründen gekündigt werden kann (Unkündbarkeit) und solche, die noch nicht sechs Monate im Betrieb beschäftigt sind und damit noch keinen Kündigungsschutz genießen. Ausgenommen sind auch solche Arbeitnehmer, deren Weiterbeschäftigung, insbesondere wegen ihrer Kenntnisse, Fähigkeiten und Leistung im berechtigten betrieblichen Interesse liegt oder zur Sicherung einer ausgewogenen Personalstruktur des Betriebs dient (§ 1 Abs. 3 Satz 2 KSchG). Damit soll nach Willen des Gesetzgebers vermieden werden, dass die Sozialauswahl zur Beeinträchtigung der betrieblichen Leistungsfähigkeit führt.

Auswahlkriterien

Ist die Kündigung mehrerer vergleichbarer Arbeitnehmer vorgesehen, so sind im Rahmen der sozialen Auswahl diejenigen zu entlassen, die nach den erhobenen Sozialdaten des geringsten Schutzes bedürfen.
Folgende vier Auswahlkriterien sind seit dem 1.1.2004 abschließend geregelt:

- Dauer der Betriebszugehörigkeit
- Alter des Arbeitnehmers
- gesetzliche Unterhaltsverpflichtungen gegenüber Angehörigen
- Schwerbehinderung des Arbeitnehmers.

Die Bewertung der sozialen Gesichtspunkte im Verhältnis zueinander können nach § 1 Abs. 4 KSchG in einem Tarifvertrag, einer Betriebsvereinbarung nach § 95 BetrVG oder in Auswahlrichtlinien nach den Personalvertretungsgesetzen festgelegt werden. Werden vom Arbeitgeber diese Auswahlrichtlinien angewandt, kann sich die Überprüfung der Sozialauswahl vor dem Arbeitsgericht nur auf grobe Fehler beziehen.

Auswahlverfahren

Das Auswahlverfahren sollte anhand eines Schemas erfolgen:

- Benennung des weggefallenen Arbeitsplatzes und Anforderungsprofils
- Benennung der Arbeitnehmer auf Arbeitsplätzen mit gleichem Anforderungsprofil
- Benennung der Arbeitnehmer, die nicht ordentlich zu kündigen oder wegen eines berechtigten betrieblichen Interesses weiterzubeschäftigen und damit aus der Sozialauswahl herauszunehmen sind
- Auswahl der verbleibenden Arbeitnehmer, die am wenigsten sozial schutzbedürftig sind
- Beschreibung des arbeitsvertraglichen Funktionsbereichs des ausgewählten Arbeitnehmers.

Deckt sich der arbeitsvertragliche Funktionsbereich des ausgewählten Arbeitnehmers mit dem vom Wegfall des Arbeitsplatzes betroffenen betrieblichen Funktionsbereichs, so ist der ermittelte Arbeitnehmer derjenige, dem betriebsbedingt gekündigt werden kann. Ergibt sich keine Deckung, muss eine weitere Sozialauswahl erfolgen.
Der Arbeitgeber hat auf Verlangen des Arbeitnehmers die Gründe anzugeben, die zu der getroffenen Sozialauswahl geführt haben (§ 1 Abs. 3 KSchG) (📖 36, S. 118, Rz 437ff.).

Abfindungsanspruch

Wird ein Arbeitsverhältnis aus betriebsbedingten Gründen gekündigt, haben Arbeitnehmer Anspruch auf eine Abfindung in Höhe eines halben Monatsverdiensts für jedes Jahr des bestehenden Arbeitsverhältnisses (§ 1 a KSchG). Dieser Anspruch setzt voraus, dass vom Arbeitgeber wegen dringender betrieblicher Erfordernisse gekündigt wurde und dieser in der Kündigungserklärung darauf hingewiesen hat, dass die Kündigung auf dringenden betrieblichen Erfordernissen begründet ist und der Arbeitnehmer bei Verstreichenlassen der Klagefrist die Abfindung verlangen kann. Bis zum Ablauf der dreiwöchigen Klagefrist nach § 4 Satz 1 KSchG darf der Arbeitnehmer keine Klage auf Feststellung erheben, dass das Arbeitsverhältnis durch die Kündigung nicht aufgelöst ist.
Sollte der Arbeitgeber eine höhere oder niedrigere Abfindung anbieten oder wird das Abfindungsangebot aus Anlass einer personen- oder verhaltensbedingten Kündigung gemacht, greift § 1 a KSchG nicht. In diesen Fällen kann dann aber eine vertragliche Abwicklungsvereinbarung der Parteien in Betracht kommen, die grundsätzlich zulässig ist.
Für jedes Jahr des Bestehens des Arbeitsverhältnisses beträgt die Höhe der gesetzlichen Abfindung einen halben Monatsverdienst, wobei ein Zeitraum von mehr als sechs Monaten auf ein volles Jahr aufzurunden ist. Als Monatsverdienst wird gemäß § 1 a Abs. 2 Satz 2 in Verbindung mit § 10 Abs. 3 KSchG der Verdienst (Geld- und Sachbezüge) berechnet, der dem Arbeitnehmer bei der für ihn maßgebenden regelmäßigen Arbeitszeit in dem Monat, in dem das Arbeitsverhältnis fristgerecht endet, zusteht. Der Anspruch auf die Abfindung entsteht mit Ablauf der Kündigungsfrist (📖 32, S. 133ff.).

Anzeigepflicht bei Massenentlassungen

Ist vom Arbeitgeber nicht nur die Kündigung eines einzelnen Mitarbeiters beabsichtigt, so ist zu prüfen, ob es sich um eine Massenentlassung gemäß § 17ff. KSchG handelt. Sollen in einem Betrieb mit mehr als 20 Arbeitnehmern innerhalb von 30 Kalendertagen bestimmte Grenzen des Personalabbaus überschritten werden, ergeben sich daraus für den Arbeitgeber zusätzliche Pflichten gegenüber dem Betriebsrat und der Agentur für Arbeit (§§ 17–22 KSchG). Die Entlassungsanzeige an die Agentur für Arbeit ermöglicht dieser, sich auf die bevorstehende Entlassung vorzubereiten und so eine zügigere Neuvermittlung der betroffenen Arbeitnehmer zu gewährleisten. Von dieser Anzeige ist es abhängig, zu welchem Zeitpunkt die Entlassungen wirksam werden können. Die Anzeige bei der örtlich zuständigen Agentur muss schriftlich und mit eigenhändiger Unterschrift dort eingehen. Nicht ausreichend sind Faxe, Kopien, Faksimiles oder E-Mails.

Die Anzeige muss folgende Angaben enthalten (§ 17 Abs. 3 KSchG):

- Name des Arbeitgebers
- Sitz und Art des Betriebs
- Anzahl und Berufsgruppen der in der Regel beschäftigten Arbeitnehmer
- Anzahl der zu entlassenden Arbeitnehmer
- Zeitraum, in dem die Entlassungen vorgenommen werden sollen
- Kriterien für deren Auswahl und die Berechnung eventueller Abfindungen
- Entlassungsgründe
- Datum der Entlassungen.

In der Anzeige sollen außerdem mit Einverständnis des Betriebsrats für die Arbeitsvermittlung Angaben über Geschlecht, Alter, Beruf und Staatsangehörigkeit der zu entlassenden Arbeitnehmer gemacht werden. Der Arbeitgeber hat dem Betriebsrat eine Abschrift der Anzeige zuzuleiten. Der Betriebsrat ist berechtigt, gegenüber der Agentur für Arbeit weitere Stellungnahmen abzugeben, von seiner Stellungnahme hat er wiederum dem Arbeitgeber eine Abschrift zuzuleiten.

Liegt keine schriftliche Stellungnahme des Betriebsrats vor, muss der Arbeitgeber gegenüber der Agentur glaubhaft machen, dass er dem Betriebsrat mindestens zwei Wochen vor Erstattung der Anzeige über die vorgenannten Angaben schriftlich unterrichtet hat und den Stand der Beratungen mitteilen (📖 37, S. 209).

10.2 Besonderer Kündigungsschutz

Im Gegensatz zum allgemeinen gilt der besondere Kündigungsschutz nur für einzelne Arbeitnehmergruppen, wie etwa für

- Schwangere, Mütter
- Mitarbeiter in der Elternzeit
- Schwerbehinderte
- Mitglieder des Betriebsrats, Mitglieder der Jugendauszubildendenvertretung u. a.
- Wehr- und Zivildienstleistende.

Für Mitarbeiter mit besonderem Kündigungsschutz besteht nach den jeweiligen Einzelgesetzen ein komplettes Kündigungsverbot (📖 32, S. 134f.).

10.2.1 Schwangere und Mütter

Nach dem Mutterschutzgesetz § 9 (MuSchG) unterliegen schwangere Arbeitnehmerinnen sowie Wöchnerinnen einem absoluten Kündigungsverbot (→ 7.3.1).

Ausnahmegenehmigung

In Ausnahmefällen kann auf Antrag des Arbeitgebers die zuständige Aufsichtsbehörde ihre Zustimmung zu einer Kündigung erteilen. An diese Zustimmung sind jedoch hohe Anforderungen gestellt. Hierbei reicht es grundsätzlich nicht aus, dass der Arbeitgeber einen wichtigen Grund vorträgt, die sonst üblicherweise in vergleichbaren anderen Fällen eine außerordentliche Kündigung rechtfertigen würde. Im konkreten Fall müssen weitere, besonders schwerwiegende Umstände vorliegen, zum Beispiel

- Tätlichkeiten gegenüber Patienten
- Tätlichkeiten gegenüber Arbeitgeber und Mitarbeitern
- schwerwiegende Vertragsverstöße
- Gefährdung der Existenz des Betriebs bei Weiterführung des Arbeitsverhältnisses
- Auflösung des Betriebs.

Sollte eine außerordentliche Kündigung vom Arbeitgeber in Betracht gezogen werden, so muss der Antrag innerhalb von zwei Wochen nach Kenntnis vom Kündigungsgrund bei der Behörde eingegangen sein. Hat der Arbeitgeber die Zustimmung der Behörde erhalten, so muss er unverzüglich die Kündigung aussprechen und diese der Arbeitnehmerin zustellen. Befindet sich die Arbeitnehmerin gleichzeitig in der Elternzeit (→ 7.3.1), muss neben dieser Zustimmung auch noch die Zulässigkeitserklärung nach § 18 Abs. 1 BerzGG oder § 18 Abs. 1 BEEG eingeholt werden. In der Regel ist die Behörde zuständig, die auch die Ausnahmeregelung nach § 9 MuSchG erteilt. Einige Bundesländer regeln die Einzelheiten in besonderen Verwaltungsvorschriften (📖 37, S. 216ff.).

Widerspruchsrecht der Arbeitnehmerin

Gegen die behördliche Zustimmung kann die Arbeitnehmerin Widerspruch einlegen. Wird diesem stattgegeben, ist die Kündigung unwirksam. Wird der Widerspruch zurückgewiesen, kann die Arbeitnehmerin Klage beim Verwaltungsgericht erheben. Gleichzeitig muss die Arbeitnehmerin nach Ausspruch der Kündigung auch eine Kündigungsschutzklage beim Arbeitsgericht einreichen.

Hebt das Verwaltungsgericht die Zustimmung zur Kündigung auf, ist die Kündigung auf jeden Fall nicht wirksam. Wird die Zustimmung bestätigt, wird vom Arbeitsgericht geprüft, ob die Kündigung auch unter anderen Gesichtspunkten wirksam ist.

10.2.2 Mitarbeiter in der Elternzeit

Im Anschluss an den Mutterschutz von acht oder zwölf Wochen haben Mütter und Väter nach §§ 15–16 BerzGG oder §§ 15–16 BEEG Anspruch auf Elternzeit bis zur Vollendung des dritten Lebensjahres eines Kindes (→ 7.3.1). Der Arbeitgeber darf während der Elternzeit das Arbeitsverhältnis nicht kündigen (§ 18 BerzGG, § 18 BEEG).

Der besondere Kündigungsschutz beginnt ab dem Zeitpunkt, an dem die Elternzeit verlangt wird, und endet mit Ende der Elternzeit, unabhängig davon ob die Beendigung regulär erfolgt oder vorzeitig. Der Kündigungsschutz endet auch bei Wechsel des Elternteils für denjenigen, der die Elternzeit nicht mehr in Anspruch nimmt. Unter den Sonderkündigungsschutz fallen auch Teilzeitbeschäftigte mit nicht mehr als 30 Wochenstunden.

Sämtliche Kündigungen wie Beendigungskündigungen sowohl ordentlich als auch außerordentlich, Änderungskündigungen, vorsorgliche Kündigungen auch zum Ablauf der Schutzfrist und Kündigungen im Insolvenzverfahren unterliegen dem Sonderkündigungsschutz und sind damit unwirksam.

Nicht vom Kündigungsschutz erfasst sind

- Ablauf der Befristung des Arbeitsvertrags
- Anfechtung des Arbeitsvertrags wegen arglistiger Täuschung oder Irrtums
- Nichtigkeit des Arbeitsvertrags
- Aufhebungsvertrag; Eigenkündigung des Arbeitnehmers, die mit einer Frist von drei Monaten zum Ende der Elternzeit möglich ist
- eine Kündigung, die dem Arbeitnehmer vor seinem Verlangen nach Elternzeit oder mehr als sechs Wochen vor deren Beginn zugeht, selbst wenn der Beendigungszeit in der Elternzeit liegt.

Ausnahmegenehmigungen

In besonderen Fällen kann die für den Arbeitsschutz zuständige oberste Arbeitsbehörde die Kündigung für zulässig erklären. Zuständig ist im Allgemeinen die Behörde, die auch die Kündigung gemäß Mutterschutzgesetz für zulässig erklären kann. Die Zuständigkeiten sind in den einzelnen Bundesländern verschieden geregelt.

Zum Antragsverfahren sind vom Bundesarbeitsministerium Richtlinien erlassen worden. Danach ist von der Aufsichtsbehörde die Zustimmung zu erteilen, in den Fällen, in denen das Interesse des Arbeitnehmers am Fortbestand des Arbeitsverhältnisses wegen außergewöhnlicher Umstände zurücktreten muss. In Betracht kommen hier ähnlich wie beim Mutterschutzgesetz (→ 10.2.1) folgende Gründe:

- Übergriffe auf Patienten
- schwere Pflichtverstöße gegen den Arbeitgeber
- Stilllegung des Betriebs
- Existenzgefährdung des Arbeitgebers.

Wird die Zustimmung erteilt, muss der Arbeitgeber die Kündigung unverzüglich aussprechen. Sollte eine zu kündigende Arbeitnehmerin, die sich in Elternzeit befindet, erneut schwanger sein, muss der Arbeitgeber sowohl Zustimmung nach § 9 Abs. 3 MuSchG als auch nach § 18 Abs. 1 BErzGG oder § 18 Abs.1 BEEG beantragen.

Folgende Daten sollte der Antrag enthalten:

- Name und Anschrift des Arbeitgebers
- Name und Anschrift des Arbeitnehmers
- Art und Dauer des Beschäftigungsverhältnisses
- Tag der voraussichtlichen oder erfolgten Entbindung
- Angabe des Kündigungsgrunds.

10.2.3 Schwerbehinderte

Schwerbehinderte und Gleichgestellte (§ 2 Abs. 2 und 3 SGB IX) genießen einen besonderen Kündigungsschutz (§§ 85 – 92 SGB IX). Die Kündigung des Arbeitsverhältnisses eines schwerbehinderten Menschen durch den Arbeitgeber bedarf der vorherigen Zustimmung des Integrationsamts (§ 85 SGB IX).

Beginn und Ende des Kündigungsschutzes

Der besondere Kündigungsschutz beginnt erst nach Ablauf von sechs Monaten ab Bestehen des Arbeitsverhältnisses (§ 90 Abs. 1 Nr. 1 SGB IX). Voraussetzung ist, dass ein Antrag auf Feststellung der Schwerbehinderung vor Zugang der Kündigung beim jeweils zuständigen Amt gestellt worden sein muss. Trifft dies nicht zu, besteht der Kündigungsschutz selbst bei rückwirkender Anerkennung nicht, dann gelten die normalen Kündigungsfristen, es sei denn, dass die Schwerbehinderung offensichtlich ist.

War dem Arbeitgeber die Schwerbehinderteneigenschaft des Arbeitnehmers bei Ausspruch der Kündigung nicht bekannt, so ist der Arbeitnehmer verpflichtet, sich innerhalb einer Frist von einem Monat nach Zugang der Kündigung gegenüber dem Arbeitgeber auf seinen Sonderkündigungsschutz zu berufen. Wird diese Frist vom Arbeitnehmer versäumt, kann dieser Schutz nicht geltend gemacht werden. Gemäß § 90 Abs. 2 a SGB IX bedarf es keiner Zustimmung des Integrationsamts, wenn zum Zeitpunkt der Kündigung die Eigenschaft als schwerbehinderter Mensch nicht nachgewiesen ist.

Zustimmung des Integrationsamts

Liegen die Voraussetzungen für die Schwerbehinderteneigenschaft vor, so bedarf die Kündigung eines Schwerbehinderten oder Gleichgestellten durch den Arbeitgeber der vorherigen Zustimmung des Integrationsamts. Das Integrationsamt prüft, ob der Kündigung die besonderen Schutzvorschriften des SGB IX entgegenstehen. Dazu hört es den Betroffenen an und holt für die Entscheidung Stellungnahmen vom zuständigen Betriebsrat und der Schwerbehindertenvertretung sowie der Agentur für Arbeit ein. Handelt es sich um eine ordentliche Kündigung, so soll das Integrationsamt innerhalb eines Monats nach pflichtgemäßem Ermessen entscheiden.

Erteilt das Integrationsamt seine Zustimmung zur ordentlichen Kündigung, muss der Arbeitgeber innerhalb von vier Wochen nach Zustellung kündigen. Bei einer außerordentlichen Kündigung ist der Arbeitgeber verpflichtet, innerhalb von zwei Wochen, nachdem er von den Kündigungsgründen Kenntnis erhalten hat, die Zustimmung beim Integrationsamt zu beantragen (§ 91Abs. 2 SGB IX). In diesem Fall muss das Integrationsamt seine Entscheidung innerhalb von zwei Wochen treffen, ansonsten gilt die Zustimmung als erteilt.

Das Integrationsamt soll immer dann Zustimmung erteilen, wenn der Kündigungsgrund nicht in Zusammenhang mit der Behinderung steht (§ 91 Abs. 4 SGB IX). Hat es der Kündigung zugestimmt, hat der Arbeitgeber unverzüglich zu kündigen.

Ob die Kündigung auch nach dem Kündigungsschutzgesetz Bestand hat, entscheidet das Integrationsamt nicht. Diese Frage muss das zuständige Arbeitsgericht im Kündigungsschutzverfahren entscheiden. Dieses ist wie bei allen Kündigungsschutzverfahren innerhalb einer Frist von drei Wochen ab Zugang der Kündigung vom Arbeitnehmer anzurufen (§ 4 KSchG). Gleichzeitig besteht für den Arbeitnehmer die Möglichkeit, gegen die Zustimmung des Integrationsamts Widerspruch einzulegen und/oder Klage vor dem zuständigen Verwaltungsgericht zu erheben.

Läuft das Widerspruchsverfahren oder das Verfahren vor dem Verwaltungsgericht noch, während das Kündigungsschutzverfahren schon begonnen hat, kann das Arbeitsgericht den Rechtsstreit so lange aussetzen, bis über die Wirksamkeit der Zustimmung entschieden wurde (📖 50).

10.2.4 Sonderkündigungsschutz für bestimmte andere Personengruppen

Einen besonderen Kündigungsschutz genießen Mitglieder des Betriebsrats und andere Arbeitnehmervertreter.
Die ordentliche Kündigung eines Mitglieds des Betriebsrats, der Jugendvertretung oder anderer Arbeitnehmervertretungen ist sowohl während ihrer Amtszeit als auch für den Zeitraum von einem Jahr nach Ablauf der Amtszeit unzulässig, es sei denn, der Betrieb wird stillgelegt (§ 15 Abs. 4 KSchG).

Vom Kündigungsverbot geschützte Personengruppen

- Mitglieder von Arbeitnehmervertretungen (§ 15 KSchG, § 47 BPersVG, § 29 a HAG)
- Mitglieder von Schwerbehindertenvertretungen (§ 96 Abs. 3 SGB IX)
- Mitglieder der Jugendvertretung (§ 60 BetrVG)
- Immissionsschutz- und Störfallbeauftragte (§ 58 Abs. 2, § 58 d BImSchG)
- Datenschutzbeauftragte (§ 36 Abs. 3 BDSG)
- Sicherheitsbeauftragte (§ 22 Abs. 3 SGB VII)
- Arbeitnehmervertreter im Aufsichtsrat (§ 26 MitbestG, § 76 Abs. 2 BetrVG in Verbindung mit § 78 BetrVG)
- Abgeordnete (§ 2 Abs. 3 S. 2 AbgG)
- Mitglieder einer durch Tarifvertrag bestimmten anderen Arbeitnehmervertretung (§ 3 Abs. 1 Nr. 2 BetrVG)
- Mitglieder des Wahlvorstands und Wahlbewerber für eine Wahl, deren gewählte Kandidaten vom betriebsverfassungsrechtlichen Kündigungsschutz erfasst werden.

Ein Kündigungsverbot besteht auch für Arbeitnehmer, die zu einer Betriebs-, Wahl- oder Bordversammlung einladen oder die die Bestellung eines Wahlvorstands beantragen (§ 15 Abs. 3 a KSchG). Das Kündigungsverbot beginnt mit dem Zeitpunkt der Einladung oder des Antrags und endet mit der Bekanntgabe der Wahlergebnisse.

Das Kündigungsverbot gilt auch für Vertrauensleute der Schwerbehinderten sowie die in Heimarbeit beschäftigten Mitglieder eines Betriebsrats, einer Jugendvertretung, eines Wahlvorstands oder Wahlbewerber.
Für Mitglieder der Arbeitnehmervertretung endet der besondere Kündigungsschutz ein Jahr nach Beendigung ihrer Amtszeit. Dieser nachwirkende Kündigungsschutz gilt auch für Ersatzmitglieder, und zwar unabhängig davon, ob sie endgültig in den Betriebsrat nachgerückt oder nur vorübergehend als Stellvertreter für ein zeitweilig verhindertes Betriebsratsmitglied tätig geworden sind. Der Kündigungsschutz für Mitglieder des Wahlvorstands und Wahlbewerber endet sechs Monate nach Bekanntgabe des Wahlergebnisses.
Wird ein Betriebsratsmitglied in einer Abteilung beschäftigt, die geschlossen werden soll, so ist der Arbeitgeber verpflichtet, die Übernahme des Mitarbeiters in einen anderen Betriebsbereich gegebenenfalls sogar durch die Freikündigung eines geeigneten Arbeitsplatzes sicherzustellen (📖 36, S. 127, Rz 467ff.).

Außerordentliche Kündigung

Eine außerordentliche Kündigung dieser Personengruppen ist nach § 626 BGB jedoch zulässig. Dabei ist zwischen Verletzung der Pflichten aus dem Arbeitsverhältnis und der Amtspflichtverletzung zu unterscheiden. Eine außerordentliche Kündigung aus Gründen der Amtspflichtverletzung ist nur zulässig, wenn in der Amtspflichtverletzung zugleich eine die außerordentliche Kündigung rechtfertigende grobe Verletzung arbeitsvertraglicher Pflichten liegt, zum Beispiel wenn der Arbeitnehmer gegen die Geheimhaltungspflicht gemäß § 79 BetrVG verstößt. Ein grober Verstoß gegen die Amtspflichten allein rechtfertigt nicht ohne Weiteres eine außerordentliche Kündigung. Verstöße dieser Art können nur nach § 23 Abs. 1 BetrVG durch Ausschluss aus dem Betriebsrat geahndet werden.
Liegen die Voraussetzungen für eine außerordentliche Kündigung (→ 9.3.3) vor, muss vor Ausspruch der Kündigung die vorherige Zustimmung des Betriebsrats eingeholt werden (§ 103 Abs. 1 BetrVG). Dieser muss innerhalb von drei Tagen über die Zustimmung entscheiden. Sollte der Betriebsrat innerhalb von drei Tagen keine Erklärung abgeben, gilt die Zustimmung als verweigert. In diesem Fall kann der Arbeitgeber innerhalb von zwei Wochen (§ 626 Abs. 2 BGB Ausschlussfrist) beim Arbeitsgericht die gerichtliche Ersetzung der Zustimmung beantragen (§ 103 Abs. 2 BetrVG). Das Arbeitsgericht muss die Zustimmung im Beschlussverfahren ersetzen, wenn die außerordentliche Kündigung unter Berücksichtigung aller Umstände nach gerechtfertigt ist. Wird die Zustimmung vom Arbeitsgericht abgelehnt, kann der Arbeitgeber nicht kündigen.

Da die außerordentliche Kündigung dem Arbeitnehmer innerhalb von zwei Wochen nach Bekanntwerden des Kündigungsgrunds zugegangen sein muss, kann der Arbeitgeber hier unter Zeitdruck geraten. Er muss deshalb den Betriebsrat beizeiten um Zustimmung ersuchen, so dass es im Fall der Verweigerung noch innerhalb der Zwei-Wochen-Frist möglich ist, die Ersetzung beim Arbeitsgericht zu beantragen. Durch den Antrag des Arbeitgebers auf Ersetzung wird die Zwei-Wochen-Frist gehemmt, jedoch muss der Arbeitgeber nach der Ersetzung durch das Gericht unverzüglich die Kündigung aussprechen (📖 33, S. 108ff.).

10.2.5 Auszubildende

Auch Auszubildende unterliegen nach Beendigung der Probezeit einem bestimmten Kündigungsschutz. Während der Probezeit kann das Ausbildungsverhältnis jederzeit von beiden Seiten ohne Einhaltung einer Frist gekündigt werden (§ 15 Abs. 1 BBiG). Nach Ablauf der Probezeit ist dem Arbeitgeber jedoch nur noch eine außerordentliche Kündigung aus wichtigem Grund möglich. Eine **ordentliche Kündigung** durch den Arbeitgeber ist bis zur Beendigung des Berufsausbildungsverhältnisses **ausgeschlossen** (§ 15 Abs. 2 Nr. 1 BBiG).
Im Rahmen der vor Ausspruch der außerordentlichen Kündigung anzustellenden Interessenabwägung ist jedoch besonders zu berücksichtigen, dass der meist noch jugendliche Auszubildende eine weniger gefestigte Persönlichkeitsstruktur hat als ein anderer Arbeitnehmer.
Sollte das Ausbildungsverhältnis bereits länger bestehen, werden besonders strenge Anforderungen an eine außerordentliche Kündigung des Ausbildenden gestellt (BAG v. 10.5.1973, AZ 2 AZR 328/72). Sie wird daher nur in besonderen Ausnahmefällen zulässig sein. Sie muss schriftlich mit Angabe der Kündigungsgründe erfolgen (§ 15 Abs. 3 BBiG). Nur die im Kündigungsschreiben angegebenen Kündigungsgründe können in einem nachfolgenden Rechtsstreit vorgebracht werden. Ein Nachschieben von Kündigungsgründen ist nicht möglich.
Innerhalb von zwei Wochen nach Kenntniserlangung des Kündigungsgrunds muss die Kündigung erklärt werden und dem Empfänger zugehen.

10.2.6 Wehr- und Zivildienstleistende

Arbeitnehmer, die zum Wehr- oder Zivildienst einberufen wurden, genießen nach dem Arbeitsplatzschutzgesetz einen bedingten Kündigungsschutz vom Zeitpunkt der Zustellung des Einberufungsbescheids bis zur Beendigung des

Grundwehr- oder Zivildienstes sowie während einer Wehrübung. Während dieser Zeit ist die ordentliche Kündigung durch den Arbeitgeber nicht erlaubt (§ 2 Abs. 1 ArbPlSchG). Der Arbeitgeber darf auch nicht vor oder nach der Wehrdienstzeit aus Anlass des Wehrdienstes kündigen (§ 2 Abs. 2 Satz 1 ArbPlSchG). Sollte der Arbeitgeber trotz des Kündigungsverbots das Arbeitsverhältnis kündigen, ist die Kündigung unwirksam. Das Recht zur außerordentlichen Kündigung bleibt jedoch unberührt (§ 2 Abs. 3 ArbPlSchG).
Das Arbeitsplatzschutzgesetz ist entsprechend auch auf Zivildienstleistende anzuwenden (§ 78 ZDG).

10.2.7 Betriebsübergang

In der heutigen Zeit ist es leider keine Seltenheit, dass Krankenhausbetriebe zusammengelegt oder auch veräußert werden. Für den Fall, dass ein bestehender Betrieb oder Betriebsteil auf einen anderen Inhaber infolge rechtsgeschäftlicher Veräußerung übergeht, enthält § 613 a BGB ein eigenständiges Kündigungsverbot: Die Kündigung eines Arbeitsverhältnisses, die wegen des Betriebsübergangs erfolgt, durch den bisherigen oder den neuen Arbeitgeber ist unwirksam. Dabei kann schon die Ausgliederung (Outsourcing) einer bestimmten Funktion/Abteilung aus einem bestehenden Betrieb, ohne dass zugleich Betriebsmittel übertragen werden, einen Betriebsübergang darstellen.
Vom Kündigungsverbot des § 613 a BGB sind auch leitende Angestellte, die häufig aus Anlass eines Betriebsübergangs ausgetauscht werden sollen, betroffen.
Eine Kündigung ist jedoch nur in den Fällen unzulässig, in denen sie wegen des Betriebsübergangs erfolgt, unabhängig davon, ob der Betriebsübergang bereits stattgefunden hat oder lediglich beabsichtigt ist. Kündigungen aus personen- oder verhaltensbedingten Gründen sind jedoch zulässig (📖 37, S. 219).

11 Arbeitsgerichtsprozess

11.1 Arbeitsgerichtsverfahren

Gemäß Artikel 20 GG Sozialer Rechtsstaat steht jedem Bürger, der in seinen Rechten verletzt wird, der Rechtsweg zu unabhängigen Gerichten offen. Bei Streitigkeiten aus dem Arbeitsverhältnis sowie bei Streitigkeiten der Tarifvertragsparteien sind die Gerichte für Arbeitssachen als besonderer Zweig der allgemeinen Rechtspflege gemäß Arbeitsgerichtsgesetz (ArbGG) zuständig. Arbeitsgerichte sind auch zuständig für Streitigkeiten zwischen arbeitnehmerähnlichen Personen und ihren Auftraggebern. Dieses regelt Aufbau, Zuständigkeit und Verfahren vor den Arbeitsgerichten.

11.2 Rechtswege/Verfahren

Das Gesetz unterscheidet zwischen Urteilsverfahren (§ 46 ArbGG) und Beschlussverfahren. Das **Urteilsverfahren** kommt bei individuellen Streitigkeiten aus dem Arbeitsverhältnis zwischen Arbeitnehmer und Arbeitgeber, das **Beschlussverfahren** bei Streitigkeiten zwischen Arbeitgeber und Betriebsrat zur Anwendung. Im Urteilsverfahren bestehen die Rechtsmittel der Berufung (§ 64 ArbGG), der Revision (§ 72 ArbGG) und der Sprungrevision (§ 46 ArbGG). Im Beschlussverfahren (§ 80 ArbGG) sind es die Rechtsmittel der Beschwerde (§ 87 ArbGG) und der Rechtsbeschwerde (§ 92 ArbGG) sowie der Sprungrechtsbeschwerde (§ 96 a ArbGG). Zuständig für Berufungen und Beschwerden ist das Landesarbeitsgericht, für Revisionen, Sprungrevision, Rechtsbeschwerden und Sprungrechtsbeschwerden das Bundesarbeitsgericht (📖 28, S. 270ff.) (→ 11.3). Der wesentliche Unterschied zwischen den Verfahren besteht darin, dass das Urteilsverfahren nach der Zivilprozessordnung (ZPO), die auch für Rechtsstreitigkeiten vor den ordentlichen Gerichten gilt, geregelt ist, das heißt, es den Parteien obliegt, dem Gericht die für die Entscheidung erforderlichen Tatsachen darzulegen und unter Umständen auch zu beweisen (Partei- oder Verhandlungsgrundsatz). Im Beschlussverfahren gilt jedoch der Untersuchungsgrundsatz, so dass das Gericht den Sachverhalt von sich aus zu ermitteln und aufzuklären hat.

11.3 Aufbau der Arbeitsgerichtsbarkeit

Das Instanzenmodell (→ Abb. 11.1) gibt einen Überblick über Aufbau und Besetzung der Arbeitsgerichtsbarkeit in der Bundesrepublik Deutschland (📖 48; 49). Alle Instanzen sind sowohl mit Berufs- als auch mit ehrenamtlichen Richtern, Beisitzer genannt, besetzt. Diese haben die gleichen Rechte und Pflichten wie die Berufsrichter, zum Beispiel steht es ihnen wie den Berufsrichtern zu, Fragen an die Prozessparteien zu richten, um sich ein Bild vom Stand des Rechtsstreits zu machen. Bei der Abstimmung in der geheimen Beratung haben sowohl die Berufsrichter als auch die ehrenamtlichen Richter jeweils eine Stimme (📖 16, S. 161, Rz 173ff.).

11.3.1 Erste Instanz: Arbeitsgericht

Das Arbeitsgericht (ArbG) gliedert sich in Kammern. Die Kammer ist der Spruchkörper des Arbeitsgerichts. Sie ist besetzt mit einem Berufsrichter und zwei Beisitzern, von in denen einer aus der Reihe der Arbeitnehmer, der andere aus der Reihe der Arbeitgeber kommt (§ 16 ArbGG). Die beiden Beisitzer werden durch die oberste Arbeitsbehörde des Landes (Arbeitsminister, Senator für Arbeit) oder von der durch Rechtsverordnung der Landesregierung beauftragten Stelle auf die Dauer von fünf Jahren berufen. Personalvorschläge kommen aus dem Bereich der Gewerkschaften oder anderen selbstständigen Arbeitnehmervereinigungen und Vereinigungen von Arbeitgebern sowie öffentlichen Körperschaften und deren Vereinigungen (§ 20 Abs. 2 ArbGG). Voraussetzung für die Berufung zum Beisitzer ist die Vollendung des 25. Lebensjahres und eine Tätigkeit als Arbeitnehmer oder Arbeitgeber im Bezirk des jeweiligen Arbeitsgerichts.

11.3.2 Zweite Instanz: Landesarbeitsgericht

Die Berufungs- und Beschwerdeinstanz gegen Urteile und Beschlüsse der Arbeitsgerichte ist das Landesarbeitsgericht (LAG). Wie am Arbeitsgericht sind auch hier verschiedene Kammern zuständig. Die Besetzung der Kammer beim Landesarbeitsgericht ist ähnlich wie beim Arbeitsgericht: ein Vorsitzender Richter und zwei Beisitzer. Das Berufungsverfahren gleicht dem der Beisitzer bei den Arbeitsgerichten mit der Ausnahme, dass die Beisitzer das 30. Lebensjahr vollendet haben müssen und mindestens eine fünfjährige Tätigkeit als Beisitzer beim Arbeitsgericht erbracht haben sollen (📖 45).

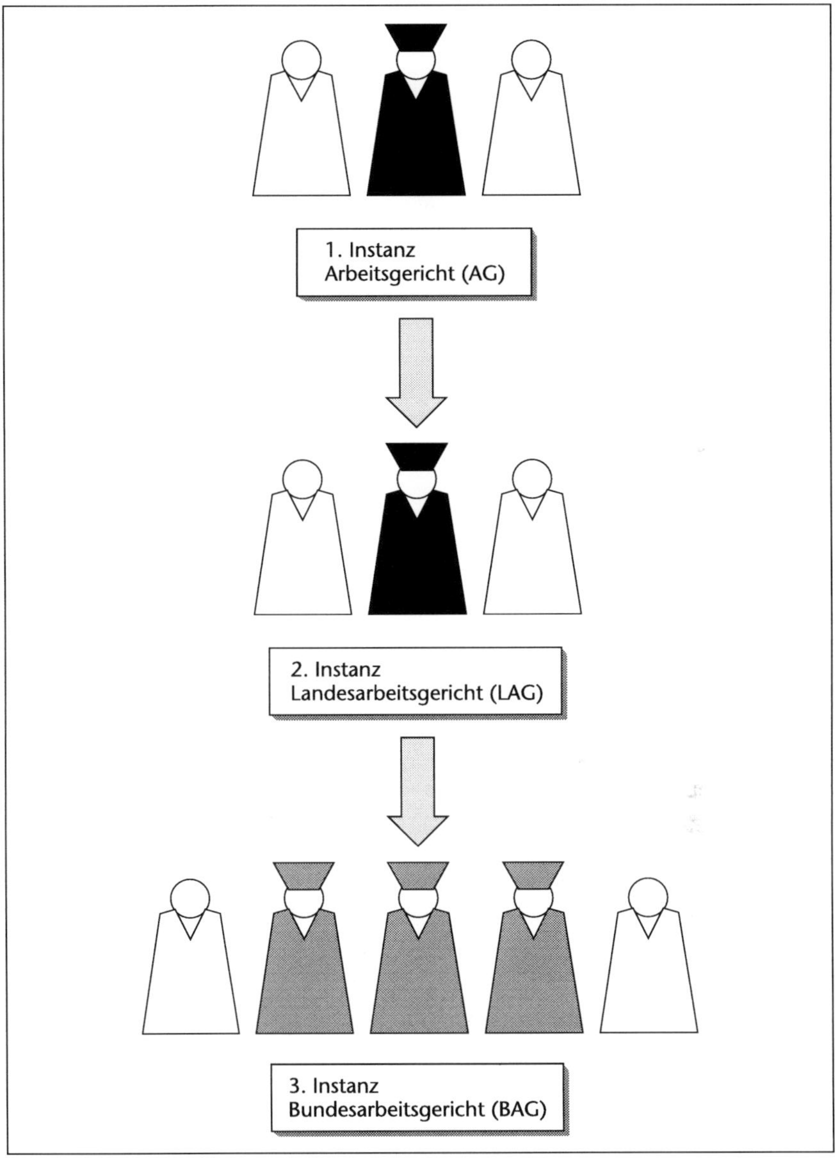

Abb. 11.1: Instanzenmodell (📖 49).

11.3.3 Dritte Instanz: Bundesarbeitsgericht

Das Bundesarbeitsgericht (BAG) mit Sitz in Erfurt ist Revisions- und Rechtsbeschwerdeinstanz gegen Urteile und Beschlüsse der Landesarbeitsgerichte. Es ist in Senate gegliedert, die jeweils mit drei Berufsrichtern und zwei Beisitzern besetzt sind. Die Berufsrichter werden nach dem Richterwahlgesetz gewählt und vom Bundespräsidenten ernannt. Die Beisitzer müssen das 35. Lebensjahr vollendet haben sowie besondere Kenntnisse und Erfahrungen auf dem Gebiet des Arbeitsrechts besitzen und sollten mindestens fünf Jahre als ehrenamtliche Richter an einem Gerichts für Arbeitssachen sowie auch längere Zeit als Arbeitnehmer oder Arbeitgeber in Deutschland tätig gewesen sein. Sie werden durch den Bundesminister für Wirtschaft und Arbeit berufen.

11.4 Klageerhebung

Sowohl Arbeitnehmer als auch Arbeitgeber können Klage vor dem zuständigen Arbeitsgericht erheben.
Es bestehen folgende Möglichkeiten:

- eigenhändige Klageverfassung
- Beauftragung eines Rechtsanwalts
- Hinzuziehung von Verbandsvertretern (Gewerkschaftssekretären, Arbeitgeberverbandsvertreter)
- Klageerhebung nach Angaben des Klägers zu Protokoll der Rechtsantragsstelle (Rechtsantragsstelle im Arbeitsgericht) (📖 46).

Beispiel

Eine Gesundheits- und Krankenpflegerin wurde von ihrem Arbeitgeber, einem Pflegedienst, betriebsbedingt gekündigt. Sie ist mit der Kündigung nicht einverstanden und möchte dagegen klagen. Die Pflegefachkraft wählt die Möglichkeit der Klageerhebung zu Protokoll der Rechtsantragsstelle. Dazu spricht sie persönlich beim zuständigen Arbeitsgericht vor und gibt dort zu Protokoll, dass sie eine Kündigungsschutzklage gegen ihren Arbeitgeber erhebt. Der Protokollant nimmt die Angaben der Klägerin zum Sachverhalt in der Klageschrift auf, formuliert die Klage und lässt sie der zuständigen Kammer zukommen. ■

Die Klageschrift muss in zweifacher Ausfertigung eingereicht werden. Eine Ausfertigung ist für die Gerichtsakten vorgesehen, die andere erhält die beklagte Pro-

zesspartei zugestellt, damit sie sich zur Klage äußern kann. Die Zustellung der Klage an die beklagte Prozesspartei wird von Amts wegen, also vom Arbeitsgericht, vorgenommen (📖 44).
Damit die beklagte Prozesspartei ausreichend Gelegenheit hat, sich auf das Verfahren vorzubereiten, muss zwischen dem Tag der Klagezustellung und dem ersten Termin, der auch als Güteverhandlung (→ 11.4.3) bezeichnet wird, eine Woche für die Einlassungsfrist (§ 47 Abs. 1 ArbGG) berücksichtigt werden.

11.4.1 Zuständigkeit des Arbeitsgerichts

Bei der Frage, ob und wenn ja, welches Arbeitsgericht zuständig ist, wird zwischen der sachlichen und der örtlichen Zuständigkeit unterschieden.

Sachliche Zuständigkeit

Das Arbeitsgericht ist zuständig in allen Angelegenheiten gemäß §§ 2–5 ArbGG bei Streitigkeiten zwischen Arbeitnehmer und Arbeitgeber oder zwischen Arbeitnehmern, bei Rechtsstreitigkeiten um Versorgungsansprüche oder Rechte an Erfindungen von Arbeitnehmern usw.
Die Arbeitsgerichte entscheiden im **Urteilsverfahren** (§ 2 ArbGG) (→ 11.2) u.a. über

- Streitigkeiten zwischen Arbeitnehmern und Arbeitgebern aus einem Arbeitsverhältnis wie Ansprüche auf Lohn oder Gehalt, Gratifikationen, Urlaub, Urlaubsvergütung und -geld
- Zeugniserteilung oder -berichtigung
- Fortbestehen oder Beendigung eines Arbeitsverhältnisses aufgrund einer Kündigungsschutzklage, einer Anfechtung oder eines Aufhebungsvertrags
- Überprüfung der Wirksamkeit einer Befristung
- Abschluss eines Arbeitsverhältnisses und dessen Nachwirkungen, die zum Beispiel das Gleichbehandlungsgebot oder Diskriminierungsverbot betreffen
- Schadensersatzforderungen, die mit dem Arbeitsverhältnis in Zusammenhang stehen, wie Verletzung der Schweigepflicht, Verstoß gegen ein Wettbewerbsverbot
- Aushändigung der Arbeitspapiere, Herausgabe der Lohnsteuerkarte und anderer Arbeitspapiere.

Arbeitsgerichte sind auch für vergleichbare Streitigkeiten aus Rechtsverhältnissen von Entwicklungshelfern, Teilnehmern an einem freiwilligen sozialen oder ökologischen Jahr und von Behinderten in Werkstätten für Behinderte zuständig.

In ihren Bereich fallen auch Rechtsstreitigkeiten zwischen Tarifvertragsparteien, zum Beispiel über das Bestehen oder Nichtbestehen von Tarifverträgen, oder Streitigkeiten aus unerlaubten Handlungen bei Arbeitskämpfen oder im Zusammenhang mit Fragen der Vereinigungsfreiheit oder des Betätigungsrechts einer Arbeitgeber- oder Arbeitnehmervereinigung (📖 36, S. 197, Rz 761ff.).

Die Arbeitsgerichte entscheiden im **Beschlussverfahren** (§ 2 a ArbGG) u. a. über

- Angelegenheiten aus dem Betriebsverfassungsgesetz, zum Beispiel das Bestehen und den Umfang von Beteiligungsrechten des Betriebsrats oder vom Arbeitgeber zu tragende Kosten der Betriebsratstätigkeit
- Angelegenheiten aus dem Sprecherausschussgesetz
- Angelegenheiten aus dem Mitbestimmungsgesetz, dem Mitbestimmungsergänzungsgesetz und dem Drittelbeteiligungsgesetz, soweit es um die Wahl und die Abberufung von Arbeitnehmervertretern im Aufsichtsrat des Unternehmens geht
- Angelegenheiten aus dem Gesetz über europäische Betriebsräte
- Tariffähigkeit und Tarifzuständigkeit einer Gewerkschaft oder eines Arbeitgeberverbands.

Örtliche Zuständigkeit

Grundsätzlich ist das Arbeitsgericht zuständig, in dessen Bezirk die beklagte Partei wohnt oder ihren Sitz hat (§ 13, § 17 ZPO). Handelt es sich bei dem Streit um den Bestand des Arbeitsverhältnisses, hängt die Zuständigkeit vom Erfüllungsort für die Arbeitsleistung (Sitz des Betriebs) ab.

11.4.2 Prozessvertretung

Vor dem Arbeitsgericht kann sich jede Prozesspartei selbst vertreten. Es steht ihr frei, damit auch jede beliebige volljährige Person zu betrauen, die nicht geschäftsmäßig vor dem Arbeitsgericht auftritt (Angehörige, Freunde). Vertretungsberechtigt im Arbeitsgerichtsprozess sind weiterhin alle an einem deutschen Gericht zugelassenen Rechtsanwälte, alle Vertreter von Gewerkschaften oder Arbeitgeberverbänden, denen die Prozessparteien als Mitglied angehören, sowie Angestellte juristischer Personen, die für deren Mitglieder satzungsgemäß eine Rechtsberatung durchführen.

11.4.3 Urteilsverfahren

Erste Instanz

Güteverhandlung

Nach Klageeingang beim Arbeitsgericht erfolgt in der Regel nach ca. 14 Tagen die Güteverhandlung. Vordringliche Aufgabe des Vorsitzenden ist, darauf hinzuwirken, dass die Prozessparteien sich gütlich einigen. Falls dies gelingt, schließen die Parteien einen Vergleich (Prozessvergleich). Damit ist das Verfahren auf dieser Ebene beendet. Ein Prozessvergleich hat die gleiche Wirkung wie ein rechtskräftiges Urteil, so dass unter Umständen auch daraus vollstreckt werden kann.

Muss ein Parteivertreter noch Rücksprache halten, kann ein Vergleich auf Widerruf geschlossen werden: Der Vergleich wird protokolliert, eine Partei oder beide behalten sich aber vor, ihn innerhalb einer bestimmten Frist zu widerrufen. Der Widerruf muss schriftlich innerhalb dieser Frist bei Gericht eingehen. Das Verfahren geht dann weiter. Wird der Vergleich nicht widerrufen, ist es beendet.

Im Gütetermin kann auch ein Versäumnisurteil oder ein Anerkenntnisurteil ergehen, wenn eine Partei unentschuldigt dem Termin fernbleibt oder die beklagte Partei den geltend gemachten Anspruch anerkennt. Hiergegen kann innerhalb von einer Woche nach der förmlichen Zustellung des mit einer Rechtsmittelbelehrung versehenen Urteils Einspruch eingelegt werden. Erscheinen beide Parteien nicht, wird in der Güteverhandlung das Ruhen des Verfahrens angeordnet.

Sollte keine gütliche Einigung zu erzielen sein, kann im Einverständnis beider Parteien eine neue Güteverhandlung erfolgten, ansonsten wird der Rechtsstreit an die Kammer des Arbeitsgerichts abgegeben.

Kammerverhandlung

Auch bei der Kammerverhandlung obliegt es dem Vorsitzenden, darauf hinzuwirken, dass eine gütliche Einigung zu erreichen ist (§ 57 Abs. 2 ArbGG). Der Rechtsstreit ist nach streitiger Verhandlung durch ein Urteil zu entscheiden, wenn eine Einigung nicht erzielt wurde. Dazu müssen die Parteien ihre Klageanträge formell zu Protokoll erklären (📖 36, S. 199, Rz 769ff.).

Beispiel

Die Klägerin, eine Altenpflegerin, beantragt, den Beklagten, ihren Arbeitgeber, zur Zahlung der noch nicht abgerechneten Überstunden in Höhe von 135 Euro zu verurteilen. Der Beklagte bittet, die Klage abzuweisen.
Im Anschluss an die Sitzung beraten Richter und Beisitzer den Fall und entscheiden in der Kammer über die Anträge der Altenpflegerin und ihres Arbeitgebers, anschließend verkünden sie das Urteil. Bei der Urteilsverkündung sind die Prozessbeteiligten nicht mehr anwesend, da die Entscheidungen in der Regel am Ende des Sitzungstages verkündet werden. In diesen Fällen wird ihnen das Urteil zugeschickt.

Gegen ein Urteil des Arbeitsgerichts ist das Rechtsmittel der Berufung zulässig unter der Voraussetzung, dass das Arbeitsgericht diese in dem Urteil zugelassen hat und der Wert des Beschwerdegegenstands 600 Euro übersteigt oder der Rechtsstreit das Bestehen, das Nichtbestehen oder die Kündigung eines Arbeitsverhältnisses betrifft oder es sich um ein so genanntes zweites Versäumnisurteil handelt und geltend gemacht wird, dass ein schuldhaftes Säumnis nicht vorgelegen habe. Die Berufung muss auch bei Streitwerten bis 600 Euro zugelassen werden, wenn die Rechtssache grundsätzliche Bedeutung hat oder es sich um das Bestehen oder Nichtbestehen von Tarifverträgen, um Auslegungsstreitigkeiten aus solchen oder um Rechtsstreitigkeiten zwischen tariffähigen Parteien untereinander oder Dritten handelt (📖 36, S. 201, Rz 776ff.).

Zweite Instanz

Berufungsverfahren

Berufungsinstanz ist das Landesarbeitsgericht (LAG), das das Urteil des Arbeitsgerichts nur beschränkt erneut nachprüft. Soll Berufung eingelegt werden, so beträgt die Frist dafür einen Monat, die Frist für die Begründung der Berufung zwei Monate. Die Fristen beginnen mit der Zustellung des in vollständiger Form abgefassten Urteils, spätestens aber mit Ablauf von fünf Monaten nach der Verkündung. Einlegung und Begründung der Berufung können nur durch einen Rechtsanwalt erfolgen (Vertretungszwang).

Dritte Instanz

Revisionsverfahren

Handelt es sich um eine Rechtssache von grundsätzlicher Bedeutung, kann eine Revision im Urteil des Landesarbeitsgerichts zugelassen werden (§ 72 ArbGG). Revisionsinstanz ist das Bundesarbeitsgericht (BAG). Hier wird das Urteil des Landesarbeitsgerichts jedoch nur hinsichtlich der rechtlichen Seite geprüft, es können keine neuen Fakten vorgetragen werden. Die Revisionsfrist beträgt einen Monat, die Begründungsfrist zwei Monate jeweils gerechnet vom Zeitpunkt der Zustellung des in vollständiger Form abgefassten Urteils. Die Frist für die Einlegung der Revision beginnt jedoch spätestens mit Ablauf von fünf Monaten nach der Verkündung des Urteils.

11.4.4 Beschlussverfahren

Bei Meinungsverschiedenheiten zwischen Arbeitgeber und Betriebsrat kann das Arbeitsgericht im Beschlussverfahren entscheiden. Hier ergeht die Entscheidung des Gerichts nicht durch ein Urteil, sondern durch einen Beschluss. Antragsberechtigt sind sowohl Arbeitgeber als auch Betriebsrat. Auch hier besteht in der ersten Instanz kein Anwaltszwang, das heißt, die Parteien müssen sich nicht durch einen Rechtsanwalt vertreten lassen.
Eine Güteverhandlung (→ 11.4.3) ist im Beschlussverfahren möglich, sie muss jedoch im Gegensatz zum Urteilsverfahren nicht stattfinden. Das Gericht ist befugt, den Sachverhalt von sich aus zu ermitteln, aber nur so weit, wie er vom Antragsteller vorgetragen wurde. Das Gericht kann den Beteiligten entweder in der Güteverhandlung oder in einem schriftlichen Beschluss Auflagen machen, zum Sachverhalt innerhalb einer bestimmten Frist Stellung zu nehmen. Diese Frist ist eine Ausschlussfrist, das heißt, ein verspätetes Vorbringen muss das Gericht nicht mehr berücksichtigen. In einem Anhörungstermin vor der Kammer wird die Sach- und Rechtslage erörtert, wobei das Gericht auch im Beschlussverfahren versucht, eine gütliche Einigung herbeizuführen. Erscheint einer der Beteiligten nicht, kann anders als im Urteilsverfahren kein Versäumnisurteil ergehen. Vielmehr wird die Entscheidung dann aufgrund der Aktenlage getroffen.
Gegen eine Entscheidung des Arbeitsgerichts kann der Unterlegene Beschwerde beim Landesarbeitsgericht einlegen. Bei Fragen von grundsätzlicher Bedeutung kann die Rechtsbeschwerde beim Bundesarbeitsgericht zugelassen werden. Beim Beschlussverfahren werden keine Gerichtskosten erhoben (§ 2 Abs. 2 GKG). Der

Arbeitgeber hat jedoch sowohl seine eigenen Kosten als auch die des Betriebsrats zu tragen. Dies gilt unabhängig davon, wer das Verfahren gewinnt.

11.4.5 Kosten

Die Kosten eines Arbeitsgerichtsverfahrens setzen sich aus gerichtlichen Gebühren und Auslagen und außergerichtlichen Kosten wie Rechtsanwaltsgebühren und eigenen Auslagen zusammen. Die Gerichtskosten, die sich nach dem Gerichtskostengesetz (GKG) richten, hat derjenige zu tragen, der im Rechtsstreit unterliegt. Sie entfallen, wenn das Verfahren in der ersten Instanz durch einen Vergleich beendet wird. Erhoben werden dann nur noch gerichtliche Auslagen wie Zustellungskosten, Zeugengebühren, Sachverständigenkosten (📖 46).
Anders als im normalen Zivilprozess, in dem die unterlegene Partei auch die Kosten des gegnerischen Anwalts mitzutragen hat, muss jede Partei die Kosten des eigenen Rechtsanwalts tragen, sofern sie sich anwaltlicher Vertretung bedient. Die Vertretung durch einen Rechtsanwalt ist jedoch nicht unbedingt erforderlich, da man sich im Arbeitsgerichtsverfahren auch selbst vertreten oder durch einen Bevollmächtigten wie Gewerkschaft oder Arbeitgeberverband vertreten lassen kann, da kein Anwaltszwang besteht. Die Kosten sollen auf diese Weise so gering wie möglich gehalten werden, damit sich auch Arbeitnehmer einen Prozess vor dem Arbeitsgericht leisten können.
Tabelle 11.2 gibt anhand von Beispielrechnungen einen Überblick über die anfallenden Kosten bei einem Arbeitsgerichtsprozess in der ersten Instanz.

Berechnung nach Streitwert

Sowohl die Gerichtskosten als auch die Anwaltskosten richten sich nach dem Streitwert. Der Streitwert bei Leistungsklagen ergibt sich entweder aus dem bezifferten Klageanspruch oder kann durch das Arbeitsgericht nach freier Schätzung festgesetzt werden.

Achtung!

Der Streitwert bei einer Feststellungsklage nach dem Kündigungsschutzgesetz erfährt eine Privilegierung. Der Wert, der nach üblichen Regeln mit einem Jahresgehalt zu bemessen wäre, wird gemäß § 42 Abs. 4 GKG auf ein Vierteljahresgehalt beschränkt.

Erste Instanz, Streitwert: 6000,00 Euro kein Anwalt ohne Einigung	Erste Instanz, Streitwert: 6000,00 Euro ein Anwalt ohne Einigung	Erste Instanz, Streitwert: 6000,00 Euro ein Anwalt mit Einigung
Gerichtsgebühr: 272,00 €	Gerichtsgebühr: 272,00 € Verfahrensgebühr: 439,40 € Terminsgebühr: 405,60 € Auslagenpauschale: 20,00 € Kosten Verfahren: 865,00 € zuzüglich gesetzliche Mehrwertsteuer	Gerichtsgebühr: keine Anwaltsgebühr: 338,00 € Verfahrensgebühr: 439,40 € Terminsgebühr: 405,60 € Auslagenpauschale: 20,00 € Kosten Verfahren: 1203,00 € zuzüglich gesetzliche Mehrwertsteuer
Auslagen: 0,00 €	Auslagen: 0,00 €	Auslagen: 0,00 €

Tab. 11.2: Kostenübersicht eines Arbeitsgerichtsprozesses in der ersten Instanz (📖 42).

Gerichtskosten

Früher konnten die Gerichtskosten beim Arbeitsgericht nahezu vernachlässigt werden. Es galt eine Obergrenze von 500 Euro, die meist weit unterschritten wurde. Dies ist mit dem Kostenrechtsmodernisierungsgesetz (KostRMoG) vom 5.5.2004 geändert worden. Die Einzelheiten sind in Teil 8 des Gebührenverzeichnisses der Anlage 1 zu § 3 Abs. 2 GKG und Anlage 2 zu § 34 GKG geregelt.

Übersicht über Gerichtsgebühren in der ersten Instanz (Auszug nach GKG Anlage 2 zu § 34 GKG)

Streitwert bis zu 300 Euro: 25 Euro
Streitwert bis zu 900 Euro: 45 Euro
Streitwert bis zu 2000 Euro: 73 Euro
Streitwert bis zu 5000 Euro: 121 Euro

Im Berufungsverfahren entstehen erneut Kosten, die um ca. 60 % höher sind als die der ersten Instanz. Bei einem Prozessvergleich entfällt in allen Instanzen der Arbeitsgerichtsbarkeit die Gerichtsgebühr.

Anwaltskosten

Diese ergeben sich aus dem Rechtsanwaltsvergütungsgesetz (RVG). Auch hier erfolgte gegenüber der früheren Situation eine Erhöhung der einzelnen Gebührensätze. Seit 2006 können die Gebührensätze mit den Anwälten selbst ausgehandelt werden.
Wird eine Partei von einem Rechtsanwalt vertreten und hat die finanziell schlechter gestellte Prozesspartei keinen Rechtsschutz durch eine Gewerkschaft oder einen Arbeitgeberverband, so greift der Grundsatz der so genannten Waffengleichheit. Das bedeutet, dass der finanziell minderbemittelten Prozesspartei auf Antrag ein Rechtsanwalt unter Bewilligung von Prozesskostenhilfe beigeordnet werden muss (§ 11 a ArbGG) (📖 46).

12 Ende des Arbeitsverhältnisses

Nach der Beendigung eines Arbeitsverhältnisses, egal aus welchen Gründen, bestehen für beide Seiten Rechte und Pflichten.

12.1 Pflichten des Arbeitgebers

12.1.1 Freistellung zur Stellensuche

Nach Ausspruch der Kündigung ist dem Arbeitnehmer eine angemessene Zeit zur Stellungssuche zu gewähren (§ 629 BGB). Dabei muss es sich um ein bereits gekündigtes oder aber durch Aufhebungsvertrag beendetes Arbeitsverhältnis handeln und der Arbeitnehmer muss rechtzeitig eine Freistellung von der Arbeit beantragt haben. Dieser Freistellungsanspruch besteht auch bei befristeten und bedingten Arbeitsverhältnissen, wenn sie eine gewisse Zeit gedauert haben.
Dem Arbeitnehmer ist eine angemessene Zeit zur Stellensuche zu gewähren, wobei die Häufigkeit und Dauer der Freizeitgewährung an der Interessenslage des Arbeitnehmers und den betrieblichen Belangen des Arbeitgebers zu messen sind. In der Regel gilt eine stundenweise Beurlaubung von zwei bis drei Stunden an zwei bis drei Tagen als angemessen. Muss sich der Arbeitnehmer außerhalb des Arbeitsorts bewerben, können die Zeiten entsprechend angepasst werden.

Achtung!

Kann ein gekündigter Arbeitnehmer einen Vorstellungstermin nur zu bestimmten Zeiten wahrnehmen, geht dieser Termin selbst schwerwiegenden betrieblichen Belangen vor (📖 32, S. 142f.).

Aus § 629 BGB ergibt sich nur ein Anspruch auf Freizeit, über die Bezahlung in dieser Zeit gibt es keine Hinweise. Die Vergütung für diesen Zeitraum richtet sich nach § 616 BGB. In der Regel wird eine kurzfristige Beurlaubung von wenigen Stunden unter Fortzahlung der Vergütung ermöglicht. Unter Umständen überschreitet jedoch der Freizeitanspruch die Entgeltfortzahlungsdauer, da § 616 BGB die Vergütung nur für eine verhältnismäßig nicht erhebliche Zeit vorsieht.

12.1.2 Arbeitszeugnis

Zur ordnungsgemäßen Abwicklung eines Arbeitsverhältnisses gehört, dass der Arbeitgeber dem Arbeitnehmer ein Zeugnis erteilt (§ 109 GewO, § 630 BGB). Das einfache Zeugnis muss Angaben über Art und Dauer der Beschäftigung enthalten. Auf Verlangen des Arbeitnehmers sind auch Angaben über seine Leistung und Führung im Betrieb aufzunehmen (qualifiziertes Zeugnis) (📖 41, S. 118). Das Zeugnis soll dem Arbeitnehmer als Unterlage für eine neue Bewerbung dienen, einen Dritten, zum Beispiel einen potenziellen Arbeitgeber, über dessen Fähigkeiten informieren und den Arbeitnehmer darüber in Kenntnis setzen, wie der Arbeitgeber seine Leistungen bewertet hat. Es muss daher alle wesentlichen Tatsachen und Bewertungen enthalten, die für die Gesamtbeurteilung des Arbeitnehmers von Bedeutung und für einen neuen Arbeitgeber von Interesse sind (📖 24, S. 222, Rz 738ff.). Stellt der Arbeitgeber ein unrichtiges Zeugnis aus, so hat der Arbeitnehmer einen Berichtigungs- und im Schadensfall einen Schadensersatzanspruch. Das Zeugnis ist spätestens bei Ablauf der Kündigungsfrist auszuhändigen, auch wenn die Parteien über die Wirksamkeit der Kündigung streiten.

Einfaches Zeugnis

Ein einfaches Zeugnis ist in der Regel wenig aussagekräftig, da es nur knappe Angaben enthält. Ein einfaches Zeugnis wird meistens ausgestellt, wenn der Arbeitnehmer nur relativ kurz beschäftigt war oder bei einer außerordentlichen Kündigung durch den Arbeitgeber. Seinem Inhalt nach ähnelt es der so genannten Arbeitsbescheinigung für die Agentur für Arbeit zum Bezug von Arbeitslosengeld gemäß § 112 SGB III. Es muss enthalten:

- Vor- und Nachname des Arbeitnehmers
- Geburtsdatum
- Anschrift
- Adresse des Arbeitgebers
- vollständige und genaue Angabe der Art und Dauer der Beschäftigung, Beschreibung des Tätigkeitsfelds
- Unterschrift des Arbeitgebers.

Qualifiziertes Zeugnis

Der Arbeitnehmer kann ein qualifiziertes Zeugnis verlangen, das über die allgemeinen Angaben hinaus auch eine Bewertung der Leistung und Führung im Arbeitsverhältnis gibt. Es hat in erster Linie wahr, das heißt objektiv richtig, zu sein.

Es ist sachlich zu formulieren und nach den Umständen der Gesamtdauer des Arbeitsverhältnisses aus der Sicht eines wohlwollenden, verständigen Arbeitgebers zu schreiben.
Das Zeugnis muss klar und verständlich abgefasst sein und darf keine Merkmale oder Formulierungen enthalten, die den Zweck haben, eine andere als aus der äußeren Form oder aus dem Wortlaut ersichtliche Aussage über den Arbeitnehmer zu treffen (§ 109 GewO). Die Erteilung des Zeugnisses in elektronischer Form ist ausgeschlossen. Arbeitnehmer haben keinen Anspruch auf eine bestimmte Beurteilung oder Formulierung; dies ist ausschließlich dem Arbeitgeber überlassen. Bei einem qualifizierten Zeugnis müssen Arbeitnehmer eventuell auch ein ungünstiges Werturteil akzeptieren.
Ist ein Mitarbeiter mit einer Formulierung nicht einverstanden, kann er in Einrichtungen, in denen ein Betriebsrat vorhanden ist, nach § 83 Abs. 1 BetrVG lediglich Einsicht in die Personalakte fordern und nach § 82 Abs. 2 BetrVG verlangen, dass die Beurteilung seiner Leistung mit ihm erörtert wird. In beiden Fällen kann ein Mitglied des Betriebsrats hinzugezogen werden.
Ein Mitbestimmungsrecht in Bezug auf den Inhalt des Zeugnisses hat der Betriebsrat nicht. Auch nicht in Fällen, in denen er auf eine Beschwerde des Arbeitnehmers hin tätig wird. Ein Mitbestimmungsrecht besteht dagegen bei der Aufstellung von allgemeinen Bewertungsrichtlinien, wenn diese als Grundlage der Leistungsbeurteilung im Zeugnis dienen sollen (§ 92 Abs. 2 BetrVG).
Das qualifizierte Zeugnis muss alle wesentlichen Tatsachen und Bewertungen enthalten, die für eine wahrheitsgemäße und sachliche Gesamtbeurteilung des Arbeitnehmers von Bedeutung sind. Es muss detaillierte und individuelle Informationen enthalten, auf nachweisbare Tatsachen gestützt und durch diese auch belegbar sein (📖 37, S. 341ff.).

Leistungsbeurteilung

Die Beurteilung der Leistung muss sich an den spezifischen Anforderungen der Position des Arbeitnehmers orientieren. Bewertungsmaßstab ist die Leistung vergleichbarer Pflegekräfte. In die Beurteilung einfließen müssen:
- Arbeitsumfang
- körperliches und geistiges Leistungsvermögen
- Fachkenntnisse
- besondere Fähigkeiten
- Arbeitsqualität und -tempo
- Arbeits- und Verantwortungsbereitschaft
- Wirtschaftlichkeit.

In Leitungspositionen kommen hinzu:
- Verhandlungsgeschick
- Ausdrucksvermögen
- Durchsetzungsfähigkeit
- Führungsverhalten
- Entscheidungsbereitschaft.

Führungsbeurteilung

Angaben zur Führung beziehen sich auf das Verhalten und Benehmen des Arbeitnehmers in der Einrichtung. Damit soll ein Gesamtbild der für die Beschäftigung wesentlichen Charaktereigenschaften und Persönlichkeitszüge vermittelt werden. Zu bewerten sind hier:
- Pünktlichkeit
- Verhalten gegenüber Mitarbeitern und Vorgesetzten
- Einfügen in betriebliche Arbeitsabläufe
- Umgang mit Patienten und Bewohnern.

Die Beurteilung des Verhaltens hat sich nur auf den Dienst, nicht jedoch auf das Privatleben zu beziehen.
Krankheiten sind in einem Zeugnis grundsätzlich nicht zu erwähnen, es sei denn, sie haben die Leistungen des Arbeitnehmers erheblich beeinträchtigt. Das ist der Fall, wenn durch die Krankheit mehr als die Hälfte der Arbeit ausgefallen ist.
Strafverfahren und Straftaten, die während der Arbeitszeit begangen wurden, dürfen nur aufgenommen werden, wenn sie auf sicherer Beweisgrundlage beruhen und für die Gesamtbewertung wichtig sind. Die Erwähnung von Vorstrafen ist nicht zulässig.
Die ausdrückliche Erwähnung einer außerordentlichen Kündigung durch den Arbeitgeber ist nicht zulässig. Für einen neuen Arbeitgeber ist diese Tatsache zu vermuten, da im Zeugnis ein Beendigungsdatum vermerkt ist, das von den üblichen Kündigungsfristen abweicht.
Ein Zeugnis ordnungsgemäß zu verfassen ist in der Praxis oft nicht einfach, deshalb hat sich ein allgemein gebräuchlicher „Zeugniscode" entwickelt, der Formulierungen bestimmte Bedeutungen beimisst (→ Tab. 12.1).
In der Regel wird ein Zeugnis mit einer Schlussformel versehen, wie „Wir bedauern das Ausscheiden von Herrn / Frau XY, bedanken uns für die geleistete Arbeit und wünschen ihm / ihr für den weiteren Berufsweg alles Gute." Dies ist meist ein Hinweis darauf, dass der Arbeitgeber mit der Leistung des Arbeitnehmers zufrieden war. Ein Weglassen der Formel kann unter Umständen eine negative Schluss-

Qualität der erbrachten Leistung	Formulierungen
Sehr gute Leistungen (Note 1)	▪ Die ihm/ihr übertragenen Aufgaben hat er/sie stets zu unserer vollsten Zufriedenheit erledigt. ▪ Wir waren mit ihren/seinen Leistungen stets außerordentlich zufrieden. ▪ Seine/ihre Leistungen haben in jeder Hinsicht unsere volle Anerkennung gefunden. ▪ Sie/er hat unsere Erwartungen immer und in allerbester Weise erfüllt. ▪ Seine Aufgaben erledigte er/sie stets mit äußerster Sorgfalt und größter Genauigkeit. ▪ Seine/ihre Leistungen waren stets sehr gut.
Gute Leistungen (Note 2)	▪ Die ihm/ihr übertragenen Aufgaben hat er/sie stets zu unserer vollen Zufriedenheit erledigt ▪ Seine/ihre Leistungen waren stets voll und ganz zufriedenstellend. ▪ Sie/er hat unseren Erwartungen in jeder Hinsicht und bester Weise entsprochen. Seine/ihre Aufgaben erledigte er/sie stets mit großer Sorgfalt und Genauigkeit. ▪ Seine/ihre Leistungen waren gut.
Befriedigende Leistungen (Note 3)	▪ Die ihm/ihr übertragenen Aufgaben hat er/sie zu unserer vollen Zufriedenheit erledigt. ▪ Seine/ihre Leistungen waren stets zufriedenstellend. ▪ Seine/ihre Aufgaben erledigte er/sie stets mit Sorgfalt und Genauigkeit. ▪ Er/sie hat unseren Erwartungen in jeder Hinsicht entsprochen.
Ausreichende Leistungen (Note 4)	▪ Die ihm/ihr übertragenen Aufgaben hat er/sie zu unserer Zufriedenheit erledigt. ▪ Seine/ihre Leistungen waren zufriedenstellend. ▪ Er/sie hat unseren Erwartungen entsprochen. ▪ Mit seinen/ihren Leistungen waren wir zufrieden. ▪ Wir waren mit ihm/ihr zufrieden. ▪ Seine/ihre Aufgaben erledigte er/sie mit Sorgfalt und Genauigkeit. ▪ Er/sie hat zufriedenstellend gearbeitet.

→

Qualität der erbrachten Leistung	Formulierungen
Mangelhafte Leistungen (Note 5)	▪ Die ihm/ihr übertragenen Aufgaben hat er/sie im Großen und Ganzen zu unserer Zufriedenheit erledigt. ▪ Er/sie hat unsere Erwartungen größtenteils erfüllt. ▪ Er/sie führte die ihm übertragenen Aufgaben mit großem Fleiß und Interesse durch. ▪ Er/sie hat sich stets bemüht, die ihm/ihr übertragenen Aufgaben zu unserer Zufriedenheit zu erledigen. ▪ Er/sie bemühte sich, seine/ihre Aufgaben mit Sorgfalt und Genauigkeit zu erledigen. ▪ Er/sie machte sich mit großem Eifer an die ihm/ihr übertragenen Aufgaben.
Unzureichende Leistungen (Note 6)	▪ Die ihm/ihr übertragenen Aufgaben hat er/sie zu unserer Zufriedenheit zu erledigen versucht. ▪ Er/sie bemühte sich, die ihm/ihr übertragenen Aufgaben zufriedenstellend zu erledigen. ▪ Er/sie hatte Gelegenheit, die ihm/ihr übertragenen Aufgaben zu erledigen. ▪ Er/sie erfasste das Wesentliche und bemühte sich um sinnvolle Lösungen. ▪ Er/sie zeigte für seine Arbeit Verständnis und Interesse. ▪ Er/sie setzte sich im Rahmen seiner/ihrer Möglichkeiten ein. ▪ Neue Aufgaben betrachtete er/sie als Herausforderung.

Tab. 12.1: Übliche Formulierungen und ihre Bedeutung in Arbeitszeugnissen (📖 27).

folgerung bezüglich des Verlaufs und der Beendigung des Arbeitsverhältnisses zulassen. Einen Anspruch auf die Schluss- oder Wunschformel haben Arbeitnehmer nach der Rechtsprechung des Bundesarbeitsgerichts (BAG v. 20.2.2001, AZ 9 AZR 44/00; ArbG Berlin v. 7.3.2003, AZ 88 Ca 604/03) jedoch nicht.
Beispiele für Zeugnisse finden sich im Anhang.
Sind im Zeugnis Beurteilungen von Seiten des Arbeitgebers falsch vorgenommen worden oder ist der Arbeitnehmer insgesamt mit dem Wortlaut des Zeugnisses nicht einverstanden, so kann eine Zeugnisberichtigung verlangt werden. Sollte der Arbeitgeber diese verweigern, so bleibt dem Arbeitnehmer die Möglichkeit, die Zeugnisberichtigung durch Klage beim Arbeitsgericht zu erreichen.

12.1.3 Herausgabe der Arbeitspapiere

Ist das Arbeitsverhältnis beendet, muss der Arbeitgeber dem Arbeitnehmer die korrekt ausgefüllten Arbeitspapiere unverzüglich aushändigen (📖 28, S. 164). Dazu gehören:

- Lohnsteuerkarte (§ 41 b EstG, § 114 LStR)
- Bescheinigung über die Meldungen an die Sozialversicherung (§ 25 DEÜV)
- Sozialversicherungsausweis (falls dieser einbehalten wurde)
- Arbeitsbescheinigung gemäß § 312 SGB III
- Urlaubsbescheinigung über bereits gewährte Urlaubstage (§ 6 BUrlG).

Die Pflicht zur Aushändigung ist eine Holschuld des Arbeitnehmers und keine Bringschuld des Arbeitgebers. In Ausnahmefällen ist der Arbeitgeber im Rahmen seiner Fürsorgepflicht jedoch verpflichtet, die Arbeitspapiere zuzuschicken. Sollte der Arbeitnehmer noch im Besitz von dienstlichen Unterlagen oder Ähnlichem sein, steht dem Arbeitgeber ein Zurückbehaltungsrecht an den Arbeitspapieren zu (📖 33, 136f.).

Sollte der Arbeitgeber schuldhaft die Herausgabe der Arbeitspapiere verzögern oder sogar verweigern, kann das zum Schadensersatzanspruch des Arbeitnehmers führen, zum Beispiel wenn dadurch der Bezug von Arbeitslosengeld gehemmt ist oder Schwierigkeiten beim neuen Arbeitgeber auftreten.

Ebenso wie bei der Neubeschäftigung eines Mitarbeiters bestehen auch bei Ausscheiden aus dem Betrieb Meldepflichten. Der Arbeitgeber ist verpflichtet, die Abmeldung innerhalb von sechs Wochen nach Beendigung des Arbeitsverhältnisses bei der Krankenkasse, die diese an die übrigen Sozialversicherungsträger weiterleitet, vorzunehmen.

12.2 Pflichten des Arbeitnehmers

Arbeitnehmer sind bei Beendigung das Arbeitsverhältnis verpflichtet, alle Arbeitsunterlagen und Arbeitsmittel, die noch in ihrem Besitz sind, dem Arbeitgeber auszuhändigen, wie

- betriebliche Aufzeichnungen
- Patientenakten
- Adresslisten
- Schlüssel vom Betrieb oder von Patienten
- Diensthandy
- Dienstwagen.

Bei Nichtrückgabe oder verspäteter Rückgabe kann der Arbeitgeber Schadensersatzansprüche geltend machen, nicht aber die Arbeitspapiere zurückbehalten (📖 36, S. 100, Rz 362) (→ 12.1.3).

A Anhang

Literatur

Verwendete Literatur

1 Bachstein, E.: Delegation – Thema ohne Ende? Heilberufe, Berlin, 1999, Heft 51, S. 16–18.
2 Bachstein, E.: Pflegefremde Mitarbeiter im Krankenhaus. Pflege Aktuell, Berlin, 4/2004, S. 222–226.
3 BALK; Eisenreich, T. (Hg.): Handbuch Pflegemanagement. Neuwied, Köln, München: Luchterhand 2002.
4 Barth, M.: Qualitätsentwicklung und -sicherung in der Altenpflege. München, Jena: Urban & Fischer 2002.
5 Beckerle, K.: Die Abmahnung. Planegg: Haufe Verlag 2005.
6 Beermann, B.: Leitfaden zur Einführung und Gestaltung von Nacht- und Schichtarbeit. Dortmund, Berlin: Bundesanstalt für Arbeitsschutz und Arbeitsmedizin 2004.
7 Bergmann, O.; Kienzle, H.: Krankenhaushaftung. Düsseldorf: Deutsche Krankenhausverlagsgesellschaft 2003.
8 Blaeser, H.-O.: Betriebliches Personalaktenrecht. Köln: Datakontext 1992.
9 Böhme, H.: Arbeitsrecht für die Pflege. Stuttgart: Kohlhammer 1998.
10 Böhme, H.: Handbuch Recht für Pflegeeinrichtungen. Loseblattsammlung. Kissing: Weka Verlag, Stand August 2006.
11 Bundesagentur für Arbeit (Hg.): Marketing und Strategische PR, Merkblatt 14. Nürnberg: Bundesagentur für Arbeit 2005.
12 Bundesministerium für Arbeit und Soziales (BMAS) (Hg.): Teilzeit – Alles, was Recht ist. Berlin: Referat Information Publikation 2005.
13 Bundesministerium für Arbeit und Soziales (BMAS) (Hg.): Entgeltfortzahlungsgesetz. Berlin: Referat Information Publikation 2006.
14 Bundesministerium für Gesundheit: Geringfügige Beschäftigung und Beschäftigung in der Gleitzone. Berlin: Referat Information Publikation 2005.

15 Christen, T.: Regelungen für den Arbeitsmarktzugang für Drittstaatsangehörige. Bundesarbeitsblatt 6/2005. www.bmas.bund.de/BMAS/Redaktion/Pdf/veroeffentlichung-zuwanderung,property=pdf,bereich=bmas,sprache=de,rwb=true.pdf; 15. November 2006.
16 Däubler, W.: Das Arbeitsrecht. Die gemeinsame Wahrung von Interessen im Betrieb. Leitfaden für Arbeitnehmer, Band 1. Reinbek: Rowohlt 2006.
17 Dassau, A.; Langenbrinck, B.: TVöD Schnelleinstieg ins neue Tarifrecht. Heidelberg, München, Landsberg, Berlin: Verlagsgruppe Hüthig Jehle Rehm 2006.
18 Derksen, K.: Abmahnung und Kündigung. Berlin: Cornelsen 2004.
19 Funk, J.: Dienstplangestaltung. Hannover: Vincentz Network 2004.
20 Großkopf, V.; Schanz, M.: Arbeitsrechtlicher Leitfaden für das Gesundheitswesen. Balingen: Spitta 2003.
21 Gutmann, J.; Hüsgen, J.: Antidiskriminierung. Planegg: Haufe 2006.
22 Halbach, G. et al.: Arbeitsrecht. Bonn: Bundesministerium für Arbeit und Sozialordnung 1998.
23 Hammer, U.: Arbeitshilfe Outsourcing. Stuttgart: ötv Courier-Verlag 1995.
24 Hanau, P.; Adomeit, K.: Arbeitsrecht. München: Luchterhand Wolters Kluwer 2005.
25 Hartig, S. et al.: Familienorientierte Personalpolitik. Osnabrück: KIWI 2004.
26 Heinhold, H.: Ausländerrecht 1. Karlsruhe: von Loeper Literaturverlag 2006.
27 Kansy, P.: PC-Personalwissen Arbeitsrecht. Bonn: Fachverlag für Recht und Führung 2005.
28 Kittner, M.; Kittner, S.: Arbeits- und Sozialrecht. Frankfurt a. M.: Bund Verlag 2006.
29 Klöcker, I.; Meister, J.: Datenschutz im Krankenhaus. Düsseldorf: Deutsche Krankenhausverlagsgesellschaft 2001.
30 Knorr, E.; Wernick, J.: Rechtsformen der Krankenhäuser. Düsseldorf: Deutsche Krankenhausverlagsgesellschaft 1991.
31 Küfner-Schmitt, I.: Betriebsverfassungsrecht. Planegg: Haufe 2003.
32 Küfner-Schmitt, I.: Arbeitsrecht. Planegg: Haufe 2005.
33 Markus, K.: Arbeitsrecht in der Altenarbeit, Band 2. Bonn: Dümmlers 1997.
34 Neumann, D.; Biebl, J.: Arbeitszeitgesetz Kommentar. München: Beck 2004.
35 Nicolai, A.: Das Allgemeine Gleichbehandlungsgesetz AGG. Bonn: Deutscher Anwaltsverlag 2006.
36 Pünnel, L.; Quecke, M.: Was man vom Arbeitsrecht wissen sollte. München/Unterschleißheim: Luchterhand 2004.

37 Rabe von Pappenheim, H. (Hg.): Lexikon Arbeitsrecht. Heidelberg, München, Landsberg, Berlin: Verlagsgruppe Hüthig Jehle Rehm 2006.
38 Richardi, R.: Arbeitsrecht in der Kirche. München: C.H. Beck 1992.
39 Schlüter, W.; Nickels, A.: Flexible Dienstzeitmodelle. München: Elsevier, Urban & Fischer 2006.
40 Seel, G.: Stellenbeschreibungen für die Pflege im Krankenhaus. Hannover: Schlütersche Verlagsanstalt 1995.
41 Teschke-Bährle, U.: Arbeitsrecht schnell erfasst. Berlin, Heidelberg, New York: Springer 2006.
42 www.anwaltseiten24.de/prozesskosten-arbeitsrecht.html; 14. November 2006.
43 www.arbeitszeiten.nrw.de/b4–4-6f_Teilzeitarbeit.htm; 15. November 2006.
44 www.berlin.de/senat/arbeit/gerichte/recht/antragstelle.html; 14. November 2006.
45 www.berlin.de/senat/arbeit/gerichte/recht/ehri.html; 14. November 2006.
46 www.berlin.de/senat/arbeit/gerichte/recht/uverf_arbg.html; 14. November 2006.
47 www.boeckler.de/cps/rde/xchg/SID-3D0AB75D-CDE57C7E/hbs/hs.xsl/32015_73675.html; 13. November 2006.
48 www.bundesarbeitsgericht.de/allgemeines/gerichtsbarkeit.html; 14. November 2006.
49 www.bundesarbeitsgericht.de/allgemeines/schaubild.html; 14. November 2006.
50 www.integrationsaemter.de/webcom/show_lexikon.php/_c-578/_nr-155/i.html; 15. November 2006.
51 Zeitbüro NRW: Moderne Arbeitszeiten in NRW. Praxisbeispiele. CD-ROM. Dortmund: Zeitbüro NRW.
52 Zmarzlik, J.; Anzinger, R.: Kommentar zum Arbeitszeitgesetz. Heidelberg: Verlag Recht und Wirtschaft 1995.

Weiterführende Literatur

Beckerle, K.: Die Abmahnung. Planegg: Haufe 2005.
Haufe Personal Office. Das Standardwerk für jedes Personalbüro. CD-ROM. Planegg: Haufe 2007.
Rabe von Pappenheim, H. (Hg.): Lexikon Arbeitsrecht. Heidelberg, München, Landsberg, Berlin: Verlagsgruppe Hüthig Jehle Rehm 2007.

Schlüter, W.; Nickels, A.: Flexible Dienstzeitmodelle. München: Elsevier, Urban & Fischer 2006.
Zeitbüro NRW: Moderne Arbeitszeiten in NRW. Praxisbeispiele. CD-ROM. Dortmund: Zeitbüro NRW.

Web-Adressen

www.arbeitsagentur.de: Neben der Möglichkeit, Stellenangebote online aufzugeben, auch spezielle Informationen für Arbeitgeber.
www.arbeitszeiten.nrw.de: Informationen zur Arbeitszeitflexibilisierung.
www.bmas.bund.de: Die Webseite des Bundesministerium für Arbeit und Soziales bietet Informationen zu den Themen Arbeitsmarkt, Arbeitsrecht, Arbeitsschutz u. a.
www.zuwanderung.de: Webseite des Bundesministerium des Inneren mit Informationen zum Zuwanderungsgesetz.

Stellenbeschreibungen

Stellenbeschreibung für eine Pflegefachkraft in der ambulanten Pflege

Name der Einrichtung Anschrift Telefon / Fax E-Mail			
Gültig ab		Gültig bis	
Stelleninhaber / in			
Bezeichnung der Stelle	Pflegefachkraft		
Vorgesetzte / r des / r Stelleninhabers / in	Inhaber des Pflegedienstes Verantwortliche Pflegefachkraft		
Unterstellte Mitarbeiter / innen	Pflegekräfte, Haushaltshilfen, Zivildienstleistende, Praktikanten, Auszubildende		
Stellvertretung			
Stelleninhaber / in vertritt		ohne Einschränkung	eingeschränkt
Stelleninhaber / in wird vertreten von		ohne Einschränkung	eingeschränkt
Kompetenzen			
Besondere Befugnisse			
Berichterstattung			
Regelmäßige Informationen			
Besondere Informationen			

Ausbildungsrichtung	Pflegefachkraft
Ausbildungsabschluss*	Gesundheits- und Krankenpfleger / in Gesundheits- und Kinderkrankenpfleger / in Altenpfleger / in
Ziel der Stelle	■ Erbringung professioneller, kontinuierlicher Pflegeleistungen ■ Eigenverantwortliche Erfüllung der anfallenden medizinischen, pflegerischen und dokumentarischen Tätigkeiten ■ Klientengerechte Ausführung der Aufgaben unter Berücksichtigung von aktuellen Pflegetechniken in Bezug auf das jeweilige Krankheitsbild ■ Berücksichtigung der aktuellen Pflegewissenschaft bei der täglichen Arbeit ■ Berücksichtigung der Qualitätskriterien und gesetzlichen Vorgaben ■ Sicherstellung der Pflegequalität gemäß § 80 SGB XI ■ Kommunikation mit allen an der Pflege Beteiligten und entsprechende Weitergabe von Informationen
Persönliches Anforderungsprofil des / r Stelleninhabers / in	■ Fähigkeit zum eigenverantwortlichen Arbeiten ■ Zuverlässigkeit ■ Ehrlichkeit ■ Einfühlungsvermögen ■ Fähigkeit, sich abgrenzen zu können ■ Innovationsbereitschaft ■ Lernbereitschaft
Tätigkeiten	■ Erstgespräch, in Vertretung der Pflegedienstleitung ■ Erstellen von Pflegediagnosen ■ Pflegeplanung ■ Durchführung der Pflegemaßnahmen ■ Evaluation der Pflegemaßnahmen ■ Durchführung von Maßnahmen zur Prävention und Rehabilitation ■ Dokumentation ■ Beratung der Patienten und deren Angehörigen ■ Entwicklung von neuen Konzepten in Zusammenarbeit mit der Qualitätsbeauftragten ■ Einhalten von Hygienestandards ■ Führen von Gesprächen mit allen an der Pflege Beteiligten ■ Einarbeitung von neuen Mitarbeitern

* Nicht Zutreffendes bitte streichen

Stellenbeschreibung für eine Pflegefachkraft in der stationären Altenpflege

<table>
<tr><td colspan="4">Name der Einrichtung
Anschrift
Telefon / Fax
E-Mail</td></tr>
<tr><td>Gültig ab</td><td></td><td>Gültig bis</td><td></td></tr>
<tr><td>Stelleninhaber / in</td><td colspan="3"></td></tr>
<tr><td>Fachbereich / Abteilung</td><td>Pflege</td><td>Gruppe</td><td></td></tr>
<tr><td>Bezeichnung der Stelle</td><td colspan="3">Altenpfleger / in</td></tr>
<tr><td>Vorgesetzte / r des / r Stelleninhabers / in</td><td colspan="3">Heimleiter / in
Pflegedienstleitung
Verantwortliche Pflegefachkraft</td></tr>
<tr><td>Unterstellte Mitarbeiter / innen</td><td colspan="3"></td></tr>
<tr><td colspan="4">Stellvertretung</td></tr>
<tr><td>Stelleninhaber / in vertritt</td><td></td><td>ohne Einschränkung</td><td>eingeschränkt</td></tr>
<tr><td>Stelleninhaber / in wird vertreten von</td><td></td><td>ohne Einschränkung</td><td>eingeschränkt</td></tr>
<tr><td colspan="4">Kompetenzen</td></tr>
<tr><td>Besondere Befugnisse</td><td colspan="3"></td></tr>
<tr><td colspan="4">Berichterstattung</td></tr>
<tr><td>Regelmäßige Informationen</td><td colspan="3"></td></tr>
<tr><td>Besondere Informationen</td><td colspan="3"></td></tr>
<tr><td>Ausbildungsrichtung</td><td colspan="3">Pflegefachkraft</td></tr>
<tr><td>Ausbildungsabschluss</td><td colspan="3">Altenpfleger / in</td></tr>
</table>

Ziel der Stelle	■ Eigenverantwortliche Erfüllung der anfallenden pflegerischen, betreuerischen und hauswirtschaftlichen Aufgaben ■ Klientengerechte Ausführung von Aufgaben unter Berücksichtigung von Pflegetechniken des jeweiligen Krankheitsbilds ■ Berücksichtigung der aktuellen Pflegewissenschaft bei der täglichen Arbeit ■ Berücksichtigung der Qualitätskriterien und gesetzlichen Vorgaben
Anforderungen	■ Interesse am fördernden und anleitenden Umgang mit Menschen ■ Fortbildung in medizinischen und psychologischen Sachverhalten ■ Zusatzausbildung in der Gerontopsychiatrie und / oder in der Palliativmedizin, Validation ■ Wahrnehmung von Pflegephänomenen ■ Gute Arbeitsorganisation ■ Befähigung zum Planen und Organisieren der Pflegeabläufe ■ Einfallsreichtum und Improvisationsfähigkeit in Bezug auf Hilfsmittelnutzung und Förderung der Selbstständigkeit von Bewohnern ■ Organisationstalent zur Vorbereitung von Festen ■ Gepflegte Umgangsformen ■ Gutes sprachliches Ausdrucksvermögen ■ Fahrerlaubnis ■ Kenntnis in der Ausübung hauswirtschaftlicher Tätigkeit ■ Einsatzbereitschaft und Verantwortungsbewusstsein im Umgang mit Menschen ■ Kontaktfähigkeit, Einfühlungsvermögen im Umgang mit Menschen ■ Kommunikationsfähigkeit und -bereitschaft ■ Reflexionsfähigkeit der eigenen Kommunikation ■ Anpassungs- und Kooperationsfähigkeit in Arbeitssituationen ■ Fähigkeit, zu motivieren (zum Beispiel bei der Nahrungsaufnahme, bei der Flüssigkeitszufuhr) ■ Fähigkeit zur professionellen Durchführung der Pflegemaßnahmen ■ Fähigkeit, Wissen anzuwenden ■ Eigeninitiative, selbstständige Arbeitsweise ■ Psychische Belastbarkeit und Stabilität in zwischenmenschlichen Situationen ■ Sauberkeit, Ordnungssinn ■ Vertrauenswürdiges Auftreten

<table>
<tr><td>Tätigkeiten</td><td colspan="3">Die Tätigkeit besteht in der Versorgung, Betreuung und Pflege alter und hilfsbedürftiger Menschen.
Zu den Aufgaben in der Altenpflege gehören insbesondere:<ul><li>Durchführung von Pflegemaßnahmen wie Hilfe bei der Körperpflege und bei der Nahrungsaufnahme</li><li>Ausführung ärztlicher und pflegerischer Verordnungen</li><li>Mitwirkung bei der Behandlung und Rehabilitation kranker und pflegebedürftiger sowie behinderter und desorientierter älterer Menschen</li><li>Beratung von älteren Menschen in ihren persönlichen und sozialen Angelegenheiten</li><li>Hilfen zur Erhaltung der selbstständigen Lebensführung</li><li>Begleitung bei Behördengängen und Arztbesuchen nach Absprache</li><li>Zusammenarbeit mit Familienangehörigen und ehrenamtlichen Helfern</li><li>Beratung von Angehörigen</li><li>Teilnahme an Dienstbesprechungen und Fortbildungsveranstaltungen</li></ul></td></tr>
<tr><td colspan="4">Sonstige Aufgaben</td></tr>
<tr><td colspan="4">Neben den hier aufgeführten Aufgaben ist der / die Stelleninhaber / in verpflichtet, auch andere seiner / ihrer Vorbildung und seinen / ihren Fähigkeiten entsprechende Einzelaufträge auszuführen, die dem Wesen nach zum Aufgabengebiet gehören oder betrieblich notwendig sind.</td></tr>
<tr><td>Datum / Unterschrift</td><td></td><td>Datum / Unterschrift</td><td></td></tr>
<tr><td>Stelleninhaber / in</td><td></td><td>Vorgesetzte / r</td><td></td></tr>
</table>

Abmahnungen

Allgemeine Abmahnung

Name der Einrichtung
Adresse

Frau / Herr ....
Adresse

Datum

Abmahnung

Sehr geehrte / r Frau / Herr ....,

Ihr nachfolgend geschildertes Verhalten veranlasst uns, Sie auf die ordnungsgemäße Erfüllung Ihrer arbeitsvertraglichen Verpflichtung hinzuweisen:

Hier folgen eine möglichst konkrete Beschreibung des zu beanstandenden Fehlverhaltens, Ort und Datum des Sachverhalts, eventuell Benennung von Zeugen.

Wir missbilligen Ihr Fehlverhalten und werden es zukünftig nicht mehr hinnehmen. Sollte Ihr Verhalten erneut Anlass zu Beanstandungen geben, behalten wir uns vor, Ihr Arbeitsverhältnis zu beenden.

Mit freundlichen Grüßen

Abmahnung wegen unentschuldigten Fehlens

Name der Einrichtung
Adresse

Frau / Herr ....
Adresse

Datum

Abmahnung

Sehr geehrte / r Frau / Herr ....,

Sie sind am ...., den .... nicht zur Arbeit erschienen, obwohl Sie an diesem Tag für den ....-dienst im Dienstplan vorgesehen waren. Sie haben weder Ihre Stationsleitung noch die Abteilungsleitung von Ihrem Fernbleiben unterrichtet. Wie Ihnen bekannt ist, sind Sie verpflichtet, im Falle Ihrer Verhinderung Ihre Vorgesetzte davon unverzüglich in Kenntnis zu setzen und den Grund Ihres Fernbleibens mitzuteilen.

Wir weisen Sie daraufhin, dass wir Ihr Verhalten nicht billigen können und behalten uns vor, im Wiederholungsfall Ihr Arbeitsverhältnis mit einer Kündigung zu beenden.

Mit freundlichen Grüßen

Abmahnung wegen eines Verstoßes gegen Unfallverhütungsvorschriften

Name der Einrichtung
Adresse

Frau/Herr ....
Adresse

Datum

Abmahnung

Sehr geehrte/r Frau/Herr ....,

aufgrund der Unfallverhütungsvorschriften der Berufsgenossenschaft, ist es untersagt, bei Ausübung der Tätigkeit im Bereich der Unterarme Schmuck jeglicher Art zu tragen. Dazu gehören auch der Ehering und die Armbanduhr. Leider mussten wir feststellen, dass Sie diese Pflicht wiederholt verletzt haben, trotz mehrfacher Gespräche mit dem Hygienebeauftragten, der Sie auf die Verletzungsgefahr hingewiesen hat.

Beweis: Aussage von Frau X.

Zu unserem Bedauern müssen wir Ihnen mitteilen, dass wir ein solches Fehlverhalten nicht hinnehmen können, und sprechen Ihnen hiermit eine arbeitsrechtliche Abmahnung aus.
Wir bitten Sie dringend, sich künftig an die Unfallverhütungsvorschriften zu halten. Zugleich weisen wir Sie darauf hin, dass wir uns vorbehalten, im Wiederholungsfall Ihr Arbeitsverhältnis zu kündigen.

Eine Durchschrift dieses Briefes werden wir zu Ihren Personalakten nehmen.

____

Ort, Datum

____

(Unterschrift des Arbeitgebers)

Diese Abmahnung habe ich am ________ erhalten.

____

(Unterschrift des Mitarbeiters)

Abmahnung wegen Alkoholkonsum

Name der Einrichtung
Adresse

Frau / Herr ....
Adresse

Datum

Abmahnung

Sehr geehrte / r Frau / Herr ....,
zu unserem Bedauern mussten wir feststellen, dass Sie Ihre arbeitsvertraglichen Pflichten in schwerwiegender Weise verletzt haben. Ihr im Folgenden geschildertes Verhalten veranlasst uns, Sie auf die ordnungsgemäße Erfüllung Ihrer arbeitsvertraglichen Verpflichtungen und die Einhaltung betrieblicher Verbote hinzuweisen.
Am .... um................ musste Ihr Pflegedienstleiter, Herr ...., feststellen, dass Sie in erheblichem Maße alkoholische Getränke zu sich genommen hatten. Der Alkoholkonsum war Ihnen äußerlich dadurch anzumerken, dass Sie gerötete Augen hatten und stark nach Alkohol rochen. Darüber hinaus hatten Sie einen stark schwankenden Gang und mussten sich am Bett eines Patienten festhalten, um nicht das Gleichgewicht zu verlieren.
Ihr Zustand hat Herrn .... dazu veranlasst, Sie von einem Taxiunternehmen nach Hause bringen zu lassen, da Sie sonst sowohl sich als auch Patienten und andere Mitarbeiter gefährdet hätten. Hierzu ist er nach unserer Betriebsvereinbarung über Alkoholverbot am Arbeitsplatz berechtigt und verpflichtet.
Mit diesem Verhalten haben Sie eklatant gegen Vorschriften aus der oben genannten Betriebsvereinbarung über das betriebliche Alkoholverbot verstoßen.
Wir missbilligen dieses Fehlverhalten ausdrücklich und sprechen Ihnen hiermit eine arbeitsrechtliche Abmahnung aus. Wir fordern Sie auf, sich künftig an das betriebliche Alkoholverbot und die Unfallverhütungsvorschriften zu halten.
Wir hoffen, dass Ihr Verhalten am Arbeitsplatz künftig keinen Anlass zu Beanstandungen gibt. Bitte wenden Sie sich in den nächsten Tagen an Frau ...., unserer Suchtbeauftragten, zwecks Vereinbarung eines Gesprächstermins. Dies wird uns ermöglichen, gemeinsam eine Lösung zu finden.
Durch den Vorfall sind uns Schäden in Höhe der Ausfallzeit von ...... Stunden ...... Minuten sowie Taxikosten (Beleg wurde in Kopie beigefügt) in Höhe von ...... Euro entstanden. Die entstandenen Kosten werden wir von Ihrem Gehalt einbehalten.
Wir fordern Sie hiermit ausdrücklich auf, das oben geschilderte Verhalten zukünftig zu unterlassen und Ihre Pflichten aus dem Arbeitsverhältnis ordnungsgemäß zu erfüllen. Im Fall einer Wiederholung des in dieser Abmahnung gerügten Verhaltens behalten wir uns vor, Ihr Arbeitsverhältnis ordnungsgemäß, gegebenenfalls sogar außerordentlich fristlos zu kündigen.
Eine Durchschrift dieser Abmahnung legen wir in Ihrer Personalakte ab.

Mit freundlichen Grüßen

Kündigungen

Ordentliche betriebsbedingte Kündigung

Name der Einrichtung
Adresse

Frau/Herr ....
Adresse

Datum

Kündigung

Sehr geehrte/r Frau/Herr ....,
hiermit kündigen wir das mit Arbeitsvertrag vom ...... begründete Arbeitsverhältnis fristgemäß zum ......, vorsorglich zum nächstmöglichen Kündigungstermin.

Folgende betriebsbedingte Gründe sind für die Kündigung maßgebend:
1.........................
2.........................
3.........................

Aufgrund der vorgenommenen Sozialauswahl sind Sie zu unserem Bedauern von der Kündigung betroffen.
Eine Weiterbeschäftigungsmöglichkeit in einer anderen Abteilung/einem anderen Betrieb besteht – auch nach Fortbildung oder Umschulung – nicht.
Der Betriebsrat wurde gemäß § 102 BetrVG vor Ausspruch der Kündigung angehört. Der Betriebsrat hat der Kündigung zugestimmt. / Der Betriebsrat hat der Kündigung widersprochen. Eine Kopie seiner Stellungnahme ist beigefügt.
Bis zum Ablauf der Kündigungsfrist am .... stehen Ihnen für das laufende Kalenderjahr noch ... Urlaubstage zu. Wir können Ihnen diesen Urlaub wegen .... nicht innerhalb der Kündigungsfrist gewähren. Wir werden den Urlaubsanspruch daher in Geld abgelten. / Sie können den Urlaub innerhalb der Kündigungsfrist in Anspruch nehmen. Bitte setzen Sie sich wegen der zeitlichen Lage mit Ihrem Vorgesetzten in Verbindung. / Wir gewähren Ihnen den restlichen Urlaub innerhalb der Kündigungsfrist. Ihr letzter Arbeitstag ist daher der ......

Geben Sie bitte alle Ihnen überlassenen Arbeitsmittel sowie in Ihrem Besitz befindliche Firmenunterlagen und Schlüssel am .... bei Ihrem Vorgesetzten/in der Personalabteilung ab. Die Rückgabe wird Ihnen quittiert.

Ihre Arbeitspapiere (Lohnsteuerkarte / Sozialversicherungsnachweisheft / Sozialversicherungsausweis / Urlaubsbescheinigung / Ersatzbescheinigungen / Bescheinigung nach § 312 SGB II) sowie ihr Zeugnis liegen ab ...... in der Personalabteilung zur Abholung bereit / können erst im nächsten Monat fertiggestellt werden und werden Ihnen per Post zugesandt / wurden Ihnen bereits am .... ausgehändigt.

Wir weisen Sie ausdrücklich darauf hin, dass Sie einen gesetzlichen Anspruch auf eine Abfindung haben. Voraussetzung für die gesetzlich vorgesehene Abfindung ist, dass Sie die Frist zur Erhebung der Kündigungsschutzklage ungenutzt verstreichen lassen.

Aufgrund der Vorschrift in § 2 Abs. 2 Nr. 3 SGB III weisen wir Sie außerdem darauf hin, dass Sie eigene Aktivitäten bei der Suche nach einer anderen Arbeitsstelle entwickeln und sich unverzüglich, das heißt sofort nach Erhalt dieses Schreibens, bei der Agentur für Arbeit persönlich arbeitsuchend melden müssen. Hierfür werden Sie im erforderlichen Umfang von der Arbeit freigestellt.

____

Ort, Datum

____

(Unterschrift des zur Kündigung Berechtigten)

Empfangsbestätigung:

Das Original der Kündigung wurde mir am __________ persönlich übergeben. / Die Kündigung habe ich am __________ per Post / per Boten erhalten.

____

Ort, Datum

____

(Unterschrift des Arbeitnehmers)

Ordentliche verhaltensbedingte Kündigung

Name der Einrichtung
Adresse

Frau/Herr ....
Adresse

Datum

Kündigung

Sehr geehrte/r Frau/Herr ....,
hiermit kündigen wir das mit Arbeitsvertrag vom .... begründete Arbeitsverhältnis fristgemäß zum ...., vorsorglich zum nächstmöglichen Kündigungstermin.
Folgende verhaltensbedingte Gründe sind für die Kündigung maßgebend:
1.........................
2.........................
3.........................

In Bezug auf die genannten Kündigungsgründe hatten wir Sie bereits mehrmals abgemahnt, zuletzt mit Schreiben vom ...... Wegen des erneuten unter Nummer ... genannten Grundes sehen wir uns nunmehr außerstande, das Arbeitsverhältnis fortzusetzen, und müssen Ihnen leider kündigen.
Der Betriebsrat wurde gemäß § 102 BetrVG vor Ausspruch der Kündigung angehört. Der Betriebsrat hat der Kündigung zugestimmt. / Der Betriebsrat hat der Kündigung widersprochen. Eine Kopie seiner Stellungnahme ist beigefügt.

Bis zum Ablauf der Kündigungsfrist am .... stehen Ihnen für das laufende Kalenderjahr noch ... Urlaubstage zu. Wir können Ihnen diesen Urlaub wegen .... nicht innerhalb der Kündigungsfrist gewähren. Wir werden den Urlaubsanspruch daher in Geld abgelten. / Sie können den Urlaub innerhalb der Kündigungsfrist in Anspruch nehmen. Bitte setzen Sie sich wegen der zeitlichen Lage mit Ihrer Vorgesetzten in Verbindung. / Wir gewähren Ihnen den restlichen Urlaub innerhalb der Kündigungsfrist. Ihr letzter Arbeitstag ist somit der ....

Geben Sie bitte alle Ihnen überlassenen Arbeitsmittel sowie in Ihrem Besitz befindliche Firmengegenstände insbesondere das Dienstfahrzeug, Handy und Schlüssel am .... bei Frau Meier in der Personalabteilung ab. Die Rückgabe wird Ihnen quittiert.
Ihre Arbeitspapiere (Lohnsteuerkarte / Sozialversicherungsnachweisheft / Sozialversicherungsausweis / Zeugnis / Urlaubsbescheinigung / Ersatzbescheinigungen / Bescheinigung nach § 312 SGB III) liegen ab .... in der Personalabteilung zur Abholung bereit / können erst im nächsten Monat fertiggestellt werden; sie werden Ihnen per Post zugesandt / wurden Ihnen bereits am ....ausgehändigt.

Aufgrund der Vorschrift in § 2 Abs. 2 Nr. 3 SGB III weisen wir Sie darauf hin, dass Sie eigene Aktivitäten bei der Suche nach einer anderen Beschäftigung entwickeln und sich unverzüglich, das heißt sofort nach Erhalt dieses Schreibens, bei der Agentur für Arbeit persönlich arbeitsuchend melden müssen. Hierfür werden Sie im erforderlichen Umfang von der Arbeit freigestellt.

Mit freundlichen Grüßen

Ordentliche verhaltensbedingte Kündigung wegen Schlechtleistung*

Name der Einrichtung
Adresse

Frau/Herr ....
Adresse

Datum

Kündigung

Sehr geehrte/r Frau/Herr ....,
hiermit kündigen wir das seit dem ...... bestehende Arbeitsverhältnis wegen Ihrer Schlechtleistungen, insbesondere Ihres wiederholt unfreundlichen Verhaltens gegenüber Patienten und deren Angehörigen unter Einhaltung der Kündigungsfrist von 4 Wochen zum ....
Wir hatten Sie bereits mit Schreiben vom ......und vom ...... darauf hingewiesen, dass entsprechend unserer Betriebsphilosophie ein höfliches und zuvorkommendes Verhalten gegenüber unseren Klienten unabdingbar ist. Leider haben Sie sich trotz Ihrer Zusage nicht daran gehalten.

Der Betriebsrat ist nach § 102 BetrVG angehört worden und hat der Kündigung zugestimmt.

Wir bedauern diesen für uns unvermeidlichen Schritt und wünschen Ihnen für Ihren weiteren Lebensweg alles Gute.

Wir weisen Sie ausdrücklich darauf hin, dass Sie nach Erhalt der Kündigung zur Aufrechterhaltung ungekürzter Ansprüche auf Arbeitslosengeld dazu verpflichtet sind, sich unverzüglich persönlich bei Ihrer zuständigen Agentur für Arbeit als arbeitsuchend zu melden. Sie sind außerdem dazu verpflichtet, aktiv nach einer Beschäftigung zu suchen.

____

Ort, Datum

____

(Unterschrift des zur Kündigung Berechtigten)

* Empfangsbestätigung vergleiche S. 247

Ordentliche personenbedingte Kündigung wegen lang anhaltender Krankheit

Name der Einrichtung
Adresse

Frau/Herr ....
Adresse

Datum

Kündigung

Sehr geehrte/r Frau/Herr ....,
hiermit kündigen wir Ihr Arbeitsverhältnis unter Einhaltung der Kündigungsfrist zum ......
Die Kündigung erfolgt aus personenbedingten Gründen.

Begründung: Vor neun Monaten musste bei ihnen eine Operation wegen eines Bandscheibenvorfalls vorgenommen werden. Aufgrund der Bescheinigung Ihres behandelnden Arztes Dr. .... sind Sie seitdem arbeitsunfähig erkrankt, wobei das voraussichtliche Ende Ihrer Erkrankung nicht abzusehen ist, so dass eine negative Gesundheitsprognose gerechtfertigt ist.
Aus betrieblichen Gründen muss Ihr Arbeitsplatz nun wieder besetzt werden, eine Möglichkeit zur Beschäftigung von Aushilfen ist zurzeit nicht gegeben.
Insgesamt überwiegen unsere Interessen als Arbeitgeber an Ihrer Kündigung gegenüber Ihren Interessen am Erhalt Ihres Arbeitsplatzes. Einen anderen Arbeitplatz, insbesondere einen Schonarbeitsplatz im Bereich der Pflege, können wir Ihnen nicht anbieten.
Wir bedauern diesen für uns unvermeidlichen Schritt und wünschen Ihnen für Ihren weiteren Lebensweg alles Gute.
Der Betriebsrat ist nach § 102 BetrVG angehört worden und hat der Kündigung zugestimmt.
Bis zum Ablauf der Kündigungsfrist werden Sie von Ihrer Verpflichtung zur Arbeitsleistung freigestellt. Die Freistellung erfolgt unter Anrechnung Ihrer noch vorhandenen Resturlaubsansprüche in Höhe von ...... Arbeitstagen. Der ...... ist daher Ihr letzter Arbeitstag.

Aufgrund der Vorschrift in § 2 Abs. 2 Nr. 3 SGB III weisen wir Sie darauf hin, dass Sie eigene Aktivitäten bei der Suche nach einer anderen Beschäftigung entwickeln und sich unverzüglich, das heißt sofort nach Erhalt dieses Schreibens, bei der Agentur für Arbeit persönlich arbeitsuchend melden müssen.

Mit freundlichen Grüßen

Außerordentliche Kündigung*

Name der Einrichtung
Adresse

Frau/Herr ....
Adresse

Datum

Kündigung

Sehr geehrte/r Frau/Herr ....,
hiermit kündigen wir Ihr Arbeitsverhältnis außerordentlich fristlos zum .... Hilfsweise kündigen wir Ihr Arbeitsverhältnis ordentlich unter Einhaltung der Kündigungsfrist zum ....
Die außerordentliche fristlose Kündigung erfolgt aus folgenden Gründen:
Am 10.8.06 wurden Sie um 15.15 Uhr beim Verlassen Ihres Arbeitsplatzes von Ihrem Vorgesetzten, Herrn ...., dabei beobachtet, wie Sie eine Packung eines Antibiotikums heimlich aus dem Medikamentenschrank nahmen und in Ihre Tasche steckten. Auf dieses Verhalten von Ihrem Vorgesetzten angesprochen, leugneten Sie zunächst den Diebstahl. Erst als Ihr Vorgesetzter drohte, die Polizei zu verständigen, gaben Sie den Diebstahl zu.
Sie haben mit Ihrem Verhalten Ihre Pflichten aus dem Arbeitsverhältnis gröblich verletzt. Hierdurch haben Sie das für den Bestand des Arbeitsverhältnisses erforderliche Vertrauensverhältnis zwischen Ihnen und uns zerstört.
Wir bedauern diesen für uns unvermeidlichen Schritt und wünschen Ihnen für Ihren weiteren Lebensweg alles Gute.
Der Betriebsrat ist nach § 102 BetrVG angehört worden und hat sowohl der außerordentlichen fristlosen als auch der hilfsweisen ordentlichen fristgemäßen Kündigung zugestimmt.
Aufgrund der Vorschrift in § 2 Abs. 2 Nr. 3 SGB III weisen wir Sie darauf hin, dass Sie eigene Aktivitäten bei der Suche nach einer anderen Beschäftigung entwickeln und sich unverzüglich, das heißt sofort nach Erhalt dieses Schreibens, bei der Agentur für Arbeit gemäß § 37 b SGB III melden müssen.

____

Ort, Datum

____

(Unterschrift des zur Kündigung Berechtigten)

* Empfangsbestätigung vergleiche S. 247

Arbeitszeugnisse

Einfaches Zeugnis

Firma
Adresse

Zeugnis

Herr/Frau ...., geboren am .... in ...., war vom .... bis zum .... in unserem Betrieb als Altenpfleger/in tätig.
Herr/Frau .... arbeitete in der .... Abteilung und hatte alle anfallenden Arbeiten bezüglich .... auszuführen. Insbesondere zählten hierzu ....
Das Arbeitsverhältnis endet mit dem heutigen Tage aufgrund ordentlicher Kündigung von Herrn/Frau .... aus persönlichen Gründen.
Wir bedauern das Ausscheiden von Herrn/Frau .... und wünschen ihm/ihr für die Zukunft alles Gute.

Ort, Datum | Unterschrift

Qualifiziertes Zeugnis mit guter Beurteilung

Firma
Adresse

Zeugnis

Herr/Frau …………, geboren am ………… in …………, war vom ………. bis zum ……… als Altenpfleger/in in unserem Betrieb tätig.
Sein/ihr Aufgabengebiet umfasste zunächst in der Hauptsache …………. Daneben war er/sie zuständig für die innerbetriebliche Fortbildung.
Zu seinem/ihrem Tätigkeitsbereich zählte insbesondere die eigenverantwortliche Organisation von ………… Im Vertretungsfall übernahm Herr/Frau ………… außerdem …………
Am ……… wurde Herr/Frau ………… in die Abteilung ………… versetzt. Dort umfasste sein/ihr Aufgabengebiet neben den üblichen Tätigkeiten einer Altenpfleger/in …………
Herr/Frau ………… zeigte stets großes Interesse an ………… und große Motivation, dies in die Praxis umzusetzen. Bereits nach kurzer Einarbeitungszeit arbeitete er/sie vollkommen selbstständig und bewältigte neue Aufgaben aufgrund seines/ihres soliden Fachwissens erfolgreich. Detaillierte Beschreibung der Eignung und Qualifikation in den verschiedenen Tätigkeitsbereichen.
Insgesamt hat Herr/Frau ………… die ihm/ihr übertragenen Aufgaben stets zu unserer vollsten Zufriedenheit erledigt.
Sein/ihr Verhalten gegenüber Vorgesetzten und Mitarbeitern war stets einwandfrei. Von unseren Patienten und Angehörigen wurde er/sie wegen seiner/ihrer Freundlichkeit und Zuvorkommenheit sehr geschätzt.
Wir danken ihm/ihr für die geleistete Arbeit und wünschen ihm/ihr für die Zukunft alles Gute.

Ort, Datum   Unterschrift

Qualifiziertes Zeugnis mit ausreichender Beurteilung

Firma
Adresse

Zeugnis

Herr/Frau ...., geboren am .... in ...., war vom .... bis zum .... als .... in unserer Einrichtung tätig.

Sein/ihr Aufgabengebiet umfasste folgende Tätigkeiten: .... Zu seinem/ihrem weiteren Aufgabenbereich gehörte zusätzlich .... Im Vertretungsfall übernahm Herr/Frau .... außerdem ....
Am .... wurde Herr/Frau .... in den Wohnbereich .... versetzt. Dort umfasste sein/ihr Aufgabengebiet folgende Funktionen: ....

Herr/Frau .... bewältigte die entscheidenden Aufgaben zuverlässig und sorgfältig. Er/sie arbeitete überwiegend selbstständig und konnte sich in ausreichendem Maße auf Neuerungen einstellen. Er/sie hat der geforderten Vertrauenswürdigkeit und Loyalität entsprochen. / Herr/Frau .... hat sowohl in qualitativer als auch in quantitativer Hinsicht unsere Erwartungen erfüllt. Seine/ihre Arbeitsqualität entsprach unseren Anforderungen, wobei vorgegebene Ziele zufriedenstellend in der vorgegebenen Zeit erreicht wurden. Er/sie erledigte die Aufgaben korrekt und zeitnah. / Herr/Frau .... erfüllte seine/ihre Aufgaben erwartungsgemäß und verfügte über eine ausreichende Arbeitsauffassung. Sein/ihr Interesse an der Arbeit und sein/ihre Eigeninitiative stimmten mit unseren Erwartungen überein. / Herr/Frau ....war dem üblichen Arbeitsanfall gewachsen und wurde den Anforderungen des Arbeitsplatzes gerecht. Sein/ihr Denk- und Urteilsvermögen befähigten sie, befriedigende Entscheidungen zu treffen. Er/sie verfügte über solides Grundwissen in seinem/ihrem Arbeitsbereich und hat dem geforderten Weiterbildungswillen entsprochen.

Das persönliche Verhalten gegenüber Vorgesetzten und Kollegen war höflich und korrekt. / Seine/ihre Führung gab uns zu Beanstandungen keinen Anlass.

Herr/Frau .... scheidet zum Austrittstermin auf eigenen Wunsch bei uns aus.

Ort, Datum Unterschrift

Stichwortverzeichnis

FSC
www.fsc.org
MIX
Papier | Fördert gute Waldnutzung
FSC® C083411

Kolibri 360 GmbH
Ferdinand-Jühlke-Straße 7
99095 Erfurt, Deutschland
produktsicherheit@kolibri360.de